Pierre de Forêt

Die Weisheit deiner Seele

Pierre de Forêt

Die Weisheit deiner Seele

Einblicke in höheres Wissen

Erster Teil

SILBERSCHNUR

ISBN 3-89845-002-3

1. Auflage 2001

Lektorat: Stefanie Schnurrer
Covergestaltung: XPresentation, Boppard
Druck: Finidr, s.r.o. Český Těšín

Verlag »Die Silberschnur« GmbH · Steinstraße 1 · D-56593 Güllesheim

www.silberschnur.de
e-mail: info@silberschnur.de

Danksagung

Co-Autoren dieses Buches sind alle Leserinnen und Leser, die durch ihre Zuschriften und Fragestellungen wesentlich dazu beigetragen haben, dass mein Begleiter die Chance erhielt, seine bisher veröffentlichten Aussagen zu präzisieren. Sie haben damit die Voraussetzungen dafür geschaffen, dass das Verständnis dieser Aussagen für viele Menschen erleichtert und vertieft werden kann. Ich möchte allen diesen Menschen dafür danken, dass sie sich die Zeit genommen haben, die bisher veröffentlichten Bücher zu kommentieren und mir aufzuzeigen, in welchem Umfang die Aussagen meines Begleiters verstanden wurden.

Mein Dank gilt in ganz besonderem Masse jenen Leserinnen und Lesern, die sich nicht nur zustimmend zu diesen Aussagen geäussert haben, denn ihre kritischen Fragen haben ganz wesentlichen Anteil daran, dass dieses Buch in seiner vorliegenden Form entstanden ist.

Einen ganz besonderen Dank möchte ich meiner Lektorin und Freundin Stefanie Schnurrer aussprechen. Als kritische Leserin von „Im Herzen der Wirklichkeit“ und „Die Geburt der Seele“ hat sie es in vorbildlicher Weise verstanden, sich in die Leserschaft zu versetzen, und meinem Begleiter und mir dadurch wertvolle Hinweise gegeben, wenn eine Aussage falsch oder widersprüchlich hätte interpretiert werden können.

Ebenfalls von ganzem Herzen dankbar bin ich meinen Freunden und Bekannten – von denen ich meine Lebenspartnerin Karin und unsere gemeinsame Freundin Christine besonders erwähnen möchte – für ihr Verständnis und ihre Unterstützung, welche es mir letztlich erst ermöglicht hat, dieses Buch zu schreiben.

Pierre de Forêt

Wege zur Wahrheit

Die Bestimmung des Menschen ist es,
über den Weg der Erkenntnis zurückzufinden zu jener umfassenden Realität,
zu jenem Ozean der Wahrheit, dem er einst entstiegen ist.
Doch zum Ozean führen viele Wege – es gibt ihn nicht, den richtigen Weg.
Ein Weg ist die Religion; sie ist wie ein Fluss,
der auf mehr oder weniger direktem Weg zum Ozean führt.
Doch wie der Fluss nicht der Ozean ist, ist keine Religion die Wahrheit.
Das eine ist sowohl Verbindung als auch ein Weg zum anderen.
Wäre der Ozean, was er ist,
wenn er nur durch einen einzigen Fluss gespiesen würde?
Wird der Ozean durch gute und schlechte, richtige und falsche Flüsse gespiesen?
Gleich den Flüssen werden die Religionen jene mit sich tragen,
die sich in die Strömung begeben.
Hast du dich der Strömung ausgesetzt, ist dein Weg vorgegeben –
der Fluss kann sein Bett nicht verlassen.
Ein anderer Weg ist die Esoterik.
Du besteigst ein Boot ohne Ruder und Segel,
bist bald berauscht von der Geschwindigkeit, bis du feststellst,
dass das Boot nicht schneller fährt, als das Wasser fliesst, das es trägt.
Ein weiterer Weg ist die Philosophie –
sie ist wie der Wanderer, der zum Ozean will, das Boot verweigert,
aber zur Sicherheit dem Ufer des Flusses folgt.
Dann gibt es noch den individuellen Weg –
er orientiert sich weder an Ideologien noch an den Erfahrungen anderer,
er orientiert sich ausschliesslich am Ziel,
führt dich über Berg und Tal,
verschafft dir Freiheit und gleichzeitig Mühsal.
Doch welcher Weg ist der richtige?
Sich treiben lassen, sicheren Pfaden folgen, den eigenen Weg finden?
Du musst dich entscheiden!
Ob dein Weg für dich der richtige war, wirst du wissen,
wenn wir uns dereinst am Strand begegnen.
Dann wirst du mit mir einig sein,
dass es nicht der Weg war, der dich vom Ziel getrennt hat,
sondern die Erwartungen, die du mit diesem verbunden hast!

Pierre de Forêt

Inhaltsverzeichnis

Vorwort des Verfassers

Einem Buch, das sich der Beantwortung spiritueller Fragen widmet, den Titel „Die Weisheit deiner Seele" zu geben, mag zumindest auf die Menschen befremdend wirken, die sich selbst als mit ihrer Seele identisch und ihren Körper als Tempel für diese Seele verstehen. Die Leserschaft der bisher veröffentlichten Aussagen meines geistigen Begleiters kennt seine Definition der Seele, wonach sich diese niemals verkörpert, sondern ausschliesslich über individualisierte Aspekte ihrer selbst, also zum Beispiel durch uns Menschen, Erfahrungen in materiellen Körpern sammelt. Die Seele, die sich aus einer Vielzahl solcher individualisierter Aspekte zusammensetzt, ist demnach allwissend, während der Mensch sich in seiner selbstgeschaffenen Realität mit Fragen quält, die weniger aus Nichtwissen als vielmehr aus dem Unvermögen entstehen, sich zu erinnern.

Der Mensch muss sich also das Wissen um seinen Ursprung, um den Sinn seiner Existenz, um die Natur der Seele, um die Natur Gottes, um den Plan, nach dem sich alles richtet, um Geburt und Tod usw. nicht erst aneignen, sondern er muss sich durch eine Aufhebung der Begrenzung seiner Wahrnehmung Zugang zu seinem Gesamtselbst, seiner individuellen Seele verschaffen, um sich dieses Wissens, der Antworten auf seine Fragen, zu erinnern. Der Mensch kann demnach keine Frage formulieren, deren Antwort nicht bereits im Wissen seiner Seele enthalten wäre. Die Antworten auf alle Fragen aus der Leserschaft sind demnach im Wissen ihrer eigenen individuellen Seelen zu finden. Die Absicht des vorliegenden Buches besteht deshalb auch weniger darin, allgemeingültiges

Wissen zu vermitteln, als vielmehr darin, den Weg zum Wissen der eigenen individuellen Seele aufzuzeigen.

Wie gesagt müssen wir die Fokussierung unserer Wahrnehmung auf die uns durch die physischen Sinne vermittelten Eindrücke überwinden. Diese Aufgabe wird uns durch die Wertvorstellungen und Glaubensüberzeugungen unserer Gesellschaft, die durch Erziehung und Ausbildung mehrheitlich auch zu unseren ganz persönlichen werden, nicht gerade erleichtert. Der Zugang zu unserem Gesamtselbst, zu unserer individuellen Seele, ist uns demnach ausschliesslich dadurch möglich, dass wir uns selektiv, aber ganz bewusst gegen gesellschaftliche Strömungen stellen, also gegen den Strom des Zeitgeistes anschwimmen.

Jeder Mensch wird, ohne dass er sich dessen wirklich bewusst ist, durch unterschiedlichste Ideologien indoktriniert. Alle diese Ideologien versprechen uns das wahre Glück, wenn wir uns ihnen in unserem Denken, Wollen und Handeln unterwerfen. Dass sich trotz des schier unermesslichen Angebotes an solchen „Ratgebern" mehr Menschen denn je auf der Suche nach ihrem wahren Selbst befinden, lässt zumindest vermuten, dass erfolgversprechende Hinweise auf den Weg zum eigenen wahren Selbst fast zwingend im Widerspruch zu den wirtschaftlichen, politischen, religiösen oder esoterischen Inhalten dieser gängigen Ratgeber stehen müssen. Die Tatsache, dass viele Aussagen meines Begleiters den gängigen Wertvorstellungen und Glaubensüberzeugungen widersprechen, sollte demnach Anlass genug sein, sich mit ihnen ausführlich – aber nicht unkritisch – zu befassen.

Erwartungsgemäss haben die bisher unter den Buchtiteln „Im Herzen der Wirklichkeit" und „Die Geburt der Seele" veröffentlichten Aussagen bei der Leserschaft viele Fragen aufgeworfen. Die Menge der Zuschriften hat mich dann aber doch überrascht, und so stehen jetzt, wo ich dieses Vorwort zum fertigen Manuskript von „Die Weisheit deiner Seele" schreibe, zwei Ordner mit noch unbeantworteten Zuschriften vor mir auf dem Schreibtisch. Ich möchte deshalb um Verständnis dafür bitten, dass sich die Fragesteller/innen mittlerweile lange gedulden müssen, bis sie mein Antwortschreiben erhalten. Das vorliegende Buch wird bereits einen grossen Teil der in diesen Zuschriften gestellten Fragen beantworten, ohne dass damit beabsichtigt wäre, mein persönliches Antwortschreiben zu erübrigen.

Die einzelnen in diesem Buch behandelten Fragen stellen eine Zusammenfassung der durch die Leserschaft zu bestimmten Themen gestellten Fragen dar. Ich habe dabei spezifische private Angaben aus den Zuschriften so weit verfremdet, dass ein Rückschluss auf die Fragesteller/innen verunmöglicht wurde. Auch die Antworten meines Begleiters sind als Zusammenfassung der Aussagen zu verstehen, die er bei der Beantwortung von Zuschriften aus der Leserschaft zu den einzelnen Themenbereichen gemacht hat. Diese wurden im Zuge der Überarbeitung des Buchmanuskriptes durch zusätzliche Aussagen ergänzt, wo er selbst das für erforderlich hielt.

Das vorliegende Buch habe ich verfasst, weil ich der Überzeugung bin, dass die Leserschaft der bisher veröffentlichten Aussagen ein Anrecht darauf hat, mit den dadurch entstandenen Fragen nicht alleine gelassen zu werden. Die Antworten meines Begleiters ergeben somit erst zusammen mit seinen bisher veröffentlichten Aussagen ein Ganzes. Er klärt dabei Fehlinterpretationen und gibt damit der Leserschaft nicht wenig von dem zurück, was diese durch manche der bisher veröffentlichten Aussagen verloren zu haben glaubte.

Die Aussagen meines Begleiters sind keine Bettlektüre. Sie erfordern Ihre ganze Aufmerksamkeit und stellen immer wieder grosse Anforderungen an Ihre Bereitschaft, das in Frage zu stellen, was Sie bisher als wahr und richtig erkannt zu haben glaubten. Wenn Ihnen dies gelingt, dann bin ich überzeugt, dass Ihnen auch dieses Buch Hinweise zu geben vermag, die Ihnen in Ihrem Alltag und in der Suche nach dem Sinn Ihres Seins hilfreich sein können. Mögen die uneigennützigen, liebevollen Absichten meines Begleiters und mir in jedem Menschen, der mit diesem Buch in Berührung kommt, Früchte tragen!

Ihr Pierre de Forêt

Fragen zu Tod und Sterbeerfahrung

Frage: Sie beschreiben in ihrem Buch „Im Herzen der Wirklichkeit" sehr anschaulich den Sterbevorgang aus der Optik des Jenseits. Mich würde nun aber auch interessieren, wie der Sterbende selbst diesen Vorgang erlebt – dazu finde ich in diesem Buch keine Angaben. Wäre es möglich, dass ihr Begleiter mir dazu etwas sagen kann? Mich würde z. B. interessieren, was es mit dem ins Licht führenden Tunnel auf sich hat, von dem Menschen, die Nahtoderfahrungen gemacht haben, so häufig berichten.

Begleiter: *Die Umstände, unter denen der Tod eintritt, haben natürlich ihre Auswirkungen auf die Art, wie ihr euren eigenen Tod dereinst wahrnehmt. So ist die Wahrnehmung eine völlig andere, wenn der Tod die Folge eines Unfalls ist, als wenn Krankheit oder – was bei euch nicht als Todesursache verstanden wird – das Alter zum Tod führen. Wenn letzteres der Fall ist, dann wird bei euch als Todesursache häufig „Herzversagen" angeführt – als ob jemals bei einem Sterbenden das Herz letztlich nicht versagt hätte! Entschuldige, ich weiss, dass das Sterben in eurer Wertung eine todernste Angelegenheit ist.*

Ich möchte mich in meinen Ausführungen zuerst auf die Sterbeerfahrung von kranken oder alten Menschen konzentrieren: Zuerst einmal solltet ihr euch bewusst sein, dass der Sterbende selbst das, was ihr „Tod" nennt, ganz anders wahrnimmt als der Beobachter. Für den Sterbenden ist es ein Prozess, der sich über Tage oder gar Wochen hinziehen kann, für den Beobachter ein Ereignis, das vermeintlich einem ganz bestimmten Augenblick zugeordnet werden kann. Wie die Geburt, so ist auch der Tod nur Teil eines Prozesses, der euch von einer Seinsrealität in eine andere führt. Ich möchte ausdrücklich betonen, dass das nicht einfach eine tröstliche Glaubensüberzeugung, sondern ein Aspekt des umfassenden Gesetzes ist.

Die Prozesse Geburt und Tod weisen denn auch – in der Wahrnehmung des betroffenen Menschen – Parallelen auf, die von euch aus naheliegenden Gründen nicht erkannt werden (können). Wenn du das zweite Buch meines irdischen Freundes ("Die Geburt der Seele", d. Verf.) *gelesen hast, dann erinnerst du dich bestimmt daran, wie er die in der Retrospektive seines Lebens erfahrene Geburt beschrieben hat: „…* Ich fühle mich aus einem unbeschreiblichen Gefühl der Geborgenheit, der Verbundenheit, der Wärme, des Beschützseins ausgestossen in einen engen Tunnel oder Kanal. Ich weiss, da muss ich durch, und doch sträubt sich alles in mir dagegen. Die Wände schliessen sich hinter mir und zwingen mich vorwärts. Nach unendlich langer Zeit erreiche ich das Ende des Tunnels. Grelles Licht, Kälte und ein tiefempfundenes Gefühl von Dumpfheit empfangen mich. Alles Lebendige, die ganze Verbundenheit, die Geborgenheit, die Wärme, die Liebe, die Harmonie, die mich bisher umgaben, alles ist mit einem Mal weg, weit weg, unerreichbar!"

Er beschreibt seine Geburt als ein traumatisches Ereignis, und tatsächlich wird das auch von der grossen Mehrheit der Menschenkinder so empfunden. Bevor ihr geboren wurdet, habt ihr euch vor dieser Geburt nicht weniger gefürchtet, als ihr euch heute vor dem Tod fürchtet! Die Geburt war für den überwiegenden Teil von euch ein Trauma. Das Trauma ist aber nicht – wie das eure Psychologen verstehen – durch die Trennung von der Mutter begründet, sondern vielmehr durch die Trennung von eurem wahren Ursprung, von eurer individuellen Seele! Die Gefühle der Geborgenheit, der Verbundenheit, der Wärme, des Beschützseins, der Liebe, der Harmonie sind Empfindungen, die das Menschenkind mit seinem Ursprung verbindet. Dazu müsst ihr verstehen, dass ihr euch in eurer Wahrnehmung nie dermassen von eurem Ursprung getrennt fühlt wie während eurer Einbindung in eine materielle Hülle.

Das Sterben ist im übertragenen Sinne eine „Rückgängigmachung" der Geburt und der mit ihr verbundenen Erinnerungen. Wieder führt der Weg – in der Wahrnehmung des Sterbenden – durch einen „Tunnel"; wieder wird er am Ende dieses „Tunnels" von einem Licht empfangen. Das Licht ist jedoch dieses Mal nicht mehr grell – es ist so angenehm, dass der Sterbende damit alle jene Gefühle verbindet, die er bei seiner Geburt verloren zu haben glaubte. Die physische Hülle wird nun in der Erinnerung als genauso beengend und begrenzend empfunden wie die Gebärmutter kurz vor der Geburt. Das Verlassen des Mutterleibes – die Geburt – wird durch das Menschenkind genauso widerstrebend angenommen wie der Tod – das Verlassen des physischen Körpers – durch den Sterbenden.

Nun handelt es sich natürlich bei diesen Vorgängen um die subjektive Wahrnehmung des Geschehens durch die Betroffenen selbst. Dass der Sterbende gegen den Tod ankämpft, erachtet ihr als geradezu normal. Eure Gynäkologen werden aber kaum nachvollziehen können, dass das Kind seine eigene Geburt als traumatische Erfahrung erlebt. In der Mehrheit werden sie selbstverständlich nicht einmal akzeptieren, dass es seine eigene Geburt überhaupt bewusst wahrnimmt und das neugeborene Menschenkind – wie ich bei anderer Gelegenheit bereits klargestellt habe – seine Geburtshelfer als „Unwissende" erfährt. Der Beobachter nimmt das Geschehen also ganz anders wahr, als es von dem direkt involvierten Wesen erfahren wird.

Genauso verhält es sich nun aber auch mit dem Sterbevorgang: Mein irdischer Freund kann bestätigen, dass bei keinem der durch ihn aus dem Jenseits beobachteten Sterbevorgänge irgendwo so etwas wie ein Tunnel existiert hätte. Dieser wäre, angesichts der Verflochtenheit der Dimensionen, auch ziemlich überflüssig, denn nicht der psychische Körper des Sterbenden muss einen Weg zurücklegen, um ins Jenseits zu gelangen, sondern ausschliesslich seine Wahrnehmung verlangt nach diesem Weg. Der „Weg" ins Jenseits führt beim Sterben also nicht durch einen Tunnel ins Licht – auch wenn die überwiegende Mehrheit von euch das subjektiv so erlebt – sondern durch die Rekapitulation der Erinnerungen an jene Wahrnehmungen, die ihr bei eurer Geburt gemacht habt.

Nun wird bei euch darüber gestritten, ab wann ein Mensch Mensch sei oder zu welchem Zeitpunkt der Schwangerschaft „die Seele in den Körper einfährt". Im Gegenzug wird darüber gestritten, welche Kriterien den Todeszeitpunkt eines Menschen bestimmen. Beide Fragestellungen ergeben ausschliesslich unter Berücksichtigung eures falschen Verständnisses des Seins überhaupt einen Sinn. Denn einmal abgesehen davon, dass sich – wie du nach der Lektüre der Bücher meines irdischen Freundes wissen solltest – die Seele nicht verkörpert, existiert weder ein bestimmter Zeitpunkt, an dem das Menschsein beginnt, noch existiert ein bestimmter Zeitpunkt, an dem es endet.

Zwischen dem Werden und dem Vergehen des irdischen Seins individueller Seelenaspekte, bestehen genauso Parallelen wie in der Wahrnehmung von Geburt und Sterben durch das Individuum selbst. Der werdende Mensch hat seine Geburt und die Umstände sowie das Umfeld, in das ihn diese führen soll, mit den werdenden Eltern abgesprochen, bevor diese selbst den Plan ihrer irdischen Existenz in Angriff genommen haben. Er ist bei seiner eigenen Zeugung genauso präsent, wie er jede Entwicklungsstufe seines zukünftigen materiellen Körpers genaustens beobachtet. Ich verwende den Begriff „beobachten" deshalb, weil der werdende Mensch sich bis weit über seine Geburt hinaus keineswegs dermassen mit seinem materiellen Körper identifiziert, wie ihr das heute tut. Der werdende Mensch ist ein Reisender zwischen den Dimensionen. Er pendelt in seiner Wahrnehmung zwischen der materiellen Realität und den Seinsrealitäten, die ihr als Jenseits bezeichnet.

Diese Phase des Pendelns zwischen verschiedenen Seinsrealitäten endet jedoch keineswegs zu einem bestimmten Zeitpunkt der Schwangerschaft. Sie endet auch nicht mit der Geburt. Der neugeborene Mensch fühlt sich in seiner Wahrnehmung in bedeutend höherem Masse den jenseits der materiellen Wirklichkeit gelegenen Seinsrealitäten verbunden als der materiellen Wirklichkeit. Ihr könnt grundsätzlich davon ausgehen, dass sich der neugeborene Mensch in seiner Wahrnehmung noch zu mehr als 90 % in nichtmateriellen Seinsrealitäten aufhält – das entspricht ungefähr der Zeit, die er im Schlafzustand verbringt. Erst allmählich – parallel zu den länger werdenden Wachphasen – ist die Wahrnehmung des Neugeborenen vermehrt auf die materielle Wirklichkeit gerichtet.

Der die Nachtruhe seiner Eltern störende Säugling weint denn auch im Gegensatz zu eurer Wertung weniger deshalb, weil er Hunger hat, sondern vielmehr deshalb, weil es für ihn eine äusserst schmerzhafte Erfahrung ist, sich mit der ungewohnten Beschränktheit seiner körperlichen Hülle abfinden zu müssen. Würden diese Tatsachen im Verhalten der Eltern gegenüber dem Säugling als solche erkannt und würden diese später, wenn das Kind von seinen Erfahrungen jenseits von Zeit und Raum erzählt, nicht als „kindliche Träume und Phantasien" abgetan, würde nichts dagegen sprechen, dass ihr die Fähigkeit zum Reisen zwischen den Dimensionen lebenslang beibehalten würdet. Derzeit ist es deshalb nur den in eurem Sinne „vernachlässigten" Kindern gegeben, diese Fähigkeit bis in ihre Jugendjahre und in ganz seltenen Fällen sogar bis in ihr Erwachsenenalter beizubehalten.

Analog zu den Erfahrungen, die der neugeborene Mensch in seiner Wahrnehmung macht, trennt sich auch der Sterbende nicht zu einem ganz bestimmten Zeitpunkt von der materiellen Wirklichkeit. In der letzten Phase seines irdischen Lebens wird er seine Wahrnehmung mehr und mehr auf jenseits der materiellen Realität gelegene Seinsrealitäten richten. Auch hier lässt sich die Dauer seiner Aufenthalte im „Jenseits" an der Dauer seiner Schlafphasen – oder des komatösen Zustandes – messen.

Unabhängig davon, wie ihr den Sterbeprozess aus der materiellen Wirklichkeit beobachtet und wertet, tritt der Tod dann ein, wenn sich der Sterbende im Zuge dieses Prozesses entscheidet, seine Wahrnehmung nun ausschliesslich auf die jenseits der materiellen Wirklichkeit gelegenen Seinsrealitäten zu richten. Das ist der „Moment", wo für ihn die materielle Realität aufhört zu existieren, weil sie in seinem Erleben keinerlei Bedeutung mehr hat. Auf der physischen Ebene werden damit jene körperlichen Prozesse beendet, die ihr in eurer Wertung mit Leben gleichsetzt.

Wie gesagt unterscheidet sich die beschriebene Sterbeerfahrung von der jener Menschen, deren Tod durch einen Unfall ganz plötzlich verursacht wird. Auch diese Menschen werden jedoch nicht – wie du das nun vermuten könntest – von einem Augenblick auf den anderen in ihrer Wahrnehmung von der materiellen Wirklichkeit getrennt. Um das zu verstehen, musst du dir einfach bewusst sein, dass es den plötzlichen Tod, wie er euch in eurer Wahrnehmung begegnet, nicht gibt. Niemand stirbt plötzlich und vollkommen unvorbereitet!

Jeder Mensch „wählt" seine eigene Todeserfahrung. „Wählt" er den aus eurer Sicht plötzlichen Unfalltod, dann hat er sich unbewusst – im Schlafzustand – bereits eingehend darauf vorbereitet. Die jenseitigen Seinsrealitäten sind ihm also bei seinem Übergang nicht unbekannt. Trotzdem wird er – in einer Übergangsphase – mehr Mühe haben, seinen eigenen Tod zu akzeptieren, als jemand, der sich im Zuge einer langwierigen Erkrankung „teilbewusst" auf seine neue Seinsrealität einstellen konnte. Auch ihm stehen jedoch Helfer zur Seite, die ihn behutsam in seine neue Seinsrealität einführen.

Frage: Kürzlich ist meine 87jährige Mutter gestorben. Sie litt nicht unter einer klar diagnostizierbaren Krankheit, ihr Sterben war einfach ein sprichwörtliches, langsames Dahinsiechen. Sie war ein herzensguter Mensch, und ich kann mir nicht vorstellen, dass sie in ihrem Leben irgendeinem anderen Menschen etwas Schlechtes angetan hätte. Ich habe mir immer vorgestellt, dass derart gute Menschen einen leichten Tod haben müssten, doch nach dieser Erfahrung frage ich mich, wo die Gerechtigkeit bleibt, wenn solche Menschen einen derart schweren Tod sterben müssen, während andere, die ihr Leben ohne Rücksicht auf die Gefühle anderer gelebt haben, im Schlaf vom Tod überrascht werden.

Begleiter: *Wenn ein Mensch jene Aufgaben erfüllt hat, derentwegen sich der seelische Aspekt – der er seiner wahren Natur gemäss ist – in der Materie manifestiert hat, dann steht ihm, als einzig möglicher Weg zurück zu seinem Ursprung, die Todeserfahrung bevor. Das Wissen um diese Erfahrung ist jedem Mensch in seinem Innersten zugänglich.*

Auch deine Mutter war sich in ihrem Innersten bewusst, dass sie ihre Aufgabe in der materiellen Realität erfüllt hat und ihre Weiterexistenz den Übergang in eine nichtmaterielle Dimension erfordert. Sie hat jedoch den Sinn ihres Seins in ihrer Wahrnehmung dermassen mit dem allgegenwärtigen Elend in der materiellen Wirklichkeit gleichgesetzt, dass sie sich geweigert hat zu akzeptieren, dass ihrem Sein auch jenseits der materiellen Wirklichkeit und dem darin existierenden Elend ein Sinn zukommt. Sie sah die Menge an Einsatz und Arbeit, die noch erforderlich wäre, um dieses Elend zu lindern, und sah die Erfüllung dieses Zieles gewissermassen als Erfüllung ihrer eigenen Lebensaufgabe an. Sie konnte nicht loslassen, weil sie davon überzeugt war, noch gebraucht zu werden. Es ist deshalb ausserordentlich wichtig, dass ihr Sterbenden mit Worten und Gedanken klarmacht, dass sie ihre Aufgabe erfüllt haben und sie sich nun den eigenen Bedürfnissen ergeben dürfen.

Es gibt natürlich eine Vielzahl von Gründen, weshalb ein Mensch sich dagegen wehrt, seine Wahrnehmung von der materiellen Realität abzuwenden, wenn der Zeitpunkt seines Todes gekommen ist. Häufig kämpfen Menschen mit aller Macht gegen das Ende ihrer körperlichen Existenz, weil sie sich in ihrem Selbstbildnis dermassen mit diesem Körper identifizieren, dass es ihnen schlicht unmöglich ist, sich eine Weiterexistenz ausserhalb dieses Körpers vorzustellen. Wenn ihr der Glaubensüberzeugung anhängt, wonach das irdische Leben das einzige Leben ist, das ihr habt und mit seinem Ende auch eure Existenz als Individuum beendet ist, dann wird für seinen Erhalt – wie ihr z. B. im medizinischen Bereich beobachten könnt – verständlicherweise alles unternommen, um dieses Leben solange wie irgend möglich zu verlängern. Auch wenn euch der Gedanke heute absurd erscheint, so wird eure Gesellschaft doch eines Tages begreifen, dass durch diese Einstellung die Todeserfahrung für das Individuum ganz erheblich erschwert und kompliziert wird.

Die Gerechtigkeit zu schaffen, die du im individuellen Erleben der Todeserfahrung zu finden gehofft hast, ist also jedem einzelnen von euch überlassen. Leiden wird auch dabei – wie in jedem anderen Bereich des Lebens – ausschliesslich dadurch geschaffen, dass ihr euch gegen Bewegung und Veränderung wehrt, also gegen die Gesetzmässigkeit, der alles, was ist, auch euer Leben und euer Sterben, unterliegt. Festhalten am Gewohnten, Bekannten wird immer Leiden schaffen. Ihr müsst lernen, euch vom Gestern zu lösen und im Heute zu leben. Ebenso müsst ihr lernen, euch, wenn der Zeitpunkt gekommen ist, vom Heute zu lösen, um euch den Erfahrungen zu stellen, die das Morgen für euch bereithält – das gilt sowohl im Leben als auch im Sterben!

Sei versichert, dass deine Mutter ihr eigenes Sterben nicht so schrecklich erfahren hat, wie es dich deine Beobachtungen vermuten lassen. Die Art und die Umstände ihres Sterbens waren ihren Bedürfnissen angemessen. Es handelte sich um einen für sie als Individuum unverzichtbaren Prozess, der es ihr schliesslich ermöglichte, loszulassen und ihre Aufmerksamkeit auf eine umfassendere, wirklichere Seinsrealität zu richten. Auch wenn das für dich derzeit noch nicht verständlich scheint, so möchte sie die mit ihrem Sterben verbundenen Erfahrungen nicht missen!

Frage: Stehen Zeitpunkt und Umstände des Todes bei der Geburt eines Menschen tatsächlich bereits fest, wie oft behauptet wird?

Begleiter: *Nein! Was feststeht, das ist eure Lebensaufgabe. Diese habt ihr – im Interesse eurer individuellen Seele, die wiederum im Interesse der Gesamtheit aller Seelen handelt – freiwillig übernommen. Ihr habt eure Eltern, Geschwister, Partner und andere Menschen, die in eurem „Lebensfilm" eine „Rolle" spielen, genauso den Erfordernissen eurer Lebensaufgabe entsprechend ausgewählt wie das Umfeld eurer Geburt, euer Geschlecht, eure Hautfarbe, euer Aussehen und vieles mehr. Zu dem „Zeitpunkt", als ihr das „Drehbuch" für euren „Lebensfilm" geschrieben habt, wart ihr in eurer Wahrnehmung nicht an Zeit und Raum gebunden. Zeit kann deshalb auch in eurem Lebensplan keine gültige Gesetzmässigkeit sein.*

Wenn sich der individualisierte Seelenaspekt, der ihr eurer wahren Natur gemäss seid, einmal dafür entschieden hat, sich als Mensch in der Materie zu manifestieren, dann steht eure Lebensaufgabe unabänderlich fest. Euer freier Wille, eure Entscheidungsfreiheit erschöpft sich darin, die Umstände zu wählen, unter denen ihr die mit eurer Lebensaufgabe verbundenen Erfahrungen machen wollt.

Um ein dir zugängliches Beispiel zu wählen: Es gibt keine Er rung, die Armut erfordern würde – Armut ist ein Umstand, den ihr bewusst/bewusst wählt, um eine eurem Lebensplan inhärente Erfahrung zu machen, die ausschliesslich in euren Wertvorstellungen Armut als Voraussetzung erfordert. Ihr erkennt einfach nicht, dass ihr die gleiche Erfahrung auch machen könntet, wenn ihr ein Leben in Reichtum führen würdet. Ihr seid vollkommen frei in der Wahl der Umstände, unter denen ihr eure Lebensaufgabe erfüllt. Doch niemand von euch ist dabei von Umwegen und Sackgassen gefeit.

Euer Todeszeitpunkt ist dann gekommen, wenn ihr über diese Umwege und Sackgassen das Ziel erreicht, also eure Lebensaufgabe erfüllt habt. Weil Zeit – auch in eurem Erleben – keine über die materielle Realität hinausreichende Gesetzmässigkeit darstellt, ist es aus der Optik eures Gesamtselbst vollkommen bedeutungslos, ob euer Leben nur wenige Tage oder hundert Jahre dauert. Ich habe vollstes Verständnis dafür, dass ihr solche Aussagen nur schwer akzeptieren könnt und trotzdem – oder gerade deshalb – wiederhole ich an dieser Stelle eine bei anderer Gelegenheit gemachte Aussage: Einem Menschenleben kommt im umfassenden Ganzen weder ein höherer Wert noch eine grössere Wichtigkeit zu als dem Leben einer Ameise!

Frage: Wenn ich die entsprechende Aussage ihres Begleiters richtig verstanden habe, so wählt jeder Mensch selbst sowohl seinen Todeszeitpunkt als auch die Umstände, unter denen er die Todeserfahrung macht. Das mit dem Zeitpunkt, das kann ich mit meinem Bild der Realität noch einigermassen in Übereinstimmung bringen. Was die Umstände der Todeserfahrung anbetrifft, gelingt mir das aber ganz und gar nicht. Ich denke dabei an die vielen Menschen, die bei Naturkatastrophen und Flugzeugabstürzen oder in Kriegen sterben. Haben die alle wirklich zufälligerweise genau die gleichen Umstände – und das auch noch zum selben Zeitpunkt – für ihren Tod gewählt?

Und jene Menschen, die durch Verbrechen umkommen, wieso wählen diese so schreckliche Umstände? Wenn sie schon sterben mussten, wieso sind sie nicht einfach eingeschlafen und am Morgen nicht mehr aufgewacht – das ist doch das, was wir uns unter einem „schönen" Tod vorstellen?

Begleiter: *Du erlaubst mir, dass ich die Beantwortung deiner Frage mit einer Korrektur beginne: Sterben ist nicht ein Vorgang, der auf Müssen basiert, sondern ausschliesslich auf Wollen! Ich wiederhole deshalb: Euer Todeszeitpunkt ist euch nicht von eurer Seele – oder nach eurem Verständnis gar von „Gott" – als zwingende Gesetzmässigkeit eures Seins auferlegt, sondern ihr als materialisierte Seelenaspekte entscheidet im Rahmen der biologischen Gesetzmässigkeiten, denen euer Körper – nicht ihr! – unterliegt, vollkommen frei von irgendwelchen Zwängen darüber.*

Eure Wertung, wonach die einen Umstände eines Todes schrecklich und andere „schön" sind, bedeutet nicht, dass der Mensch, der die Todeserfahrung unter den entsprechenden Umständen macht, das auch so erfährt. Ihr betrachtet das Ereignis, beobachtet, was mit dem Körper eines Menschen geschieht, und schliesst daraus, in welchem Masse der Tote gelitten hat. Eure diesbezüglichen Schlussfolgerungen sind aber in aller Regel unzutreffend.

Wenn ihr zum Beispiel Menschen befragt, die einen Flugzeugabsturz oder einen Verkehrsunfall nur durch Reanimierungsmassnahmen überlebt haben, dann werdet ihr zum überwiegenden Teil die Feststellung machen, dass die Erinnerung der Betroffenen bereits vor dem eigentlichen Unfallereignis endet. Eure Psychologen erklären das mit einem Verdrängungsmechanismus im Gehirn der Betroffenen, was nicht zutreffend ist! Tatsache ist, dass die Menschen das Unfallereignis gar nicht wahrgenommen haben – ihre Wahrnehmung war zu dem Zeitpunkt bereits nicht mehr auf die materielle Realität gerichtet. Weil sie die dabei gemachten Wahrnehmungen aber nicht verstandesgemäss einzuordnen in der Lage sind, vergessen sie die Erfahrung, so wie ihr ja auch den überwiegenden Teil jener Wahrnehmungen vergesst, die ihr im Schlafzustand macht, denn auch diese spielen sich zum überwiegenden Teil in Seinsrealitäten ab, die eurer bewussten Wahrnehmung nicht zugänglich sind. Ein Unfallopfer hat seinem eigenen Tod also viel weniger direkt „ins Angesicht" geschaut, als ihr euch das vorstellt.

Jeder Mensch wird in der materiellen Dimension geboren, weil das seinem eigenen, tiefempfundenen Bedürfnis entspricht, und jeder Mensch stirbt, weil auch das seinem eigenen tiefempfundenen Bedürfnis entspricht. Das Bedürfnis zu sterben existiert selbstverständlich unterhalb der Schwelle eurer bewussten Wahrnehmung. Mit Ausnahme des Selbstmörders – und sogar dieser nur sehr bedingt – entscheidet sich also in eurem Sinne niemand bewusst dafür, zu sterben. Und doch stirbt niemand von euch einen unfreiwilligen Tod. Weder bei Naturkatastrophen noch bei Flugzeugabstürzen oder Verkehrsunfällen, weder durch Krieg noch durch Mörderhand ist jemals ein Mensch gestorben, der sich nicht in seinem Innersten bewusst war, dass er seine Lebensaufgabe erfüllt hat und er sich für seine Weiterexistenz zwingend von seinem physischen Körper trennen muss.

Ein Mensch kann also nur in der Wertung der Hinterbliebenen zu früh sterben – für ihn selbst ist es immer der richtige Zeitpunkt, und er wählt die seiner Meinung nach angemessenen Umstände. Eure Psychologen beurteilen den Überlebenswillen als Ausdruck eines gesunden „Geistes". Der jedem Menschen – als natürlicher Wesenszug – genauso inhärente Wille zum Sterben dagegen wird durch die Psychologen glattweg verleugnet, und wenn sie in der Praxis doch damit konfrontiert werden, dann werten sie ihn als neurotischen Versuch, dem Leben zu entfliehen.

Ich spreche mit dem Begriff „Wille zum Sterben" ganz ausdrücklich nicht das gegen den eigenen Körper gerichtete gewaltsame Handeln des Selbstmörders an. Denn der Selbstmörder will nicht seinen materiellen Körper ablegen, sondern er unternimmt den sinnlosen Versuch, sein Ich, seine Existenz als denkendes, fühlendes, verantwortliches Individuum zu zerstören – er sucht die Nicht(mehr)existenz, sucht eine Ruhe, die er, zumindest so wie er sich das vorstellt, mit Sicherheit nicht finden wird.

Jedes lebende Wesen ist sich – in eurem Sinne unterschwellig – der Tatsache bewusst, dass der Tod nicht nur eine biologische, sondern primär eine seelisch-spirituelle Notwendigkeit ist. Wenn ein Wesen sein „seelisches" Potential in einem Seinszustand – also z. B. in einem materiellen

Körper – nicht mehr ausdrücken und entfalten kann, dann entscheidet es sich zu einem Wechsel dieses Seinszustandes – es entscheidet sich zu sterben!

Sterben ist dabei keineswegs ein Prozess oder Vorgang, der sich auf eure materielle Wirklichkeit beschränkt. Ihr alle habt die Sterbeerfahrung schon unzählige Male gemacht, bevor ihr euch zu einer Manifestation in Menschengestalt entschieden habt, obwohl das eure erste und in aller Regel einzige Manifestation in Menschengestalt ist. Und jeder Seelenaspekt – also auch ihr in eurem tiefsten Innern – ist sich der Tatsache bewusst, dass Sterben nichts mit Vernichtung oder Auflösung der eigenen Existenz, sondern vielmehr mit Geburt zu tun hat.

Jedes Verlassen einer Seinsrealität ist mit der Erfahrung verbunden, die ihr als Sterben versteht, und jeder Eintritt in eine neue Seinsrealität setzt die Erfahrung voraus, die ihr als Geburt versteht. Das eine erfordert also in einem ständigen Wechselspiel zwingend das andere. In eurer Wahrnehmung ist denn auch jede eurer Sterbeerfahrungen gleichzeitig eine Geburtserfahrung und umgekehrt! Was aus eurer Optik ein Grund zum Trauern ist, ist aus einer jenseitigen Optik ein Grund zur Freude!

Für jene unter euch, die ihre Existenz in ihrem Selbstbildnis auf die Zeit ihrer Einbindung in eine materielle Hülle beschränken, ist das in jedem von euch unterschwellig vorhandene Wissen um die Weiterexistenz nach dem Tod des materiellen Körpers eine Glaubensüberzeugung. Eine Glaubensüberzeugung, die aus der Nichtakzeptanz der eigenen Vergänglichkeit gespiesen wird. Erschreckt bitte nicht, aber diese „Ungläubigen" haben in gewissem Sinne sogar recht! Denn sowohl das, was diese Menschen als ihr Ich begreifen – ihr materieller Körper -, als auch das, auf dem sie ihr Bild der Realität aufbauen – ihr Verstand – sind vergänglich.

Auch wenn, wie ich ausführlich erörtert habe (in „Die Geburt der Seele", d. Verf.), *eure Reinkarnationstheorien für niemanden von euch erlebte Realität werden, so werden doch Geburt und Sterben sich ständig wiederholende, parallel verlaufende Erfahrungen für euch bleiben, bis ihr euch dereinst wieder mit eurem Ursprung verbindet. Wichtig ist im Zusammenhang jedenfalls, dass ihr die Tatsache begreift, wonach die*

Geburt in eine neue Seinsrealität von euch immer gleichzeitig als Sterben in der vorangehenden Seinsrealität erfahren wird.

Als ihr in die materielle Wirklichkeit geboren wurdet, war das für euch als individualisierte Seelenaspekte genauso eine Sterbeerfahrung, wie es euer Übergang von der materiellen in die nichtmateriellen Wirklichkeiten dereinst sein wird. Wenn ihr euer multidimensionales Sein in eurem Selbstbildnis auf eure Existenz in der gegenwärtigen materiellen Hülle beschränkt, dann fällt es euch natürlich schwer zu akzeptieren, dass ihr euch dereinst freiwillig für ein Ende dieser Existenz entscheiden sollt; und doch werdet ihr alle – unabhängig der dagegen sprechenden Einflüsterungen eures Verstandes – diesen Entscheid irgendwann fällen.

Im Folgenden müssen wir unterscheiden zwischen dem, was ihr unter „Naturkatastrophen" versteht und anderen Ereignissen, die zu einem plötzlichen Tod führen können. Lassen wir deshalb die Naturkatastrophen noch beiseite und konzentrieren wir uns auf die anderen Ereignisse:

Wäre der Tod in eurer Gesellschaft nicht ein Tabuthema, dann würde es zu weniger „spektakulären" Todesfällen kommen. Denn auch wenn ein Mensch seinen Todeszeitpunkt unbewusst selbst bestimmt, so sind halt doch auch diese unbewussten Schichten eurer Wahrnehmung in die Rituale involviert, die ihr über eure bewusste Wahrnehmung verinnerlicht. Mit den erwähnten Ritualen spreche ich eure Wertvorstellungen an, die den Tod zu einem bestimmten Zeitpunkt als „normal" und zu einem anderen Zeitpunkt als „nicht normal" einstufen.

Den „normalen" Tod sterbt ihr nach dieser Wertung, wenn ihr „euer Leben gelebt habt", was nur dann der Fall sein kann, wenn ihr alt und gebrechlich geworden seid. Jeder andere Tod ist in eurer Wertung „abnormal", kommt „zu früh". Entsprechend befasst ihr euch mit eurem eigenen Tod erst dann, wenn ihr euch dem Zeitpunkt eines „normalen" Todes nähert und verkennt dabei, dass „der Tod" euer treuester und nächster Begleiter ist.

Der Mensch, der sich – weil der Sinn seiner materiellen Existenz erfüllt ist – unbewusst für einen früheren Tod entscheidet, fühlt sich ge-

genüber den Zurückbleibenden – selbstverständlich ebenfalls unbewusst – verpflichtet, seinen Tod im Rahmen des in eurer Wertung akzeptierten Rituals zu inszenieren. Er will dabei „sein Gesicht wahren"! Ein Unfalltod, der Tod im Krieg oder der Tod durch Mörderhand kann nach eurer Wertung jeden Menschen treffen – das ist kein Verstoss gegen das durch euch akzeptierte Ritual.

Eure Lebenserwartung wächst – nicht zuletzt durch medizinische Einwirkung – (vermeintlich) beständig. Andererseits ist gerade diese Zeitepoche durch ihre „Kurzlebigkeit" dazu prädestiniert, dass Seelenaspekte Erfahrungen in der materiellen Dimension machen können, deren damit verbundenen Aufgaben keinen langen Aufenthalt in einem physischen Körper erfordern. Dem seelischen Bedürfnis, diesen Aufenthalt auf die Notwendigkeit zu beschränken, stehen nun aber eure gesellschaftlichen Wertvorstellungen gegenüber, die den Sinn und die Erfüllung nur in einem langen Leben erkennen. Entsprechend unternehmt ihr – gegebenenfalls mittels Medizinaltechnik – alles, um diese Wertvorstellungen zu erfüllen.

Das Wesen, das seine Lebensaufgabe erfüllt hat, ist also geradezu gezwungen, spektakuläre Umstände für seine Todeserfahrung zu wählen, wenn es nicht „das Gesicht verlieren" will. Eure hochtechnisierte und hochmobile Gesellschaft bietet dazu – ich bin versucht zu sagen „glücklicherweise" – nicht ganz zufälligerweise eine schier unbegrenzte Auswahl an Sterbeerfahrungen. In eurer Wertung ist dann ein Mensch infolge eines tragischen Unfalles oder einer unheilbaren Krankheit „viel zu früh" verstorben.

Wenn ich die Naturkatastrophen bei den vorstehenden Aussagen ausgeklammert habe, so nicht deshalb, weil das Gesagte nicht grundsätzlich auch auf sie zutreffen würde. Während es sich jedoch bei den durch andere Ereignisse Betroffenen in der Regel um Menschen handelt, die sich vollkommen unabhängig voneinander für die – z. B. bei Flugzeugunfällen – gleichen Umstände ihrer Todeserfahrung „entschieden" haben, besteht bei der Mehrheit der durch Naturkatastrophen Betroffenen eine Verbindung in bezug auf ihre Lebensaufgabe.

Wie bereits gesagt, entscheidet ihr euch für den Zeitpunkt, den Ort und das Umfeld eurer Geburt vor diesem Leben im Hinblick auf die damit verbundene Aufgabe. Nun sind aber eure Lebensaufgaben in den allerwenigsten Fällen dergestalt, dass diese mehr als einen individuellen Beitrag zu einer kollektiven Aufgabe darstellen würden, auch wenn in euren Vorstellungen – die durch die gängigen esoterischen Theorien unterstützt werden – jedes menschliche Leben einen individuellen Sinn haben muss.

Eure individuellen Lebensaufgaben sind also in aller Regel eingewoben in das Geflecht der Lebensaufgaben vieler anderer Menschen, denen ihr in diesem Leben als Familienmitglied, als Bürger einer Gemeinde, einer Region oder eines Staates, als Angehöriger einer bestimmten Rasse, einer bestimmten Religion, eines Geschlechts usw. begegnet. Das geht in einem grossen Teil der Menschenleben so weit, dass die individuelle Aufgabe in sich selbst betrachtet – aus eurer Sicht – überhaupt keinen Sinn ergibt, sondern dieser ausschliesslich im Beitrag an den kollektiven Auftrag zu finden ist.

Wie ihr meinen vorstehenden Aussagen entnehmen könnt, steht eure Wertung des menschlichen Lebens – aber auch euer individuelles Selbstbildnis – auch bezüglich seines „inneren" Wertes im Widerspruch zum umfassenden Gesetz. Niemand von euch – und sei er in eurem Sinne noch so „populär", ist in seinem Leben mit einer Aufgabe betraut, die für das umfassende Ganze wichtiger wäre als die Lebensaufgabe des niedrigsten Bettlers, denn ihr seid in diesem umfassende Ganzen alle dieser niedrigste Bettler!

Nun verhält es sich (leider) so, dass ihr das Geschehen in eurer Umwelt weitgehend als fremdbestimmt, als ausserhalb eures direkten Einflussbereiches liegend wahrnehmt. So ist es für euch verständlicherweise kaum nachvollziehbar, wenn ich sage, dass ihr nie einfach nur Opfer einer Naturkatastrophe werden könnt, weil ihr unzweifelhaft persönlichen Anteil daran habt. Ich spreche dabei nicht die Umweltverschmutzung an, die zum Beispiel zum Verschwinden von Bannwäldern führt. Das sind unbestreitbar Auswirkungen menschlicher Aktivitäten, die ihr aber mit eurem Bild der Realität in Einklang zu bringen in der Lage seid. Ihr seid aber an dem dadurch ausgelösten Geschehen nicht mehr und nicht weniger beteiligt als an einem Erdbeben oder einem Sturm!

ch kann nur immer wieder darauf hinweisen, dass euren Gedanken Gefühlen eine Macht zukommt, die ihr in ihren Auswirkungen nur deshalb negiert, weil sie vermeintlich keine unmittelbaren Auswirkungen haben. Doch alles Geschehen, in das ihr eingebunden seid, ist ausschliesslich und alleine die Manifestation der Summe eurer Gedanken und Gefühle.

Allen anderslautenden wissenschaftlichen Thesen zum Trotz seid ihr zum Beispiel die massgeblichen Schöpfer des Wetters! Durch die „Qualität" der Summe eurer Gedanken und Gefühle erschafft ihr Gewitter und Stürme – es existiert keine andere Ursache dafür, denn die dem Geschehen durch die Wissenschaft zugrunde gelegten Ursachen sind bereits Manifestationen der Summe eurer Gedanken und Gefühle!

Die Summe eurer Gedanken und Gefühle – weniger eure Handlungen als solche – sind aber auch einzig ausschlaggebend für die geologischen Veränderungen auf eurem Planeten, bis hin zu Erdbeben. Gedanken und Gefühle sind Energieeinheiten. Selbstverständlich entziehen sie sich der Erfassung durch eure entsprechenden Instrumente. Nicht dass sie in eurem Sinne nicht messbar wären, aber die euch zur Verfügung stehenden Instrumente basieren in ihrer Konstruktion und damit auch in ihrer Aussagekraft auf dem, was ihr – respektive eure Wissenschaftler – unter Energie versteht.

Es fällt mir deshalb auch schwer, eine treffende Analogie für die durch eure Gedanken und Gefühle freigesetzte Energie zu finden. Um euch eine vorstellbare Relation aufzuzeigen, kann ich nur festhalten, dass die gleichzeitige Zündung aller derzeit verfügbaren Atomwaffen eurer Welt nur einen äusserst geringen Bruchteil – mit einer Null vor und vielen hinter dem Komma – jener Energie freisetzen würde, welche die Menschheit in jeder Sekunde durch ihre Gedanken und Gefühle freisetzt. Es mag – dessen bin ich mir sehr wohl bewusst – euren eigenen (subjektiven) Erfahrungen widersprechen, aber ihr solltet unbedingt erkennen, dass euren Gedanken und Gefühlen ein Vielfaches der Wirkung eurer Handlungen zukommt!

Die in eine gemeinsame Lebensaufgabe eingebundenen Menschen können als Teil dieser Lebensaufgabe – wenn auch in eurem Sinne unbewusst – mittels ihrer Gedanken und Gefühle sehr gezielt auf Veränderungen *ihrer Umwelt hinarbeiten, die nur durch eine Naturkatastrophe realisiert werden können. Dass sie dabei selbst zu vermeintlichen Opfern dieser Naturkatastrophe werden, entbehrt zwar nach euren Wertmassstäben jeder Logik, doch werden sie letztlich nicht Opfer der Naturkatastrophe, sondern Opfer ihrer eigenen Gedanken und Gefühle, so wie ihr – wenn auch weniger offensichtlich – euer ganzes Leben als „Opfer" eurer Gedanken und Gefühle verbringt.*

Die Opfer einer Naturkatastrophe haben demnach einfach ein Szenario für ihre Todeserfahrung gewählt, das nicht grundsätzlich euren Wertmassstäben widerspricht. Naturkatastrophen sind in dem Sinne die einzige Möglichkeit, dass Menschen – deren Lebensaufgaben dermassen miteinander verbunden sind, dass sie nur durch alle Beteiligten gleichzeitig erfüllt und abgeschlossen werden können – die materielle Dimension gemeinsam verlassen können.

Naturkatastrophen sollten deswegen nun aber nicht einfach als eine der vielen Möglichkeiten betrachtet werden, die euch offenstehen, um eure Todeserfahrung zu machen. Das ist letztlich ein Nebeneffekt. So wie die Menschheit längst ausgestorben wäre, wenn es nicht den Kreislauf von Geburt und Tod geben würde, so wäre euer Planet längst wieder „wüst und leer", wenn er nicht ständig jenen schöpferischen Kräften unterliegen würde, die ihr in eurer Wertung als „Naturkatastrophen" bezeichnet.

Frage: Ihr Begleiter erwähnt in seinen bisher veröffentlichten Aussagen verschiedene Male, dass manche Menschen ihren eigenen Tod nach dem Übergang nicht akzeptieren würden. Einmal vorausgesetzt, dass wir uns nach unserem Tod tatsächlich weiterhin unserer selbst bewusst sind, kann ich mir schlecht vorstellen, dass jemand den Tod, der doch sicher für jeden Menschen eine eindrückliche Erfahrung darstellt, einfach nicht wahrhaben will. Diese Menschen müssen doch irgendwie erkennen, dass sie keinen Körper mehr haben und in einer anderen Umgebung weiter existieren, oder mache ich mir die ganze Sache in meinem Denken einfach zu leicht?

Begleiter: *Eine eindrückliche Erfahrung ist das Sterben für euch allemal. Nur was heisst „eindrücklich"? Deine Geburt war für dich auch eine „eindrückliche Erfahrung", die du – entgegen deinem vermeintlichen Wissen – mindestens so bewusst wahrgenommen hast, wie du dereinst deinen eigenen Tod erfahren wirst. Erinnerst du dich an deine Geburt? Nein! Da müssen in deinem Erleben also ganz offensichtlich „eindrücklichere Erfahrungen" deine Erinnerung an dieses „eindrückliche Erlebnis" überlagern. Wieso gehst du dann ganz selbstverständlich davon aus, dass du dich nach deinem Tod an deine Sterbeerfahrung erinnerst? Glaube mir: Was dich nach deinem Tod erwartet, ist so eindrücklich, dass du dich deiner Sterbeerfahrung schon sehr bald genausowenig erinnerst, wie du dich heute deiner Geburtserfahrung erinnerst. Ich „höre" deine Einwände, doch bedenke stets: Zeit ist keine über die materielle Realität hinaus wirkende Gesetzmässigkeit!*

Doch wenden wir uns deiner Frage zu: Ich weiss, dass du dir die Sache bestimmt nicht zu leicht machst, nur gehst du in deinen Überlegungen von Voraussetzungen aus, die für den Verstorbenen so nicht zutreffen. Zuerst muss ich klarstellen, dass die Nichtakzeptanz des eigenen Todes fast ausschliesslich bei Menschen beobachtet werden kann, die ganz plötzlich – also durch Gewalteinwirkung oder Unfall – von der materiellen Dimension herübergewechselt haben. Und, um deine Frage von hinten anzugehen: Der Verstorbene verfügt nach wie vor über einen Körper, und die Umgebung, in der er sich direkt nach seinem Übergang wiederfindet, unterscheidet sich nicht offensichtlich von seiner zuletzt wahrgenommenen Umgebung in der materiellen Wirklichkeit.

Deiner Frage entnehme ich, dass du ganz selbstverständlich davon ausgehst, dass sich dein dereinst erfahrenes Jenseits grundsätzlich von deiner heute erfahrenen materiellen Wirklichkeit unterscheidet. Du befindest dich mit dieser Annahme zwar in einem riesigen Kreis überzeugter Anhänger, denen ohne Ausnahme eine grosse Enttäuschung bevorsteht, wenn sie nicht fähig oder bereit sind, diese Überzeugung zu hinterfragen. Glaube mir, du bist bedeutend näher an deiner dereinst erlebten Jenseitsrealität, wenn du dir diese so vorstellst, wie du die materielle Realität heute wahrnimmst, als wenn du dich in paradiesischen Vorstellungen verlierst!

Unabhängig davon, unter welchen Umständen ihr eure Todeserfahrung macht, seid ihr nach eurem Übergang auf einen Körper angewiesen. Eure Selbstidentifikation geschieht dermassen ausgeprägt über euren Körper, dass ihr das „Überleben" des eigenen Todes nur dadurch überhaupt wahrnehmen könnt, dass ihr euch weiterhin in einem Körper existierend vorfindet. Solange ihr nicht den sinnlosen Versuch unternehmt, mit und durch diesen Körper in der physischen Wirklichkeit – die eurer Wahrnehmung, sofern das dannzumal einem Bedürfnis entspricht, nach dem Übergang vorerst noch uneingeschränkt zugänglich ist – wirksam zu werden, werdet ihr anfänglich kaum einen Unterschied zwischen eurer abgelegten physischen Hülle und eurem „neuen" Körper feststellen.

Relativ bald werdet ihr aber feststellen, dass dieser Körper anderen Gesetzmässigkeiten unterliegt, als ihr es von eurem materiellen Körper gewohnt seid. Seine Erscheinung gründet nicht auf einem – vermeintlich determinierenden – genetischen Plan wie sein materielles Pendant. Ihr werdet feststellen, dass ihr diesen Körper mittels eurer Gedanken und Vorstellungen selbst erschafft – was in gewisser Weise auf eure physische Hülle ebenfalls zutrifft – und werdet euer Erscheinungsbild bald nach Belieben verändern.

Nun kann ich mich selbstverständlich gut genug in eure Art der Wahrnehmung versetzen, um zu wissen, dass ihr diese willentliche Veränderung des Erscheinungsbildes primär positiv wertet. Leider überseht ihr dabei etwas ganz Wesentliches: Auch wenn ihr das aufgrund eures vermeintlichen (Schul-)Wissens anders wertet und versteht, so werdet ihr doch früher oder später mit der Tatsache konfrontiert, dass euer Erscheinungsbild, wie ihr es derzeit in einem Spiegel betrachtet, nur insofern realistisch ist, als ihr ihm selbst Realität und Kontinuität zugesteht. Eure Mitmenschen haben in aller Regel ein völlig anderes Bild von eurer körperlichen Erscheinung als ihr selbst. An dieser bedingten Realität eures eigenen Erscheinungsbildes wird sich auch nach eurem Übergang in die nichtmaterielle Wirklichkeit nichts ändern, nur werdet ihr dann erstmals mit dieser Tatsache konfrontiert. Wie gesagt wird dieses Erscheinungsbild in eurer Wahrnehmung anfänglich einem exakten Abbild eures Körpers zum Zeitpunkt des Todes entsprechen, und ihr identifiziert euch damit, wie ihr euch zeitlebens mit eurem Körper identifiziert habt.

War euer Körper nun aber durch eine langwierige Krankheit gezeichnet, dann wird gar nicht so selten auch der „neue" Körper die gleichen Krankheitssymptome aufweisen, denn das Bild eures Körpers ist in eurer Wahrnehmung in vielen Fällen untrennbar mit Krankheit verbunden. Ihr werdet zwar – wie gesagt – bald lernen, diesen Körper nach Belieben zu verändern, doch bis ihr verinnerlicht habt, dass Krankheit ein selbstgewählter Seinszustand ist, werden alle eure Schöpfungen die gleichen Krankheitssymptome aufweisen, die ihr in eurem Denken mit eurem materiellen Erscheinungsbild verbunden habt. Ihr könnt es zwar bereits heute akzeptieren, ihr werdet es aber spätestens während eurer „Lehrzeit" in eurer künftigen subjektiven Jenseitsrealität zu akzeptieren lernen, dass jede Krankheit – ich betone: jede! – ihren Ursprung und einzigen Sinn in euch selbst hat. Vergesst Fehlverhalten, Viren und Bakterien als Krankheitsursache, denn sie und ihre Wirkungen sind nicht Ursache, sondern bereits Symptome!

Wenden wir uns nun aber bei der Beantwortung deiner Frage der Umgebung zu, in der die ersten „Gehversuche" in der neuen Seinsrealität gemacht werden. Wie gesagt treffen die deiner Frage zugrunde liegenden Vorstellungen nicht zu. Sie decken sich mit den Vorstellungen, die viele von euch mit dem Jenseits verbinden, denn nicht nur die Religionen, sondern auch der überwiegende Teil der esoterischen Literatur vermittelt euch ein vollkommen unzutreffendes Bild dieser Seinsrealität. Die dadurch in euch geweckten Vorstellungen von paradiesischen Zuständen mögen ja auf viele von euch tröstlich wirken. Du wirst es mir aber sicher verzeihen, wenn ich mich bei der Beantwortung deiner Frage nicht an deinem Bedürfnis nach tröstlichen Bildern, sondern an deinem Recht und Anspruch auf Objektivität – soweit mir das überhaupt möglich ist – orientiere.

Damit wir uns aber nicht missverstehen, möchte ich ausdrücklich betonen, dass ich keineswegs behaupte, ein Mensch könne sich nach seinem Übergang nicht in einer Umgebung wiederfinden, die seiner Vorstellung vom Paradies entspricht. Dabei handelt es sich aber immer um eine der in den Büchern meines irdischen Freundes ausführlich behandelten subjektiven Jenseitsrealitäten. Ich habe euch klarzumachen ver… so etwas wie eine „Hölle“ – immer in eurem Sinne – in keiner o… ven Realität existiert. Gleiches gilt aber demzufolge auch für eure V… stellungen bezüglich eines paradiesischen Jenseits. Hölle und Paradies sind in dir drinnen oder nirgends!

Wie gesagt wird eure nach dem Übergang erfahrene Jenseitsrealität weitgehend durch eure Wertvorstellungen, Glaubensüberzeugungen und euer Denken und Handeln während eurer irdischen Existenz bestimmt. Bereits euer „Empfang“ im Jenseits findet deshalb häufig in einer Art „lebendiger Theaterkulisse“ statt, die euren paradiesischen Jenseitsvorstellungen Rechnung trägt.

Nun sterben ja aber bekanntlich viele Menschen, die sich keine bestimmte Vorstellung davon machen, wie denn das Jenseits – wenn der Tod all euren wissenschaftlichen Thesen zum Trotz doch nicht das Ende der bewussten Existenz bedeutet – beschaffen sein könnte. Für sie erübrigt sich in aller Regel auch der Aufbau einer „Theaterkulisse“. Sie werden sich in einer Jenseitsrealität wiederfinden, die sich nicht wesentlich von der durch sie erlebten materiellen Realität unterscheidet.

Die materielle Wirklichkeit, wie ihr sie ganz individuell wahrnehmt und mit der ihr vermeintlich im Zuge eines fremdbestimmten Schicksals konfrontiert seid, ist ausschliesslich das Spiegelbild eurer Gedanken, Handlungen und Überzeugungen. Da mag diese Wirklichkeit noch so grausam, ungerecht und kaltherzig sein – sie ist es, ungeachtet eurer Wertung, nur in dem Masse, wie ihr in euren Gedanken, Handlungen und Überzeugungen selbst grausam, ungerecht und kaltherzig seid. Ich verstehe schon, dass sich die Mehrheit von euch selbst ganz anders sieht, doch würde euer Selbstbildnis den Tatsachen entsprechen, dann müsste zwingend auch euer individuelles Umfeld diesem Selbstbildnis entsprechen. Heute könnt ihr die Zusammenhänge noch nicht verstehen, doch nach eurem Übergang werdet ihr – wenn auch verständnisvoll – schonungslos mit eurem wahren Selbst und den dadurch geschaffenen Wirklichkeiten konfrontiert. Weil die Zusammenhänge für euch dannzumal offensichtlicher sind als heute, werdet ihr lernen, dass jedes Individuum ausschliesslich in Wirklichkeiten existiert, die letztlich durch Gedanken,

Handlungen und Gefühle geschaffenen werden, die seinen eigenen entsprechen.

Oh, ich spüre ganz intensiv, dass du nicht mit mir einverstanden bist! In deiner Wertung sind es doch vorwiegend die „anderen", die Einfluss auf deine erlebte Wirklichkeit haben – du bist ja nur ein kleiner Mensch unter vielen, was kannst du denn schon ausrichten? Niemand von euch empfindet sich selbst als grausam, ungerecht und kaltherzig, und doch attestiert ihr das der Welt, die lediglich Spiegelbild eures eigenen inneren Zustandes ist.

Ihr könnt diese Welt jederzeit verändern, aber bestimmt nicht dadurch, dass ihr euch mit Problemen befasst, die in Teilen dieser Welt bestehen, welche nicht eure direkt erlebte Wirklichkeit sind und von denen ihr nur deshalb überhaupt Kenntnis habt, weil die Medien euch mit den entsprechenden Informationen versorgen. Ihr seid nicht ohne Grund in einem bestimmten Teil dieser Welt geboren, denn dort – und ausschliesslich dort – liegen eure Aufgabe und eure Möglichkeiten, diese Welt so zu verändern, dass sie dereinst nicht mehr als grausam, ungerecht und kaltherzig empfunden wird. Die Lösung der Probleme, die in eurer sogenannten Dritten Welt existieren, liegt in deiner eigenen kleinen Welt; dort – und ausschliesslich dort – kannst du ganz persönlich deinen Beitrag leisten! Ausnahmen, wie zum Beispiel das Leben von Albert Schweitzer oder Mutter Theresa, solltet ihr als ganz individuelle Lebensaufgabe der betreffenden Menschen verstehen; keinesfalls solltet ihr daraus ableiten, dass ihr eure eigene Lebensaufgabe „irgendwo" in der Welt erfüllen könnt.

Nach deinem Übergang wirst du begreifen, was ich dir zu vermitteln versuche, denn dann bist du auf dich selbst und deine eigene kleine Welt zurückgeworfen und wirst erkennen, dass du ganz allein diese kleine Welt erschaffst und auch du ganz allein die Verantwortung für ihren Zustand trägst.

Frage: Besitze ich als normaler Mensch die Fähigkeit oder Möglichkeit, die Umstände meines eigenen „natürlichen" Todes willentlich zu wählen oder zumindest zu beeinflussen?

Begleiter: *Es existiert nichts, was du in eurem Sinne „unbewusst' beeinflusst, das du nicht grundsätzlich auch willentlich beeinflussen könntest. Wenn für dich die Sterbeerfahrung zu jedem Zeitpunkt deiner irdischen Existenz – also auch in der nächsten Minute – akzeptabel ist, ohne dass dazu Voraussetzungen wie Krankheit, Alter, Naturkatastrophe oder Unfall als Rechtfertigung erforderlich sind, dann wirst du sie zwar unter weniger „dramatischen" Umständen machen, aber sie wird dadurch auch weniger Konfliktstoff bieten, welcher sie für dich persönlich kompliziert und mit schmerzhaften Gefühlen belastet. „Ich bin bereit" ist schnell gesagt. Sei dir also der Tragweite meiner Aussage bewusst. Sie schliesst „aufräumen" und „Abschied nehmen" aus, weil es weder etwas aufzuräumen noch zu verabschieden gibt.*

Niemand von euch ist dazu gezwungen, die Sterbeerfahrung unter „unangenehmen" Umständen zu machen, denn ihr alleine bestimmt über die Art und die Umstände eures Todes. Nichts – absolut nichts – spricht dagegen, dass ihr den Zeitpunkt und die Umstände eures eigenen Todes dereinst bei völlig wachem Bewusstsein bestimmt, wie das bei den meisten Naturvölkern selbstverständlich war und übrigens auch bei euch viel häufiger geschieht, als ihr wahrzunehmen bereit und imstande seid.

Der Indianer, der sich, wenn er seine Aufgabe in der materiellen Wirklichkeit erfüllt hatte, zum Sterben in die Einsamkeit zurückzog, hat seinen physischen Körper bei vollem Bewusstsein verlassen. Er ist weder verhungert noch verdurstet, er hat nicht Suizid verübt, doch seine Verbundenheit mit dem umfassenden Gesetz war dermassen ausgeprägt, dass sein Selbstbildnis bedeutend weniger von seinem materiellen Körper und der materiellen Wirklichkeit geprägt war, als das bei euch „zivilisationsgedämmten" Menschen zum überwiegenden Teil der Fall ist. Wenn ihr erkennt, dass der Tod nicht im Widerspruch zum Leben steht, sondern dass er Teil, Transformation und Fortsetzung desselben ist, dann habt ihr in eurem Denken die Voraussetzungen für einen „leichten" Tod geschaffen! Nur solltet ihr besser heute als morgen zu dieser Erkenntnis gelangen, denn der Tod ist euer treuester Begleiter – er wartet nicht, bis ihr die Gesetzmässigkeiten begriffen habt, denen er folgt!

Frage: Ihr Begleiter erwähnt mehrmals, dass Verstorbene die materielle Realität direkt nach ihrem Tod noch wahrnehmen können. Ist meine Vorstellung, wonach ein Verstorbener das Geschehen in seiner Familie unmittelbar nach seinem Tod verfolgen kann, ja dass er evtl. sogar seiner eigenen Beerdigung beiwohnen kann, demnach zutreffend? Wenn ja, wieso ist es dann nicht möglich, dass der Verstorbene sich nach seinem Übergang wenigstens noch einmal bemerkbar macht und seinen Hinterbliebenen in ihrer Trauer und in ihrem Schmerz ein Zeichen gibt, dass es ihm gut geht und er in einer anderen Form „weiterlebt"?

Begleiter: *Wie bei anderer Gelegenheit bereits ausgeführt, realisieren viele Menschen direkt nach ihrem Übergang den eigenen Tod nicht. Sie wähnen sich also weiterhin unter den Lebenden, obwohl sie für letztere unzweifelhaft gestorben sind. Das trifft für Menschen, die aufgrund eines Unfalles, eines Gewaltverbrechens, bei Naturkatastrophen oder bei kriegerischen Handlungen sterben, also bei jedem plötzlichen Tod, praktisch uneingeschränkt zu. Ein plötzlicher, unvorbereiteter Tod führt bei euch ausnahmslos zu einer Desorientierung in dem Sinne, dass ihr Mühe habt, euren Tod zu akzeptieren.*

Ihr könnt – da werden mir eure Mediziner selbstverständlich widersprechen – mit wachem Bewusstsein in die jenseitige Realität hinüberwechseln und werdet dabei feststellen, dass die dabei erlebte Realität absolut nichts mit den in der esoterischen Literatur beschriebenen paradiesischen Vorstellungen gemeinsam hat. Andererseits stehen euch aber diese paradiesischen Zustände als subjektive Erfahrungsmöglichkeit nach eurem Übergang uneingeschränkt offen, sofern ihr von ihrer Existenz ausreichend überzeugt seid. Letztlich erschwert ihr euch aber mit einer solchen Voreingenommenheit lediglich eure Nachtodeserfahrungen, denn ihr kommt nicht umhin, diese Realität – wie jede andere subjektive Realität – zu überwinden, was mit schmerzhaften Ablösungsprozessen verbunden ist. Von solchen schmerzhaften Erfahrungen sind diejenigen Menschen in aller Regel befreit, die ihre Todeserfahrung im Zuge eines plötzlichen Ereignisses machen, weil sie, wie gesagt, die Tatsache ihres Todes anfänglich gar nicht realisieren.

Ihre direkt nach der – nicht bewusst wahrgenommenen – Todeserfahrung erlebte Realität unterscheidet sich nicht offensichtlich von der materiellen Realität, wie sie diese wahrgenommen haben. Jeder dieser Menschen „blendet" das Unfallereignis in gewissem Sinne aus und benimmt sich so, wie wenn er sich noch in seinem physischen Körper befinden würde. Es bleibt dann „Helfern" überlassen, diese Wesen von der Tatsache ihres physischen Todes zu überzeugen. In der Phase, in der der eigene Tod noch nicht akzeptiert wird, ist die Wahrnehmung des Wesens noch vollumfänglich auf das Geschehen in der materiellen Realität fokussiert. Dabei konzentriert sich das Interesse verständlicherweise auf das (ehemalige) nächste soziale Umfeld, also in aller Regel auf die Familie.

Mit Ausnahme der ganz wenigen Menschen, die sich nach der Todeserfahrung weder für ihren physischen Körper noch für ihre Hinterbliebenen interessieren, sich in ihrer Wahrnehmung also direkt ausschliesslich auf ihre Jenseitsrealität konzentrieren, interessiert sich aber jeder Verstorbene während der ersten drei bis fünf Tage nach seinem Tod noch mehr oder weniger stark für das Geschehen in der materiellen Wirklichkeit. Die meisten Verstorbenen versuchen dabei sehr wohl, sich bei ihren Hinterbliebenen noch einmal bemerkbar zu machen. Dass das nur in ganz seltenen Fällen auch tatsächlich gelingt, liegt weniger an den Verstorbenen als viel mehr an der Art der Wahrnehmung der Hinterbliebenen. Weil diese in ihrer Wahrnehmung zu sehr auf materielle Formen, Licht, Farbe oder Klang fixiert sind, nehmen sie die von den Verstorbenen verursachten Schwingungen bei solchen Kontaktversuchen nicht wahr. Mein irdischer Freund kann euch aufgrund seiner eigenen Beobachtungen versichern, dass sich die meisten Verstorbenen sehr wohl alle erdenkliche Mühe geben, ihren Hinterbliebenen mitzuteilen, dass ihre Trauer und ihr Schmerz unbegründet sind und dass der Tod nicht das Ende der menschlichen Existenz bedeutet. Nicht selten leiden die Verstorbenen stärker an der Trauer der Hinterbliebenen als diese an ihrem Verlust!

Deine Vermutung, dass die Verstorbenen auch ihrer eigenen Beerdigung beiwohnen, ist absolut zutreffend, denn dieses Geschehen ist für die meisten von ihnen der eigentliche Abschied von der materiellen Realität –

erst danach wenden sie ihre Wahrnehmung vollkommen auf ihre Jenseitsrealität. Du kannst also davon ausgehen, dass praktisch bei jeder Beerdigung der zu Beerdigende emotional sehr stark engagiert ist und äusserst genau beobachtet, was geschieht. Mit anderen Worten: Der Verstorbene ist mit Sicherheit der engagierteste Teilnehmer seiner eigenen Beerdigung. Die Gedanken der Menschen, die an seiner Beerdigung teilnehmen, sind ihm dabei übrigens uneingeschränkt zugänglich – Teilnahme aus Höflichkeit verbittet er sich!

Anschlussfrage Pierre de Forêt (im folgenden PdF): Wenn ich dich richtig verstanden habe, dann hat also der Körper für den Menschen eine Bedeutung, die über den Tod hinausreicht. Das hast du ja bereits im Zusammenhang mit Organspenden resp. der Transplantationsmedizin erklärt. Gemäss deinen diesbezüglichen Ausführungen erlebt ein Verstorbener die Entnahme von Organen zu Transplantationszwecken als Horrorszenario, weil er sich in seiner Wahrnehmung direkt nach seinem Tod noch dermassen mit seinem Körper identifiziert, dass er in den Transplantationschirurgen seine eigenen Mörder zu erkennen glaubt. Wenn sich der Mensch aber nach seinem Tod noch dermassen mit seinem Körper identifiziert, dann muss für ihn ja auch seine Kremation ein traumatisches Erlebnis sein. Liege ich mit meiner Annahme falsch, dass Verstorbene – unabhängig der vor ihrem Tod möglicherweise getroffenen anderslautenden Entscheide – einer Erdbestattung den Vorzug geben würden?

Begleiter: *Deine Annahme ist – zumindest bis heute – uneingeschränkt richtig! Ich bin aber unbescheiden genug zu hoffen, dass ich mit meinen Ausführungen einen kleinen Beitrag zur „Schadensbegrenzung" leisten kann. Ihr hoffe deshalb, dass sich zumindest deine Leserschaft nach ihrem dereinstigen Übergang nicht mehr dermassen stark mit ihrer materiellen Hülle identifiziert, dass die Art der Bestattung für sie zum Problem wird, denn sie werden sich dannzumal meiner diesbezüglichen Aussagen erinnern.*

Wenn ein Verstorbener seinen eigenen Tod noch nicht als Tatsache akzeptiert hat, dann erfährt er – wie du richtig erkannt hast – seine

Kremation tatsächlich häufig als traumatisc
– um das nachvollziehen zu können – einf
Verstorbene zu diesem Zeitpunkt noch d
zuteilen, dass er gar nicht gestorben ist
en zu diesem Zeitpunkt bereits tot ist,
die Vernichtung seiner physischen Hi
nis. Diese Erfahrung führt dann me
nach eurem Verständnis über „längere
dieses Geschehen nun aber in eurer Wertung n
schen Bildern versehen, denn das, was ihr unter „sein B
lieren" versteht, kommt der genannten Desorientierung im Erleb
Verstorbenen bedeutend näher als solche Bilder.

Es ist also weniger die Art der Bestattung, die den Verstorbenen Probleme bereitet, als vielmehr die Bilder, die ihr in eurer Gesellschaft mit Sterben und Tod verbindet. Wenn in eurer Gesellschaft dereinst die Tatsache, dass ihr den Tod eurer physischen Hülle „überlebt", zum „Allgemeinwissen" gehört, dann werden die Verstorbenen auch weniger Mühe haben, ihren Körper nicht mehr mit ihrem Sein gleichzusetzen. Sie werden dannzumal ihren Körper als das begreifen, was er tatsächlich ist – als Werkzeug, das seinen Dienst irgendwann erfüllt hat, ohne dass dieser Zeitpunkt mit dem Ende der Existenz ihres Benutzers gleichgesetzt wird.

Frage: Wenn wir, wie der Begleiter behauptet, die Umstände und den Zeitpunkt unseres eigenen Todes unbewusst selbst wählen, wie erklärt er uns dann die Tatsache, dass sich jeder Mensch vor dem Tod fürchtet und alles dafür tut, möglichst lange zu leben?

Begleiter: *Ihr fürchtet euch zwar nicht vor dem Tod, sondern vor dem Sterben, aber lassen wir deine Definition einmal stehen. Intuitiv wisst ihr alle, dass der Tod nicht gleichbedeutend mit dem Ende eurer Existenz als Individuum ist. Auf diesem intuitiven Wissen gründen eure Religionen und viele esoterische Theorien. Für die Vertreter der „mit-dem-Tod-ist-alles-aus-Meinung" rührt dieses intuitive Wissen aber lediglich* *[illegible] Mensch seine Endlichkeit nicht akzeptieren könne oder [illegible]*

[illegible] ich rührt dieses intuitive Wissen aber aus Bereichen eurer [illegible] rsönlichkeit, die durch den Tod des physischen Körpers nicht [illegible] sind. Der Verstand dagegen ist an die Existenz des physischen [illegible] rns gebunden und ist sich dessen unterschwellig auch bewusst. Er [illegible] es, der euch gewissermassen aus „Eigeninteresse“ Ängste suggeriert, [illegible] ber die jeder von euch nach seinem Übergang schmunzeln wird.

⊙ ⊙ ⊙

Fragen zum
Wiedersehen mit Verstorbenen

Frage: Die Ausführungen ihres Begleiters zum Empfang Verstorbener im Jenseits sind sehr aufschlussreich. Sie selbst beschreiben, wie ein junger Mann von Wesen empfangen wird, welche dazu die Gestalt seines Vaters und seines Zwillingsbruders angenommen haben, ohne dass diese Wesen im Leben des jungen Mannes jedoch tatsächlich die verkörperten Gestalten waren. Muss ich mir das nun so vorstellen, dass auch ich nach meinem Tod von Wesen empfangen werde, die ich zwar für meine Verwandten halte, die mich aber eigentlich zum Narren halten?

Begleiter: *Ich verstehe schon, wenn meine diesbezüglichen Ausführungen dazu führen, dass du dich – vielen anderen mag es gleich ergehen – bei der Vorstellung, dass die dich dereinst empfangenden Verwandten lediglich deren Gestalt angenommen haben, hinters Licht geführt fühlst. Meine folgenden Ausführungen sind für euch Menschen nicht einfach zu verstehen, weil ihr in einem Selbstbildnis gefangen seid, das sich an Kriterien orientiert, die zwar euer Verstand als „logisch" akzeptiert, die aber dennoch weit davon entfernt sind, euch eine allgemeingültige Wahrheit zu vermitteln.*

Abgesehen davon, dass es sich bei dem durch meinen irdischen Freund geschilderten Geschehen eher um die Ausnahme handelt, welche die Regel bestätigt, solltest du dir – um zu verstehen, welche Ursache dem Schauspiel zugrunde liegt, das bei eurem Übergang gespielt und von euch dannzumal als alleinige Realität erfahren wird – einfach bewusst sein, dass der Mensch, der sich einst in einem deiner Verwandten verkörperte, so wie du dir das vorstellst, nicht mehr existiert oder, präziser gesagt, so gar nie existiert hat!

Du verbindest deine Mitmenschen in deiner Vorstellung mit einem ganz bestimmten Bild, das sich ausschliesslich an ihrer materiellen Erscheinung und den dich mit ihnen während eurer Inkarnation verbindenden Erfahrungen orientiert. Das heisst, das Bild, das du dir von einem anderen Menschen machst, schliesst – analog deinem eigenen Selbstbildnis – nicht das ein, was das Wesen über seine materielle Erscheinung hinaus tatsächlich war und ist. Nachdem dieses Erscheinungsbild sterblich ist und beim Tod in der Materie zurückgelassen wird, wirst du sogar dir sehr gut bekannte Verstorbene nach deinem Übergang häufig ganz anders wahrnehmen, als sie gemäss deiner vermeintlich untrüglichen Erinnerung existiert haben. Das liegt daran, dass dich mit jedem dieser Wesen Erfahrungen verbinden, die nicht aus der vergangenen materiellen Existenz stammen.

Ihr sprecht davon, dass ihr während eures Lebens so und so viele Menschen kennen gelernt habt. Das entspricht eurer Wahrnehmung, und gegen die ist, soweit wir in unserer Betrachtung die Grenzen eurer materiellen Existenz nicht überschreiten, nichts einzuwenden. Aus einer übergeordneten Optik betrachtet, lernt ihr diese Menschen jedoch nicht während eurer materiellen Existenz kennen, sondern ihr „feiert" ein Wiedersehen mit alten Bekannten. Keiner der Menschen, die in eurem Leben eine Bedeutung haben – und sei diese noch so gering – z. B. in der Funktion des Zugschaffners, der euren Fahrschein kontrolliert – begegnet euch erstmals während eurer materiellen Existenz. Mit allen diesen Menschen verbinden euch Erfahrungen, die ihr zusammen in anderen Seinsrealitäten gemacht habt. Die Intensität der Beziehung während eurer materiellen Existenz lässt dabei keineswegs auf den tatsächlichen Grad der Verbundenheit schliessen, welche durch die Gesamtheit der gemeinsam erfüllten Aufgaben in den unterschiedlichsten Seinsrealitäten geprägt ist.

Gar nicht so selten sind es die euch – durch die Summe der in verschiedenen Seinsrealitäten gemachten gemeinsamen Erfahrungen –

besonders nahestehenden „Menschen", die in eurer materiellen Existenz die „Rolle des Bösewichts spielen". Denn die Bereitschaft, solche „Rollen" zu übernehmen, bedeutet, angesichts der daraus resultierenden Konsequenzen, ein grosses Opfer, welches ein hohes Mass an Liebe für euch voraussetzt. Wichtig ist jedenfalls, dass ihr euch bewusst seid, dass ihr mit jedem Menschen, der in eurem Leben eine – wenn auch noch so kleine – „Rolle spielt", schon andere Erfahrungen gemacht habt. Reduziert deshalb eure Mitmenschen nicht auf ihre aktuelle „Rolle", denn dadurch werdet ihr ihrer wahren Natur – ihrer „Gesamtpersönlichkeit" – in keinem einzigen Fall gerecht. Einige werden dadurch überhöht, die meisten aber erniedrigt!

Triffst du nun nach dem Verlassen deiner physischen Hülle auf eines dieser Wesen, dann sind dir alle die Erinnerungen zugänglich, die euch miteinander verbinden. Du kannst dir sicher vorstellen, dass es sich dabei häufig um Erinnerungen handelt, die für euch beide eindrücklicher sind, als diejenigen aus der soeben abgeschlossenen materiellen Existenz. Die Intensität dieser Erinnerungen entscheidet letztlich darüber, in welcher „Gestalt" dir zum Beispiel ein naher Verwandter nach deinem Übergang „erscheint".

Das Gesagte trifft sowohl auf jene deiner vor dir verstorbenen Verwandten und Bekannten zu, die sich im Zeitpunkt deines eigenen Todes noch in ihren eigenen subjektiven Jenseitsrealitäten aufhalten und deshalb auch in ihrer eigenen Wahrnehmung noch über einen Körper verfügen, als auch auf solche, die zu diesem Zeitpunkt ihre subjektive Jenseitsrealität bereits überwunden haben – was aber nur selten zutrifft – und sich dir nur deshalb in dir bekannter menschlicher Gestalt zeigen, weil du sie sonst gar noch nicht wahrzunehmen imstande wärst. Obwohl letztere in ihrer Existenz also bereits nicht mehr formgebunden sind, nehmen sie zu deinem Empfang noch einmal jene menschliche Form an, in der du sie gekannt hast. Das ist ihnen aber nur solange möglich, wie sie als individualisierter Seelenaspekt nicht bereits wieder eine neue Aufgabe im Dienste ihres Gesamtselbst übernommen haben.

Wenn ich gesagt habe, dass die durch meinen irdischen Freund geschilderte Beobachtung beim Sterben des jungen Mannes eher die

Ausnahme sei, welche die Regel bestätige, dann deshalb, weil Menschen, die du aus deiner materiellen Existenz kennst, in aller Regel bei deinem eigenen Übergang noch keine neue Aufgabe übernommen haben, und mag es sich bei ihnen auch zum Beispiel um deine Urgrosseltern handeln. Du musst dir – um das verstehen zu können – einmal mehr bewusst machen, dass Zeit keine über die materielle Wirklichkeit hinausreichende Gültigkeit hat. Nach euren Zeitbegriffen dauert der „Aufenthalt" in den subjektiven Jenseitsrealitäten, wo ihr euch mit den auf eurem Denken und Handeln gründenden Realitäten allgemein auseinanderzusetzen habt, Jahrzehnte oder gar Jahrhunderte, wobei das im individuellen Erleben der Betroffenen vollkommen bedeutungslos ist. Nach eurem Zeitverständnis kann in ihrem subjektiven Empfinden die Stunde zum Jahr oder das Jahrhundert zum Tag werden.

Die Zeitspanne, die zwischen dem Tod dir nahestehender Menschen und deinem eigenen Tod liegt, erlaubt also keine Aussage darüber, ob diese Menschen bei deinem Empfang im Jenseits dereinst – in eurem Sinne – tatsächlich anwesend sind oder ob andere Geistwesen sie „verkörpern". Natürlich wünschst du dir aus deiner heutigen Sicht der Realität, dass du diesen Menschen „tatsächlich" wieder begegnest. Aber, auch wenn du mir das jetzt nicht abnehmen wirst, das ist für dich dannzumal vollkommen irrelevant!

Sollte nun aber ein Mensch, dem du aus deiner materiellen Realität verbunden bist, bereits vor deinem eigenen Übergang eine neue Aufgabe übernehmen, was – wie gesagt – äusserst unwahrscheinlich ist, dann beginnt eine solche Aufgabe immer mit einem Vorgang, der sich mit eurer Geburt in der materiellen Dimension vergleichen lässt, auch wenn diese Aufgabe die Betreffenden – entgegen eurer Reinkarnationstheorien, von ganz seltenen Ausnahmen einmal abgesehen – nicht in die materielle Dimension, sondern in eine der unzähligen anderen Erfahrungsrealitäten führt. So, wie nur ganz wenige Menschen befähigt sind, während der Dauer ihrer materiellen Existenz zwischen den Dimensionen zu „reisen", so gilt das auch für jede andere Seinsrealität. In aller Regel können diese Menschen also bei deinem „Empfang" nicht „persönlich" anwesend sein.

Um nun aber nicht den Boden für ein neues Missverständnis zu ebnen, muss ich an dieser Stelle einmal mehr eine gängige esoterische Theorie relativieren: Auch jene Wesen, welche ihre subjektive Jenseitsrealität überwunden haben und zu „Reisen" zwischen den Dimensionen befähigt sind, werden sich nicht aus höheren Sphären zu deinem Empfang begeben, weil höhere Sphären im Sinne dieser Theorie keine erlebbare Realität beschreiben. Ihr seid – sobald ihr die materielle Realität (wieder) hinter euch gelassen habt und teilweise sogar währenddessen – in jedem Zeitpunkt in der höchsten Sphäre.

Eure dereinst erfahrene subjektive Jenseitsrealität ist also bereits innerhalb der höchsten Sphäre, doch nehmt ihr davon nur das wahr, was den Wertvorstellungen und Überzeugungen, denen ihr aus eurer irdischen Existenz noch verhaftet seid, nicht grundsätzlich widerspricht. Diesbezüglich ändert sich also nach deinem Übergang nicht das Geringste. Bereits heute – also während deiner Einbindung in die materielle Realität – wäre dir die umfassende Realität grundsätzlich uneingeschränkt zugänglich. Du hast aber, wie jeder Mensch, ganz individuelle Vorstellungen von dem, was Realität ist. Was deine diesbezüglichen Kriterien nicht erfüllt, muss deshalb zwingend deiner Wahrnehmung verschlossen bleiben. Weder du noch sonst ein Wesen wird also jemals in eine höhere Sphäre aufsteigen; was sich verändert, erweitert und in diesem Sinne „aufsteigt", das ist eure ganz individuelle Wahrnehmung. Ihr findet euch also zu jedem Zeitpunkt eurer (unendlichen) Existenz in einer Seinsrealität, die eurer Art der Wahrnehmung entspricht.

Frage: Man hört häufig, dass man nach seinem Tod allen Menschen wieder begegnen wird, mit denen man im Leben verbunden war. Das mag ja für die meisten Menschen tröstlich sein; ich dagegen finde die Vorstellung, dass ich bestimmten Menschen wieder begegnen soll, alles andere als tröstlich. Für meine Eltern zum Beispiel empfinde ich aus guten Gründen nur abgrundtiefen Hass. Wenn es tatsächlich so ist, dass ich diesen Menschen nach meinem Tod wieder begegne, dann glaube ich nicht an die Versicherung ihres Begleiters, dass die Hölle keine objektiv erlebbare Realität ist, denn das wäre für mich der Inbegriff von Hölle.

Begleiter: *Wenn sich deine Zweifel an meinen Aussagen darauf beschränken, dann kann ich dich beruhigen: Es existiert keine objektive Seinsrealität, die dem Bild entspricht, das du dir von der Hölle machst, also wirst du deinen Eltern nach deinem Tod auch nicht wieder begegnen!*

Wenn ich mich über meinen irdischen Freund in die menschliche Sichtweise versetze, dann kann ich die Gefühle nachvollziehen, die du gegenüber deinen verstorbenen Eltern hegst. Die Handlungen deines Vaters und das Verhalten deiner Mutter waren für dich schmerzhafte Erfahrungen. Es liegt mir fern, dich durch die Relativierung des Geschehens zu verletzen, doch auch in bezug auf deine Eltern gilt meine Aussage: Kein Mensch führt aus seiner Sicht ein verwerfliches Leben. Aus seinem jeweiligen Kontext erachtet er auch das aus menschlicher Sicht verwerflichste Handeln als gut!

Seinen Bedürfnissen nachzuleben, erfährt das Individuum ausschliesslich als befriedigend und damit als gut, und zwar ungeachtet dessen, ob damit gesellschaftliche Wertmassstäbe oder die Bedürfnisse eines anderen Individuums verletzt oder negiert werden. Das Wissen, dass die eigenen Handlungen im Widerspruch zu den Wertmassstäben der Gesellschaft stehen, mag zwar das Gewissen belasten, es hat aber letztlich einen viel geringeren Einfluss auf das, was das Individuum seinen Bedürfnissen entsprechend tut, als eure Soziologen euch weismachen wollen.

Es würde hier zu weit führen, wenn ich deinen eigenen Anteil an dem Geschehen, das in dir die Hassgefühle gegen deine Eltern weckt, erläutern würde. Ich muss es dabei belassen, dich daran zu erinnern, dass du während deines Lebens niemals nur unbeteiligtes Opfer eines Geschehens sein kannst. Entweder entspricht deine Rolle in einem Geschehen den durch dich gewählten Umständen, um einen Teil der Erfahrungen zu erfüllen, die du als individualisierter Seelenaspekt im Dienste deines Gesamtselbst – derzeit unbewusst – freiwillig übernommen hast, oder sie ist Konsequenz deines dem Geschehen vorangegangenen Denkens und Handelns.

Lass dir schliesslich gesagt sein, dass der Hass, den du gegenüber deinen Eltern empfindest, deine Eltern weder erreicht noch ihnen Schaden zufügt. Deine Hassgefühle richten sich letztlich ausschliesslich gegen dich selbst. Ich bin mir bewusst, dass es viel von dir verlangt ist, wenn ich dich auffordere zu versuchen, deinen Eltern zu verzeihen, aber du würdest damit in erster Linie dir selbst verzeihen.

Du hast gelernt, dass du Vater und Mutter ehren sollst, und dieses Gebot steht ganz offensichtlich in einem unüberbrückbaren Gegensatz zu dem, was du gegenüber deinen Eltern empfindest. Du hast recht: Das Verhalten deiner Eltern war – wie das Verhalten vieler anderen Eltern auch – in keiner Art und Weise ehrenswert! Doch ungeachtet ihres Verhaltens würde ohnehin kein Anlass dazu bestehen, sie aufgrund der Tatsache zu ehren, dass sie deine Eltern sind. Entgegen eurer Religionslehre besteht keine – gewissermassen einem „göttlichen" Gesetz entsprechende – Veranlassung, den eigenen Eltern mit anderen Gefühlen zu begegnen als jedem anderen Mitmenschen auch. Ihr solltet Menschen nicht aufgrund ihrer biologischen oder gesellschaftlichen Funktion ehren, sondern einzig deshalb, weil sie alle Teil des gleichen übergeordneten Ganzen sind wie ihr selbst. Verflucht oder hasst ihr auch nur einen einzigen Mitmenschen, dann verflucht oder hasst ihr damit einen Teil von euch selbst. Eure negativen Gefühle für andere Menschen richten sich deshalb – und selbstverständlich gilt das auch für eure positiven Gefühle – letztlich gegen euch selbst.

Wie du meiner Aussage entnehmen kannst, erfordert die Befolgung der euch vermeintlich von „Gott" auferlegten Pflichten – die ihre Wertigkeit ausschliesslich in einer Religionslehre finden, welche von Menschen nach den Wertvorstellungen der Entstehungszeit dieser Lehre niedergeschrieben wurde – in ihrer Konsequenz gar nicht so selten die Fähigkeit, sich selbst zu verzeihen. Lernt ihr das nicht, dann werdet ihr unter Umständen ein Leben lang gefangen sein in Hass, Unzufriedenheit und unerfüllten Bedürfnissen, die in ihrer Konsequenz wiederum entscheidenden Einfluss auf eure Erfahrungen nach dem Verlassen der physischen Realität haben werden.

Zusammenfassend kann ich also festhalten, dass du nach deinem physischen Tod nur dann mit bestimmten, dir aus dieser Existenz bekannten Menschen zusammentriffst, wenn das dannzumal deinem eigenen, tiefempfundenen Bedürfnis entspricht. Du bleibst zwar mit allen Menschen verbunden, die in deinem Leben eine „Rolle" gespielt haben, aber wenn du – was irgendwann mit Sicherheit der Fall sein wird – dereinst wieder mit ihnen zusammentreffen wirst, werden sie dir in ihrer „Ganzheit" gegenübertreten und darin ist die Erscheinung und Funktion, die sie in deiner irdischen Existenz eingenommen haben, von marginaler Bedeutung.

Frage: Ich habe kürzlich meine geliebte Tochter durch einen tragischen Unfall verloren. Aus ihren Büchern konnte ich in dieser schweren Zeit viel Kraft schöpfen, doch blieben darin auch manche Fragen unbeantwortet. Mich beschäftigt zum Beispiel die Frage, ob ich nach meinem Tod, wenn ich die durch sie beschriebene, individuelle subjektive Jenseitsrealität hinter mir gelassen habe, wieder mit meiner Tochter, so wie ich sie gekannt habe, zusammensein kann, oder ob sie sich zwischenzeitlich so verändert, dass ich sie gar nicht wiedererkennen werde.

Begleiter: *Wie ich feststelle, haben meine Aussagen im Zusammenhang mit der durch meinen irdischen Freund geschilderten ersten Beobachtung des Empfanges eines Verstorbenen in der jenseitigen Realität bei vielen von euch zu falschen Schlussfolgerungen und gar nicht so selten zu enttäuschten Hoffnungen geführt. Das entspricht weder meiner Absicht noch dem Sinn der Veröffentlichung dieser Aussagen. Ich werde deshalb im Folgenden versuchen, deine Frage dadurch zu beantworten, dass ich primär auf die durch meine diesbezüglichen Aussagen verursachten Missverständnisse hinweise:*

Du kennst dich selbst nur als das verkörperte Wesen, das du siehst, wenn du in einen Spiegel schaust. Alle die Gestalten und Existenzformen, in denen du vor deiner Inkarnation in der Materie in anderen Seinsrealitäten Erfahrungen gesammelt hast, sind aber gewissermassen in deinem gegenwärtigen Erscheinungsbild eingeschlossen, ohne dass du das bei dem Blick in den Spiegel sehen kannst. Wenn du in den Spiegel schaust, dann siehst du also eigentlich nur „einen Schatten deiner selbst".

Was dir dein Spiegelbild nicht zeigt, ist die Tatsache, dass alle diese gelebten, erfahrenen und vergangenen temporären Existenzen heute noch genauso Teil deiner Persönlichkeit sind – Teil dessen, was du in deinen Gedanken als ICH begreifst – wie dein derzeitiges Erscheinungsbild. Auch wenn sie sich nicht in deinem derzeitigen Erscheinungsbild manifestieren, so sind sie doch genauso Teil des Erfahrungsschatzes, auf den du bei einem Entscheid in deiner gegenwärtigen Existenz zurückgreifst, wie es deine Erfahrungen in diesem Leben sind.

Stelle dir zum besseren Verständnis dessen, was ich eben gesagt habe, deine individuelle Ganzheit als ein Buch vor: Das, was du derzeit als dein ICH begreifst, entspricht lediglich dem Einband. Jede deiner früheren Existenzen – die du, das sei ausdrücklich gesagt, nicht in der materiellen Realität erfahren hast – entspricht einer Seite des Buches. Sowenig wie der Einband bereits das Buch ist, sowenig repräsentierst du über dein derzeitiges Erscheinungsbild deine Persönlichkeit. Und sowenig wie der Einband seinen Sinn nicht unabhängig vom Buchinhalt hat, sowenig erfolgversprechend ist es, in deinem derzeitigen Leben einen – in sich selbst isoliert betrachteten – Sinn zu suchen.

Wenn du dereinst deine materielle Hülle verlassen und in deiner ganz individuellen subjektiven Jenseitsrealität aus dem Traum erwacht bist, den du heute als fremdbestimmte Realität erfährst, sind dir all die Erfahrungen zugänglich, die du in deinen Erinnerungen aus allen deinen Seinszuständen angesammelt hast. Du wirst dann erkennen, dass dein gegenwärtiges Erscheinungsbild nicht weniger deinem wahren ICH entspricht, als wenn du heute eines deiner Haare mit deinem ICH gleichsetzen würdest.

Wenn du einen Menschen, den du ausschliesslich von Telefongesprächen her kennst, darum bitten würdest, dir ein Foto von sich zu schicken, damit du dir ein Bild von ihm machen kannst, und er dir das Foto seines linken Daumens schicken würde, mit dem Hinweis: „Das bin ich!", dann würdest du sicher an seiner Zurechnungsfähigkeit zweifeln. Wenn du aber glaubst, du selbst oder ein anderer Mensch, den du liebst, würde in der objektiven Realität des Jenseits in der Erscheinung weiterexistieren, die du in deiner auf die körperliche Existenz beschränkten Erinnerung gespeichert hast, dann ist das nicht weniger absurd, als wenn jemand seinen linken Daumen mit seinem ICH gleichsetzt. So wie der linke Daumen zwar Teil des Körpers ist, ohne aber dieser Körper in seiner Ganzheit zu sein, so bist auch du in dem, was du heute als dein ICH begreifst, zwar ein Teil dieses ICHs, ohne aber dieses ICH in seiner Ganzheit darzustellen.

Du und deine Tochter werdet euch also dereinst in eurer individuellen Ganzheit „gegenübertreten" und dabei wirst du in ihrer Ganzheit auch jenen Aspekt erkennen, der sich in deiner gegenwärtigen Existenzform als deine Tochter manifestiert hat. Ebenso wird sie in deiner Ganzheit auch den Aspekt erkennen, der ihre Mutter war. Diese jeweiligen Aspekte von Mutter und Tochter verändern sich nicht in eurem Sinne – du wirst also deine Tochter ganz sicher wieder erkennen.

Frage: Die Ausführungen des Begleiters zum Thema „Ehe" vermittelten mir „Aha-Erlebnisse" wie kein anderes Kapitel Ihrer Bücher. Das Wertvollste daran ist für mich, dass er es geschafft hat, mich von Schuldgefühlen zu befreien, was mehreren professionellen Psychologen in teuren Therapien nicht gelungen ist. Ein wenig Angst macht mir aber seine Aussage, wonach wir uns nicht eigentlich von einem Lebenspartner trennen können, sondern dass da eine Verbundenheit existiere, die kein weltlicher oder himmlischer Richter auflösen könne und die uns nach unserem Tod auf „unterschiedlichste Art und Weise wieder zusammenbringt". Ich möchte Sie und Ihren Begleiter nicht mit meinen Problemen belasten, aber ich habe gute Gründe, mich vor diesem Wiedersehen mit meinem Ex-Partner zu fürchten. Führt da wirklich kein Weg daran vorbei?

Begleiter: *Ich verstehe deine Ängste, doch kann ich dir gleich vorneweg versichern, dass diese völlig unbegründet sind. Da mir Eigenschaften wie Eitelkeit fremd sind, gebe ich dein Kompliment an dich* *zurück. Weder ich noch ein Psychologe können für sich in Anspruch nehmen, dir geholfen zu haben – da mögen letztere im Erfolgsfall egoistischer urteilen. Helfen kannst du dir nur selbst, und das hast du nun getan. Glaube weiterhin an deine eigene Stärke!*

Dein ehemaliger Partner war dir – wie ihr sagt – psychisch überlegen, doch diese Überlegenheit gründete letztlich in deiner Schwäche, dich so zu akzeptieren, wie du bist. Dass du dir wegen des Scheiterns dieser Beziehung dann auch noch die Schuld gegeben hast, schwächte dich und stärkte ihn – zumindest aus seiner Sicht – zusätzlich.

Du wolltest stets so sein, wie dir dein Umfeld eingeredet hat, dass „man" ist. Solche Anpassungen an eine Norm sind für jeden Menschen ausgesprochen destruktiv, wobei die Mehrheit bereits so angepasst ist, dass sie ihr wirkliches Selbst gar nicht mehr wahrnimmt. Sie werden den Prozess der Selbstfindung, den du bereits während deiner irdischen Existenz durchlebst, nach ihrem Übergang erfahren müssen.

In euren klassischen Beziehungen ist es gewissermassen normal, dass einer der beiden Partner – in der Regel der Mann – die stärkere Position einnimmt und diese – als handle es sich um ein naturgegebenes Vorrecht – wie selbstverständlich verteidigt. Das führt dazu, dass eine Beziehung, die dem umfassenden Gesetz entsprechend beiden Teilen Entwicklungsmöglichkeiten bieten sollte, die dem Individuum alleine nicht offenstehen, letztlich beide Teile in ihrer Entwicklung behindert. Es ist – im Widerspruch zu anderslautenden religiösen Dogmen – richtig, wenn ihr solche Beziehungen auflöst. Ihr tut damit euch, euren Partnern, euren Gesamtselbst und eurem Ursprung – in eurem Sinne Gott – einen Gefallen, denn ihr behindert euch und eure Partner in der Entwicklung, wenn ihr es nicht tut!

Wie gesagt sind deine Ängste, was dein nachtodliches „Wiedersehen" mit deinem ehemaligen Partner betrifft, unbegründet. Sie resultieren wohl weniger aus dem, was ich gesagt habe, als aus dem, was du in meine entsprechenden Aussagen interpretierst. Bei der angstauslösenden Aussage ging es um den „transzendenten Aspekt der Ehe", also um die Liebe. Dass wir unter den Begriffen „Ehe" und „Liebe" kaum dasselbe verstehen, habe ich im gleichen Kapitel verdeutlicht, indem ich darauf hinweise, dass ihr „Liebe" als etwas Vergängliches versteht, was mit Liebe im Sinne des umfassenden Gesetzes a priori nicht in Einklang zu bringen ist. Wenn ich also von der Liebe spreche, die euch über den Tod hinaus verbindet und die durch keinen weltlichen oder „himmlischen" Richter zu trennen ist, dann kann ich kaum von dem gesprochen haben, was ihr unter „Ehe" und „Liebe" versteht.

Wenn ein anderer Mensch die durch euch gestellten Anforderungen in bezug auf Aussehen, Eigenschaften, sozialen Status usw. erfüllt, dann findet er eure Zuneigung. Ihr nennt das dann „Liebe". Der gleiche Mensch würde diese Zuneigung aber nicht finden, wenn er euren genannten Anforderungen nicht entsprechen würde, und er wird eure Zuneigung wieder verlieren, wenn er sich so verändert, dass er eure Anforderungen nicht mehr erfüllt. Ihr sprecht dann davon, dass ihr sie/ihn „geliebt" habt, ohne zu erkennen, dass ihr euch mit dieser Aussage selbst widersprecht, weil echte „Liebe" keine Vergangenheitsform kennt. Ihr könnt – und sollt es sogar – euch zwar von einem Menschen trennen, den ihr liebt, wenn sich eure Verbindung im Zuge eures individuellen Entwicklungsprozesses als Behinderung für einen von euch entpuppt. War diese Liebe, die Grundlage eurer Verbindung war, aber echt und war nicht einfach Befriedigung egoistischer Wertvorstellungen, dann bedeutet diese Trennung keinesfalls eine Auflösung jener Verbindung, die echte Liebe kennzeichnet.

In aller Regel ist eure Zuneigung zu einem anderen Menschen aber nun einmal nicht bedingungslos, und das hat mit Liebe im Sinne des umfassenden Gesetzes nicht das Geringste zu tun. Letztere ist – da menschliche Fähigkeiten und Eigenschaften, wie der Mensch selbst, ohnehin vergänglich sind – vollkommen unabhängig von äusserer Erscheinung, individuellen Eigenschaften oder gar sozialem Status. Diese Liebe gründet auf einer Verbindung, die unabhängig davon besteht, in welcher Seinsrealität ihr und die mit euch verbundenen Seelenaspekte gerade Erfahrungen machen.

Unabhängig davon, in welcher „Funktion" oder Eigenschaft ein anderer Mensch an eurer irdischen Existenz teil hat, gründet diese in jedem Fall auf einer Verbundenheit aus Erfahrungen, die ihr „vor" dieser irdischen Existenz in anderen – nichtmateriellen – Seinsrealitäten gemeinsam gemacht habt. Ihr könnt also während eures irdischen Lebens niemanden „kennenlernen", der euch nicht bereits aus „früheren" gemeinsamen „Leben" in anderen Seinsrealitäten „bekannt" wäre. Der Mensch, den ihr während eines Spazierganges erst- und einmalig trefft, mit dem ihr euch dabei lediglich über Belanglosigkeiten unterhaltet, kann in einer anderen Seinsrealität jene „Rolle" gespielt haben, die ihr in eurer derzeitigen Wahrnehmung mit Lebenspartner gleichsetzt.

Diese Tatsache findest du – in verzerrter Form, wie das Religionslehren nun mal eigen ist – in der buddhistischen Religionslehre. Wenn darin davon ausgegangen wird, dass „alle Wildtiere und Haustiere, alle Vögel und schossgeborenen Wesen" eure menschlichen Verwandten aus früheren Inkarnationen darstellen, dann kannst du die dieser (verzerrten) Lehre inhärente Wahrheit nur noch erahnen.

Richtig daran ist, dass letztlich alle Lebewesen aus dem einen, allem übergeordneten Ganzen hervorgegangen sind. Darin besteht die untrennbare Verbindung zwischen allem, was ist. Richtig ist, dass die materielle Erscheinungsform keine Rückschlüsse auf den „Entwicklungsstand" des grösseren Ganzen zulässt. Richtig ist, dass euch jene Mitmenschen, die in eurer irdischen Existenz eine Bedeutung hatten, über den Tod ihrer physischen Hülle hinaus verbunden bleiben und ihr mit ihnen „später" wieder gemeinsame Erfahrungen machen werdet. Falsch daran ist, dass ihr und eure Verwandten diese gemeinsamen Erfahrungen in der materiellen Realität machen werdet, das heisst, der Reinkarnationsgedanke ist insofern falsch, als er von einer „Wiederverkörperung" in materieller Gestalt ausgeht. Falsch daran ist ausserdem, dass jemals ein Seelenaspekt, der sich als Mensch manifestiert hat, sich in irgendeiner Seinsrealität als Tier manifestiert. Das was ihr unter „seelischer Entwicklung" versteht, ist ein unumkehrbar vorwärts gerichteter Prozess.

Mit meiner durch dich zitierten Aussage spreche ich also die Tatsache an, dass zwischen euren Lebenspartnern – genauso wie zwischen euch und jedem anderen Mensch, der in eurem Leben eine „Rolle spielt" – eine Verbindung besteht, die ihre Ursache nicht in eurer materiellen

Existenz hat. Und diese Verbindung wird euch – nachdem ihr die materielle Realität überwunden habt – tatsächlich in unterschiedlichster Weise wieder zusammenbringen. Du wirst in deinem ehemaligen Lebenspartner dann aber jenes Wesen wiedererkennen, das im Zuge deiner umfassenden Existenz – um dir zu dienen! – bereits die unterschiedlichsten „Rollen gespielt hat". Dabei wirst du erkennen, dass sich „Hauptrollen" wie Vater, Mutter, Kind im Zuge deiner umfassenden Existenz ständig wiederholen, auch wenn die Seinsrealitäten, in denen das „Schauspiel" aufgeführt wird, und die „biologischen" Gesetzmässigkeiten darin nichts mit eurer materiellen Wirklichkeit gemeinsam haben.

⊙ ⊙ ⊙

Fragen zu
Botschaften aus dem Jenseits

Frage: Trotz der Einwände in den Aussagen des „Begleiters" interessiere ich mich weiterhin für Botschaften, die Verstorbene uns durch Medien übermitteln. Ich hoffe, dass er mir die folgende Frage trotzdem beantworten wird: Stimmt es, dass, wenn ein Kind stirbt, es seine unvollendete Kindheit im Jenseits erfährt; es sich also auch körperlich so weiterentwickelt, wie es dies auf Erden getan hätte?

Begleiter: *Weshalb sollte ich Einwände dagegen haben, dass du dich für solche Botschaften interessierst? Meine entsprechenden Vorbehalte richten sich gegen Inhalte, Quellen und Empfänger (Medien) solcher Botschaften. Solange du nicht dem Irrglauben erliegst, du würdest mittels solcher Botschaften etwas über* d a s *Jenseits erfahren, spricht nichts gegen dein Interesse. Es ist ein Hobby wie viele andere auch, ein netter Zeitvertreib – mehr aber auch nicht.*

Wenden wir uns also deiner Frage zu: Die Entwicklung eures Körpers unterliegt biologischen Gesetzmässigkeiten, die bei eurem Tod ihre vormalige Bedeutung unwiderruflich verlieren. Euer Körper, so wie er zum Zeitpunkt eures Todes vorhanden war, hat für euch nur noch insofern eine Bedeutung, als sein feinstoffliches Pendant, das euch eure Selbstidentifikation nach dem Übergang ermöglicht, ein exaktes Abbild desselben ist. Säuglinge oder Menschen, die sich aus anderen Gründen noch nicht oder nicht mehr mit ihrem Körper identifizieren, sind nicht auf dieses „Hilfsvehikel" angewiesen.

Bei diesem feinstofflichen Körper handelt es sich um eure erste eigene Schöpfung; das Erste, was seine Ursache ausschliesslich in euren eigenen Glaubensvorstellungen und Überzeugungen hat. In eurem Denken bringt ihr euch nicht mit euren Eigenschaften und Fähigkeiten in Verbindung, sondern mit einem Bild eures Körpers. Auch wenn das dafür vermeintlich zuständige Organ – das Gehirn – zu diesem Zeitpunkt keinerlei Einfluss mehr auf eure Wahrnehmung haben kann, ändert sich eure Art zu Denken nicht einfach schlagartig mit eurem Tod. Dazu muss ich daran erinnern, dass das Gehirn nicht Quelle eurer Gedanken ist, sondern lediglich als Transformator dafür dient. Das durch euch erlebte subjektive Jenseits ist eurer Wahrnehmungsfähigkeit zum Zeitpunkt des Todes vollumfänglich angepasst, denn ihr erschafft es durch eure Art, wie ihr die materielle Realität wahrgenommen habt – unbewusst – selbst. Weil ihr euch in eurer Selbstwahrnehmung über einen Körper identifiziert, ist dieser Körper anfänglich euer Vehikel, mit dem ihr eure subjektive Jenseitsrealität erforscht.

Nachdem diese subjektive Jenseitsrealität einzig dazu dient, euch mit euren Glaubensüberzeugungen, Wertvorstellungen und Denkhaltungen sowie den daraus resultierenden Handlungen während eurer materiellen Existenz auseinanderzusetzen, würde es wenig Sinn machen, wenn sich der Körper eines Kindes im Sinne einer Weiterentwicklung verändern würde. Das Kind hat nichts aufzuarbeiten, das es mit einem Körper in Verbindung bringen könnte, der „älter" wäre als sein Körper zum Zeitpunkt seines Todes. In eurem Sinne dauert der „Aufenthalt" eines Kindes in subjektiven Jenseitsrealitäten also mit Sicherheit weniger lang als der eines Menschen, der im Greisenalter gestorben ist.

Nachdem ihr eure subjektive Jenseitsrealität überwunden habt, bedürft ihr zu eurer Selbstidentifikation keiner bestimmten Form mehr, obwohl ihr eure Individualität für immer beibehalten und auch erkennen werdet. Euer physischer Körper ist ein Instrument, das es euch ermöglicht, euch unter den Gesetzmässigkeiten der materiellen Realität zurechtzufinden. Euer dereinstiger feinstofflicher Körper dient euch als Instrument, um euch in eurer subjektiven Jenseitsrealität zurechtzufinden.

Darüber hinaus seid ihr auf dieses Instrument nicht angewiesen, weil es in euren zukünftigen Seinsrealitäten keinerlei Sinn ergeben würde. Ein Mensch, der als Kind stirbt, wird also niemals über den Körper eines Erwachsenen verfügen, denn die Aufgabe, mit der er betraut war, sah sein Erwachsensein nicht vor. Er ist, wenn er seine subjektive Jenseitsrealität überwunden hat, ein individualisierter Seelenaspekt, der sich in nichts von dem Seelenaspekt unterscheidet, der seine Aufgabe in der materiellen Wirklichkeit erst im Greisenalter beendet hat. Er ist gleich „alt" und gleich weit „entwickelt" wie dieser und alle anderen und ebenso „formlos".

Frage: Wenn man sich einen (bewussten) Jenseitskontakt von ganzem Herzen wünscht, werden dann in der jenseitigen Welt ebenfalls Anstrengungen unternommen, um diesen herzustellen? Was können wir tun, um die Kontaktaufnahme zu erleichtern?

Begleiter: *Entgegen der vielen bei euch zirkulierenden anderslautenden Berichte besteht von seiten jenseits eurer materiellen Realität gelegener Dimensionen ein bedeutend geringeres Interesse an einer Kontaktaufnahme als umgekehrt. Dieses beschränkt sich auf jene äusserst seltenen Fälle, wo die Lebensaufgabe eines in der Materie zentrierten Menschen mit der „Lebensaufgabe" eines in einer nichtmateriellen Dimension zentrierten „Wesens" verbunden ist. Um nicht falsche Vorstellungen zu unterstützen, muss ich dazu aber festhalten, dass diese Aufgabe in keinem einzigen Fall darin besteht, die Menschen über die Beschaffenheit jenseitiger Dimensionen zu informieren, denn diese Information ist für euch deshalb weitgehend nutzlos, weil jeder von euch sich nach seinem Tod vorerst in einem ganz individuellen, durch seine Denkhaltung bestimmten subjektiven Jenseits wiederfinden wird.*

Neben den angesprochenen seltenen Fällen, wo eine Kontaktaufnahme im Interesse der Gesamtheit aller individueller Seelen liegt, gibt es unzählige Kontakte oder zumindest Versuche dazu, bei denen ein verstorbener Mensch Anstrengungen unternimmt, sich in eurer Dimension bemerkbar zu machen. Die Gründe dafür sind vielfältig. Da sind z. B. Verstorbene, die sich aufgrund ihrer Denkhaltung noch sehr stark mit der materiellen Dimension verbunden fühlen, also in gewissem Sinne „in der Materie gefangen sind". Bei anderen handelt es sich um ehemals überzeugte Anhänger der „Mit-dem-Tod-ist-alles-aus-Schulmeinung". Sie sind in ihrem Bemühen vom Wunsch getrieben, den Zurückgebliebenen mitzuteilen, wie falsch diese Schulmeinung ist. Wieder andere haben sich zu Lebzeiten sehr intensiv mit solchen „Jenseitskontakten" befasst, sich dabei möglicherweise auch als Medium zur Verfügung gestellt, und haben sich aus diesen Botschaften ihre eigene subjektive Jenseitsrealität geschaffen.

Unabhängig von den Beweggründen, die einen Verstorbenen dazu veranlassen, seine Aufmerksamkeit weiterhin auf die materielle Dimension zu richten, solltet ihr euch der Tatsache bewusst sein, dass es sich bei ihnen ausnahmslos um höchst bemitleidenswerte Geschöpfe handelt. Sie alle sind in ihrer selbstgeschaffenen, subjektiven Jenseitsrealität gefangen, ohne sich dessen bewusst zu sein. Mehr als die Bestätigung, dass der Tod nicht das Ende eurer individuellen Existenz bedeutet, könnt ihr den so übermittelten Botschaften nicht entnehmen. Keinesfalls sagen die Beschreibungen ihres „Aufenthaltsortes" etwas über die tatsächliche Beschaffenheit des Jenseits aus, denn – wie gesagt – sie beschreiben eine ihnen selbst entstammende Realität. Wenn ihr von euch aus versucht, mit solch bemitleidenswerten Wesen Kontakt aufzunehmen, dann behindert ihr sie in ihrer Entwicklung, was in der Konsequenz für sie und dereinst auch für euch Leiden bedeutet.

Frage: Bieten Hilfsmittel wie z. B. das Ouija-Brett oder das Pendel tatsächlich die Möglichkeit einer authentischen Kontaktaufnahme mit Verstorbenen? Kann die Beschäftigung mit diesen Hilfsmitteln gefährlich sein, wie oft gewarnt wird?

Begleiter: *Da müssen wir unterscheiden zwischen den verschiedenen Hilfsmitteln. Wenn ihr euch mit dem Ouija-Brett beschäftigt, dann* *stellt ihr damit den in ihrer subjektiven Jenseitsrealität gefangenen Wesen ein Medium zur Verfügung. Was von den so übermittelten Botschaften zu halten ist, habe ich bereits ausgeführt. Was die Gefahr anbelangt, die von der Beschäftigung mit solchen Hilfsmitteln ausgeht, so sind die Warnungen nicht unbegründet, auch wenn der überwiegende Teil dessen, was euch gemäss solcher Warnungen an möglichen Konsequenzen drohen soll, einer Verdrehung von Tatsachen entspricht.*

Um es gleich klarzustellen: Weil sowohl der Teufel als auch alle anderen bösen Mächte eine Erfindung eurer Religionen sind, die in keiner Erfahrungsdimension eine objektive Realität darstellen, könnt ihr durch die Beschäftigung mit solchen Hilfsmitteln auch nicht objektiv mit ihnen in Kontakt kommen. Teufel und andere böse Mächte sind Produkte eures Verstandes. Im Rahmen der Gesetzmässigkeiten, unter denen dieser funktioniert, können sie für euch aber zur subjektiven Realität werden. Wenn ihr also böse Mächte in eurem Denken als Realität begreift, dann – und nur dann – können sie Teil eurer erlebten Realität werden. Ungeachtet dessen solltet ihr euch bewusst sein, dass ihr durch die Beschäftigung mit solchen Hilfsmitteln Konsequenzen schafft, die über euer Leben hinausreichen und mit denen ihr euch dereinst werdet auseinandersetzen müssen. Ich erinnere dazu nur an die subjektiven Jenseitsrealitäten, die dadurch geschaffen werden und in denen ihr euch dereinst wiederfindet und mühsam herausarbeiten müsst.

Im Gegensatz zum Ouija-Brett ist das Pendel weniger als Medium für Jenseitskontakte geeignet. Auch wenn seine Benutzer ihm gerne ein „Eigenleben" andichten, so bleibt es selbstverständlich eine Tatsache, dass seine Bewegungen mittels unbewusster Muskelkontraktionen durch euch – eure Psychologen würden sagen durch euer Unterbewusstsein – bestimmt werden. Der empörte Aufschrei der überzeugten Pendler kommt aber zu früh. Das Pendel erleichtert euch, seriös angewendet, den Zugang zu eurem Gesamtselbst. Nicht dass euer Gesamtselbst eines solchen Mediums bedürfte, um mit euch in Kontakt zu treten, denn wie gesagt, zwischen euch besteht – wenn auch eurer bewussten Wahrnehmung weitgehend verborgen – eine permanente Interaktion und Kommunikation – gewissermassen eine „Standleitung".

Weil ihr durch die Beschäftigung mit dem Pendel euren Wahrnehmungsfokus aber von der Aussenwelt auf euer inneres Selbst richtet, bietet es eine gute Möglichkeit, sich bewusst in die permanente Kommunikation zwischen eurem inneren Selbst und eurer individuellen Seele einzuschalten. Abschwächend muss ich aber darauf hinweisen, dass es falsch ist, wenn ihr euer Leben nach den Ratschlägen eines Pendels ausrichtet, denn damit würdet ihr euch in eine Abhängigkeit begeben, die dem Sinn eurer materiellen Existenz nicht dienlich ist. Ihr verfügt über alle Eigenschaften und Fähigkeiten, die zur Erfüllung eurer ganz individuellen Lebensaufgabe erforderlich sind – ihr braucht dazu weder Ratschläge aus dem Jenseits noch die angesprochenen Hilfsmittel.

⊙ ⊙ ⊙

Fragen zu den subjektiven Jenseitsrealitäten

Frage: Sie schreiben in Ihren Büchern viel über die subjektiven Jenseitsrealitäten. Mir ist aber aufgefallen, dass Sie keinerlei Hinweise darauf geben, wie denn das objektive Jenseits beschaffen ist. Dürfen Sie das nicht, oder welche Gründe halten Sie davon ab?

PdF: Es existiert weder ein „höheres Gesetz" noch irgendein Wesen, das mir verbieten könnte oder würde, lückenlos über meine Erfahrungen jenseits von Zeit und Raum oder über die Aussagen meines Begleiters zu berichten. Wenn ich mich bei meinen Veröffentlichungen trotzdem auf eine Auswahl davon beschränke, so gründet diese Beschränkung auf meinen eigenen Prinzipien und meinem Verständnis von Verantwortungsbewusstsein.

Wie ich verschiedentlich darzustellen versuchte, ist es äusserst schwierig, eine Realität, die dem überwiegenden Teil der Leserschaft fremd und nicht ohne weiteres zugänglich ist, in allgemeinverständliche Worte zu fassen. Wenn ich selbst meine Beschreibungen lese, dann stelle ich gar nicht so selten fest, dass das geschriebene Wort bestenfalls eine Ahnung dessen zu vermitteln vermag, was ich bei meinen ausserkörperlichen Exkursionen beobachte und erfahre; die Bilder, die tatsächlich in mir sind, lassen sich durch das Instrument der Sprache nicht eigentlich adäquat beschreiben. Verständlicherweise beschränke ich mich deshalb im wesentlichen auf die Beschreibung von Seinszuständen und Realitäten, die der gewohnten Wahrnehmung des Durchschnittsmenschen nicht völlig fremd sind.

Letzteres trifft unzweifelhaft auf die „subjektiven Jenseitsrealitäten“ zu. Ich bin mir stets der Tatsache bewusst, dass der überwiegende Teil der esoterischen Literatur von einer vollkommen anderen Beschaffenheit „des Jenseits“ ausgeht, als ich sie beschreibe. Ich fühle mich aber bei meinen Veröffentlichungen nicht den durch die Esoterik vermittelten „Jenseitsbildern”, sondern ausschliesslich der Wahrheit verpflichtet. Diese kann für mich aber nur darin bestehen, das zu schildern, was ich selbst beobachtet und erfahren habe, und zwar vollkommen ungeachtet dessen, ob meine Erfahrungen und Beobachtungen die gängigen Überzeugungen bestätigen oder ihnen widersprechen.

Nachdem ich im Zuge meiner mittlerweile vielen tausend Exkursionen ausserhalb meines Körpers durch meinen Begleiter unzählige Male in jene Seinsrealität geführt wurde, die wir allgemein unter dem Begriff „Jenseits“ kennen, und ich dabei nicht ein einziges Mal jene paradiesischen Zustände beobachtet habe, die in der gängigen esoterischen Literatur mit dem „Jenseits“ untrennbar verbunden sind, wäre es unehrlich von mir, wenn ich bei der Leserschaft ein „Jenseitsbild“ vertiefen und unterstützen würde, das meinen eigenen Erfahrungen gemäss ganz offensichtlich keiner erlebbaren objektiven Realität entspricht.

Mein Begleiter weist in seinen Aussagen immer wieder darauf hin, dass der Weg zum „objektiven Jenseits“ ausschliesslich über ein ganz individuelles „subjektives Jenseits“ führt, das auf unseren Gedanken und Wertvorstellungen sowie unseren daraus resultierenden Handlungen während unseres irdischen Lebens gründet. Diese Aussage deckt sich uneingeschränkt mit meinen eigenen Beobachtungen: Jeder Mensch erschafft sich auf diese Art jene Seinsrealität, die er direkt nach seinem physischen Tod als „das Jenseits“ erfahren wird. Würde ich nun den schier unmöglichen Versuch unternehmen, das „objektive Jenseits“ – das mir keineswegs fremd ist – zu beschreiben, so würde ich durch die dadurch vermittelten Bildern bei der Leserschaft nur eine weitere Variante eines „subjektiven Jenseits“ schaffen.

Ich würde diese Menschen lediglich davon abhalten, sich mit ihrer eigenen, ihren wahren Gedanken, Wertvorstellungen und Handlungen entsprechenden „subjektiven Jenseitsrealität" auseinanderzusetzen, würde also gewissermassen eine Umleitung bauen, die schliesslich doch wieder in ihre ganz individuelle subjektive Jenseitsrealität mündet. Nachdem das „objektive Jenseits" aber ausschliesslich dadurch erreicht und erfahren werden kann, dass der einzelne seine „subjektive Jenseitsrealität" überwindet, würde ich durch die ohnehin nur äusserst beschränkt eine Realität beschreibende Ausführungen über das „objektive Jenseits" die Nachtodeserfahrungen dieser Menschen in einer für mich nicht verantwortbaren Weise beeinflussen und erschweren.

Abgesehen davon, dass eine Beschreibung des „objektiven Jenseits" ohnehin nur sehr bedingt möglich ist, wäre diese also keinem Menschen bei seinen ganz individuellen Nachtodeserfahrungen in irgendeiner Weise behilflich. Niemand – handle es sich nun um ein noch in der materiellen Wirklichkeit zentriertes oder ein „jenseitiges" Wesen – ist dazu in der Lage, uns von der Verantwortung zu befreien, uns mit unserer dereinst erlebten Jenseitsrealität auseinanderzusetzen. Ich werde also auch zukünftig darauf verzichten, den Versuch zu unternehmen, die Bilder und Eindrücke, die ich mit dem Begriff „objektive Jenseitsrealität" verbinde, in Worte zu fassen. Der Hinweis, dass es sich dabei um eine Seinsrealität handelt, der keine Beschreibung gerecht wird, muss der Leserschaft deshalb genügen.

Frage: Wenn ich den Begleiter richtig verstanden habe, dann nimmt ein Verstorbener seine individuelle subjektive Jenseitsrealität genauso als ausschliessliche Realität wahr wie einst die durch ihn erlebte materielle Wirklichkeit. Wenn das so ist, wie muss ich mir dann den Übergang von dieser subjektiven in die objektive Jenseitsrealität vorstellen? Muss dieser Mensch dazu erneut eine Todeserfahrung machen?

Begleiter: *Da ihr „örtliche" Realitäten in eurer Wahrnehmung automatisch mit den Gesetzmässigkeiten von Zeit und Raum in Verbindung* *bringt, lassen sich jenseitige Realitäten nur sehr bedingt beschreiben. Du hast aber den Begriff „subjektive Jenseitsrealität" insofern richtig verstanden, als der sich damit Konfrontierte davon überzeugt ist, dass das, was er wahrnimmt, das (einzige) Jenseits ist.*

Grundsätzlich verhält es sich also genauso wie in der irdischen Realität: Was subjektiv und was objektiv ist, das bestimmen diejenigen, die in ein Geschehen nicht selbst involviert sind, an dem Geschehen aber trotzdem – als Beobachter – teilhaben. Im persönlichen Erleben, Erfahren und Erfühlen des Individuums existiert demnach nichts Subjektives. Das Individuum beurteilt ein Geschehen auf der Grundlage seiner ganz individuellen Überzeugungen und Wertvorstellungen und verleiht ihm dadurch eine Gültigkeit, die es als „Realität" begreift. Da der Wahrnehmung eines Verstorbenen nur seine eigene individuelle Jenseitsrealität zugänglich ist, bedarf es eines Beobachters, der selbst nicht in diese Jenseitsrealität eingebunden ist, um letztere mit dem Prädikat „subjektiv" zu versehen.

Nun beeinflusst euer Raum-/Zeitgefühl natürlich ganz wesentlich die Vorstellungen, die ihr euch von den jenseitigen Seinsrealitäten macht. Begriffe wie „Jenseits", „drüben", „auf der anderen Seite", „im Himmel", „in der anderen Welt" und dergleichen versuchen sprachlich, eure diesbezüglichen Vorstellungen zu erfassen. Menschen, die gestorben sind, sind nicht mehr unter euch. Daraus schliesst ihr, dass – sofern ihr die Weiterexistenz nach dem physischen Tod als Tatsache akzeptiert – sie sich an einem „anderen Ort" befinden, was in eurer Wertung mit Distanz gleichgesetzt wird.

Doch die verstorbene Grossmutter sitzt – nach euren Zeitbegriffen – noch lange nach ihrem physischen Tod weiterhin zu den gewohnten Zeiten in ihrem Schaukelstuhl. Das verunglückte Kind rennt weiterhin seinem Ball nach. Der abgestürzte Alpinist versucht weiter, den Gipfel zu erreichen; der an Herzversagen verstorbene Manager fühlt sich weiterhin den Zielen seiner Firma verpflichtet. Der abgestürzte Pilot findet seine Erfüllung weiterhin im Fliegen. Sie alle sind euch „räumlich" bedeutend näher als eure in Übersee lebenden Verwandten! Das Jenseits ist also nicht „dort" – es ist hier! Es ist nicht räumliche Distanz, die euch vom „Jenseits" trennt, sondern eure durch die physischen begrenzte Wahrnehmung! Könntet (würdet) ihr „anders" sehen, wäre eurer Wahrnehmung „das Jenseits" bei euch auf Erden minde so klar zugänglich, wie wenn ihr im Kino oder Fernsehen einen Film anschaut. Ich wähle den Vergleich, weil ihr auch dann nicht Teil dieser Realität, sondern stets „nur" Beobachter wärt.

Nun spricht ja eigentlich nichts dagegen, dass ihr während eures Lebens eure Wertvorstellungen und Glaubensüberzeugungen hinterfragen und damit euer Bild der erlebten Realität dem tatsächlichen Geschehen in eurem Umfeld anpasst. Weil jedoch kaum jemand von euch dazu in der Lage ist, die Subjektivität seines Bildes der Wirklichkeit zu erkennen, werdet ihr mit den gleichen falschen Überzeugungen sterben, mit denen ihr gelebt habt.

Sowenig wie es erforderlich ist, die Welt zu verlassen, um sich ein objektives Bild davon zu machen – die Gesetze des Seins zu erkennen und nach ihnen zu leben –, sowenig ist ein „Ortswechsel" erforderlich, um von seiner ganz individuellen subjektiven Jenseitsrealität in „das objektive Jenseits" zu wechseln. Materielle Realität, subjektive Jenseitsrealitäten und objektives Jenseits nehmen also den gleichen Raum ein. Es existieren keine „höheren Sphären", die es durch Entwicklung und Bussetun zu erreichen gilt! Das einzige, was „entwicklungsfähig" ist, das ist eure Art der Wahrnehmung. Das ist der einzige Weg, der euch letztlich zurückführt zu eurem Ursprung, ins Licht, zur grenzenlosen, bedingungslosen Liebe, zu euren individuellen Seelen.

Frage: Wie kommt es, dass wir Menschen die Erfahrung „Illusion" oder „Enttäuschung" machen, wenn doch alle Vorstellungen und Gedanken die Neigung haben, als subjektive Realität erfahren zu werden?

Begleiter: *Illusionen und Enttäuschungen sind ja bereits Formen der Konfrontation mit subjektiven Realitäten, die aus Vorstellungen und Gedanken aufgebaut sind. Enttäuschung bedeutet doch „ent-täuscht", von einer Täuschung befreit zu werden, und Illusion bedeutet die Vorstellung* *von etwas, was objektiv nicht existent ist. Was vor der Erfahrung von Illusion und Enttäuschung stand, war demnach eine subjektive Realität. In dieser Beziehung unterscheiden sich also eure Erfahrungen in der materiellen Realität nicht von jenen, die ihr dereinst anfänglich in eurer ganz individuellen jenseitigen Seinsrealität macht.*

Eigentlich solltet ihr für jede Desillusionierung und jede Enttäuschung dankbar sein, die ihr bereits während eurer Einbindung in die materielle Wirklichkeit erfahrt, denn sie ersparen euch Desillusionierung und Enttäuschung nach eurem Übergang. Was ihr also dereinst als eure subjektive Jenseitsrealität erfahrt, gründet auf Illusionen und Täuschungen, die ihr während eurer Inkarnation nicht aufgelöst habt. Die materielle Wirklichkeit ist eine Welt der Illusionen. Wer darin nicht auch die Erfahrung der Ent-täuschung macht, verpasst die Chance, Erkenntnis zu erlangen, und wird entsprechend in um so grösserem Masse im Jenseits ent-täuscht!

⊙ ⊙ ⊙

Fragen zu

Himmel und Hölle

Frage: Wenn ich den Begleiter recht verstanden habe, dann existiert weder das, was wir uns unter dem Paradies vorstellen, noch so etwas wie eine Hölle wirklich. Wo bleibt denn da die Gerechtigkeit? Damit widerspricht er allen gängigen esoterischen und religiösen Lehren. Irgendwie scheint mir das uns durch die christliche Religion vermittelte Jenseitsbild doch viel tröstlicher: Der gute Mensch wird durch eine Weiterexistenz im Paradies belohnt, während der schlechte Mensch für seine Untaten in der Hölle büsst, oder seine Seele wird sogar auf ewig verdammt. Was soll mich denn sonst daran hindern, mein Leben egoistisch, ohne Rücksicht auf andere zu leben, zumal mir daraus im Leben selbst eher Vorteile erwachsen?

Begleiter: *Ich sage nicht, dass Paradies und Hölle nicht subjektiv erlebbare Realitäten sind, sondern lediglich, dass nirgends objektive Seinsrealitäten existieren, die euren Vorstellungen von Paradies und Hölle entsprechen. Dabei war und bin ich mir bewusst, dass es fast unmöglich ist, euch verständlich zu machen, was „subjektive Realitäten“ sind. Die meisten von euch werden darunter „eingebildete Realitäten“ verstehen, doch das sind subjektive Realitäten nur dann, wenn ihr eure erlebte materielle Wirklichkeit ebenfalls als das begreift, und das dürfte bei kaum jemandem von euch der Fall sein.*

Paradies und Hölle sind eure eigenen Schöpfungen. Sie können ausschliesslich aufgrund eurer Glaubensüberzeugungen zu eurer erlebten

Realität werden, die ihr dann – und darin unterscheiden sie sich nicht von anderen erfahrbaren Realitäten – als fremdbestimmt wahrnehmt. Nachdem sich eure ganz individuelle Art der Wahrnehmung nach eurem Tod nicht von der Wahrnehmung während eurer irdischen Existenz unterscheidet, gibt es aber keinen Grund, anzunehmen, eure Vorstellungen von Paradies und Hölle könnten sich erst jenseits der materiellen Dimension als subjektiv erlebbare Wirklichkeiten manifestieren.

Paradies und Hölle sind also nicht zwingend subjektive „jenseitige" Wirklichkeiten. Bei entsprechenden Glaubensüberzeugungen spricht nichts dagegen, dass sich eure diesbezüglichen Vorstellungen schon zu euren „Lebzeiten" als vermeintliche Realität manifestieren. Ihr seid „hier" und „dort" die Schöpfer eurer erlebten Realität. Wenn ihr eure erlebte Realität als Hölle erfahrt, dann deshalb, weil ihr das Sein durch eure Glaubensüberzeugungen, Wertvorstellungen und selbstgewählten Zwänge als Hölle gestaltet. Befreit euch von beschränkenden Glaubensüberzeugungen, Wertvorstellungen und freiwillig akzeptierten Zwängen, und es spricht nichts dagegen, dass ihr das Sein als Paradies erfahrt.

Dass die Lehren der institutionalisierten Religionen mit Zuckerbrot und Peitsche – Paradies und Hölle – operieren, ist für jeden Menschen, der von seinem freien Willen Gebrauch macht und das Denken nicht vermeintlich von „Gott" eingesetzten Autoritäten überlässt, ebenso offensichtlich wie durchschaubar. Jede funktionsbedingte Autorität gründet schliesslich auf dem Gesetz von Belohnung und Strafe. Würde in solchen Lehren von diesem Grundsatz abgewichen, dann würden sich die darauf gründenden Institutionen – das gilt für kirchliche im besonderen – ihre eigene Existenzberechtigung absprechen. Ungeachtet solcher Lehren solltet ihr euch einfach bewusst sein, dass es auf das dereinstige „Schicksal" eurer Seelen nicht den geringsten Einfluss habt, ob ihr gläubig oder „ungläubig" seid. Beeinflussen werdet ihr damit ausschliesslich eure direkt nach dem Tod erfahrene subjektive Jenseitsrealität.

Wie du in deiner Fragestellung erwähnst, zeichnen auch die bekannten esoterischen Lehren ein anderes Bild der jenseitigen Realität, als ich es euch zu vermitteln versuche. Das sollte euch nicht verwundern, denn schliesslich handelt es sich ja auch dabei um nichts anderes als um eine Glaubenslehre, deren Thesen sich aus vielfältigen – meistens völlig aus dem Zusammenhang gelösten – Aussagen der unterschiedlichsten Religionen zusammensetzen.

Die Vorstellungen der „Esoteriker" bezüglich Engeln, Paradies und Hölle, Reinkarnation, Hierarchie des Seins, personifizierter Gott und personifizierte Seele usw. gründen ja nicht auf besonderen spirituellen Erkenntnissen esoterisch Interessierter. Die Esoterik ist lediglich die einzige Religion, die alle diese Vorstellungen – und viele andere mehr – zu einer „Lehre" zusammenmixt und es ihren Anhängern überlässt, welcher Teil davon sich temporär am besten dazu eignet, das durch die Sinnleere eurer Zeitepoche verursachte spirituelle Vakuum zu füllen. Erkenntnisse, die für euch und damit auch für eure individuellen Seelen von Bedeutung wären, könnt ihr aus solchen Lehren aber nicht in höherem Masse schöpfen als aus den Lehren der Religionen. Auch esoterische Lehren dienen im besten Fall dazu, euch das subjektive Erleben des Paradieses und im schlechtesten Fall das subjektive Erleben der Hölle zu ermöglichen. Eine objektive jenseitige Realität beschreiben sie jedenfalls sowenig wie irgendeine Religion.

Deine Frage, was dich denn davon abhalten soll, dein Leben egoistisch, ohne Rücksicht auf andere zu leben, wenn nicht Paradies oder Hölle als Belohnung oder Strafe für dein Verhalten in Aussicht stehen, offenbart ein Bild der Realität, das auf einem völlig falschen – durch Religionslehren und esoterische Thesen vermittelten – Selbstbildnis gründet. Ein Selbstbildnis, das euch als von einem personifizierten Gott geschaffene Individuen darstellt, ausgestattet mit einer Seele, die in einem Körper geboren wurde, um sich ein – oder gar Tausende – Menschenleben lang vor diesem egozentrischen Wesen namens „Gott" zu fürchten. Einem „Gott", notabene, der jeden Fehltritt mit Argusaugen beobachtet und nach dem Tod auf sadistisch grausame Art bestraft. Derjenige aber, der für sein Fehlverhalten gegenüber seinen Mitgeschöpfen nicht bei diesen, sondern bei diesem egozentrischen „Gott" um Verzeihung bittet, der wird dafür mit paradiesischen Aussichten belohnt. Wie sich die Tyrannen doch alle gleichen!

Die „sachlichen" Fehler, welche dieses Bild der Realität prägen, habe ich bei anderer Gelegenheit bereits ausführlich erörtert. Zur Beantwortung deiner Frage beschränke ich mich deshalb darauf, diese in Stichworten aufzulisten:

- *Ihr seid n i c h t von „Gott" geschaffene Wesen!*

- *Gott hat n i c h t s erschaffen ausser „sich" selbst! Alles Geschaffene und noch zu Schaffende sind Aspekte seiner selbst – individualisierte Aspekte Gottes.*

- *Gott ist nicht „ER" und ist nicht „SIE". Gott ist „ES" – aber kein Wesen.*

- *Die individuellen Seelen sind die einzigen individualisierten Aspekte Gottes, die selbst über schöpferisches Potential verfügen.*

- *Die materielle Wirklichkeit ist eine Schöpfung der individuellen Seelen. Weil sie selbst göttlich (das ist mehr als „göttlichen Ursprungs") sind – wohnt jedem Fragment ihrer eigenen Schöpfung – also auch euch Menschen – ein göttlicher Funke inne.*

- *K e i n e Seele verkörpert sich – weder als Mensch noch sonst in materieller Form – also h a b t ihr keine Seele!*

- *In eurer materiellen Erscheinung seid ihr lediglich Teil oder Aspekt einer individuellen Seele – ein materialisierter seelischer Gedanke, eine seelische Schöpfung.*

- *Die Existenz der individuellen Seelen schöpft ihren Sinn ausschliesslich aus dem grösseren Ganzen – der Gesamtheit aller individuellen Seelen.*

- *K e i n e Seele erfüllt eine i h r selbst dienende Aufgabe; jede Aufgabe erhält den ihr inhärenten Sinn ausschliesslich durch die Aufgabenstellung des grösseren Ganzen.*

- *K e i n e m menschlichen Leben wohnt ein individueller Sinn inne – ausser dem, den ihr ihm andichtet; jedes menschliche Leben schöpft seinen Sinn ausschliesslich aus der Aufgabenstellung des grösseren Ganzen – seinem Gesamtselbst, seiner individuellen Seele.*

- *Jede individuelle Seele ist unendlich existent, also in eurem Sinne unsterblich. K e i n e Seele wird im Sinne eurer Religionslehren jemals verdammt. Sie ist göttlich und ihre Verdammung käme einer (Teil-) Selbstverdammung Gottes gleich.*

Wie du daraus schliessen kannst, stimmt an eurem gängigen Selbstbildnis also so gut wie nichts mit der umfassenden Wirklichkeit überein. Deine Suche nach Gerechtigkeit im Sinne von Belohnung und Strafe ergibt nur solange einen Sinn, wie du dich in deinem Selbstbildnis als getrennt von deinen Mitmenschen und Mitgeschöpfen verstehst, du also eine Handlung begehen könntest, die nicht auch auf dich selbst rückwirkt. Dem ist aber nicht so! Wenn du die untrennbare Verbundenheit zwischen allem, was ist, begriffen hast, dann wirst du auch erkennen, dass du nicht weniger „er“ und „sie“ bist als du selbst. Du wirst verstehen, dass du weder gute noch schlechte Taten begehen kannst, ohne dass du davon ganz direkt betroffen bist oder sein wirst. Das Opfer muss nicht Täter sein, aber der Täter ist immer Opfer!

Wenn du begriffen hast, dass deine Existenz als Individuum erst durch die Existenz aller anderen Individuen ihren Sinn erhält, dieser also nicht in einer Aufgabe begründet ist, die du in deinem oder im Eigeninteresse deiner Seele zu erfüllen hast, dann wird sich deine Frage nach Belohnung oder Strafe erübrigen, denn letztlich belohnst und bestrafst du dich bereits mit jeder deiner Handlungen selbst.

Frage: Wenn, wie der Begleiter sagt, die Hölle keine objektiv erfahrbare Realität darstellt, so besagt das nach meinem Dafürhalten noch nicht, dass sie im subjektiven Erleben des Einzelnen nicht doch sehr realistisch sein kann. Ich kann mir nicht vorstellen, dass sich z. B. Hitler selbst als „guter“ Mensch verstanden hat. Ist es nicht möglich, dass er sich in seiner subjektiven Jenseitsrealität in der Hölle wähnt?

Begleiter: *Erinnere dich daran, dass ich immer wieder darauf hinweise, dass ihr eure dereinst erfahrene Jenseitsrealität durch eure Vorstellungen, Wünsche und Denkhaltung sowie euren ausschliesslich darauf gründenden Handlungen selbst erschafft. Mit den gleichen „Werkzeugen“ erschafft ihr aber bereits eure erlebte materielle Wirklichkeit. Auch wenn es sich dabei um eine subjektive Realität handelt – die ihr selbstverständlich nicht als solche erkennen könnt – solltet ihr euch bewusst sein, dass ihr euch in eurer ganz individuellen Jenseitsrealität mindestens so wohl fühlen werdet wie in eurem gegenwärtigen Leben. Ich will damit ausdrücken, dass niemand, der nicht bereits seine materielle Wirklichkeit in seiner Wahrnehmung als Hölle erfahren hat, seine dereinst erlebte Jenseitsrealität als Hölle erfahren wird. Ihr müsst einfach begreifen, dass sich diese subjektive Jenseitsrealität – zumindest direkt nach eurem Übergang – nicht so wesentlich von dem unterscheidet, was ihr in eurem Leben als (fremdbestimmte) Wirklichkeit erfahren habt, wie ihr das glaubt.*

Nach euren Massstäben von gut und böse ergeben eure Vorstellungen von Himmel und Hölle selbstverständlich einen Sinn. Nur sind das Massstäbe, die ihr durch die Art eurer Wahrnehmung erst erschafft. Ihr seid dermassen in eurer durch solche Massstäbe geschaffenen Wirklichkeit gefangen, dass ihr wie selbstverständlich davon ausgeht, es handle sich dabei gewissermassen um kosmische Werte. Doch Dinge, Ereignisse oder Handlungen sind weder gut noch schlecht, sie werden es erst durch die Wertung des Betrachters oder der Betroffenen:

Ein Gewitter ist weder gut noch schlecht; für den einen Bauern bringt es den lang ersehnten Regen – also wertet er es als gut -, dem anderen brennt dadurch der Hof ab – also wertet er es als schlecht. Das gleiche Ereignis wird erst entsprechend den dadurch ausgelösten Erfahrungen gut oder schlecht.

Kein Mensch führt aus seiner Sicht ein verwerfliches Leben. Das gilt sogar für alle jene Menschen, die durch ihr Denken und Handeln den

Tod von unzähligen anderen Menschen verursacht haben. Wenn du also glaubst, Hitler hätte sich selbst als „schlechter" Mensch verstanden und habe nach seinem Tod die nach menschlichem Ermessen gerechte Strafe erhalten und schmore nun in seiner subjektiven Hölle, dann muss ich dich enttäuschen. Er hat sich selbst genauso geliebt, wie sich jeder von euch liebt. Und niemand findet das, was er liebt, schlecht oder hässlich. Er war nach seinem Tod genauso mit seiner ganz individuellen Jenseitsrealität konfrontiert, wie ihr das dereinst sein werdet, und darin herrschen, das kann ich euch versichern, andere Gesetzmässigkeiten, als die, welche in eurem Verständnis dem Bild von Schuld und Sühne entsprechen.

In der Wahrnehmung Hitlers existierte ein Bild der Realität, das – wie euer individuelles Bild der Realität auch – auf seinen Wertvorstellungen, seinen Glaubensüberzeugungen und seiner individuellen Denkhaltung gründete. Er hatte – wie jeder von euch auch – seine klaren Vorstellungen, wie eine Welt geschaffen sein müsste, um im Kontext seiner Wertvorstellungen als „gut" zu gelten. Er hatte durch die Unterstützung einer Mehrheit seines Volkes – das ist evident, um die „Gesetze" zu verstehen – die Möglichkeiten, seine Vorstellungen von einer „guten" Welt zu realisieren. Wenn er bewusst „Schlechtes" getan hat, dann war es für ihn – und die, die ihn unterstützten – nicht schlecht, weil es in seiner Wertung schliesslich dazu diente, das „Gute" zu realisieren.

Ich bediene mich hier des Beispiels Hitler, weil er in eurer Art der Wahrnehmung die Personifizierung des Bösen schlechthin darstellt. Doch glaube mir, jeder von euch würde die Vorstellungen einer „guten" Welt mit allen erdenklichen Mitteln realisieren, wenn er dazu die Möglichkeit hätte. Dass diese Vorstellungen mit denen aller anderen Menschen deckungsgleich sind, ist – das wisst ihr so gut wie ich – ausgeschlossen. Für alle jene Menschen, deren Vorstellungen von einer „guten" Welt aber nicht mit euren eigenen übereinstimmen, wärt ihr im persönlichen Erleben ein Tyrann, wie Hitler es für alle jene war, die seine Vorstellungen einer „guten" Welt nicht geteilt haben.

Jeder Mensch findet sich nach seinem Übergang in einer Seinsrealität, in der seine eigenen Werte uneingeschränkt „Realität" sind, in der also jene Rahmenbedingungen herrschen, die seinen Wertvorstellungen einer „guten Welt" entsprechen. Er wird sich ausschliesslich unter Seinesgleichen wiederfinden, was dazu führt, dass er irgendwann erkennt, dass seinen Wertvorstellungen nur so lange ein Sinn inhärent ist, wie er diese über andere Wertvorstellungen erheben und durchsetzen kann. Nachdem aber diese Reibungsfläche fehlt, weil in seiner erlebten Realität alle seinen Wertvorstellungen anhängen, wird er deren Hohlheit und Sinnlosigkeit erkennen, was einer Erweiterung seiner Wahrnehmung entspricht.

⊙ ⊙ ⊙

Fragen zu

Geistern, Gespenstern und „Besessenheit"

Frage: Gibt es tatsächlich Wesen, die darauf aus sind, den Menschen Angst einzujagen? Was steckt hinter sogenannten Poltergeist-Erscheinungen?

Begleiter: *Wie bei anderer Gelegenheit bereits erwähnt, kommt bösen Mächten allgemein bestenfalls religiöse Bedeutung zu. Eine objektive, das heisst von eurer ganz persönlichen Wahrnehmung unabhängige Existenz führen sie nicht. Was ihr in eurer erlebten Realität als „böse" erfahrt, hat seinen Ursprung ausschliesslich in euch Menschen selbst.*

Damit sage ich aber zwei Dinge ausdrücklich nicht: Erstens verneine ich damit nicht die Existenz von Wesen, die ihr als „Geister" bezeichnet, und zweitens bestreite ich nicht die Existenz physikalischer Phänomene, die ihr unter dem Begriff „Poltergeister" subsumiert. Doch die Tatsache, dass die Konfrontation mit solchen Phänomenen in euch Ängste weckt, bedeutet nicht, dass dahinter Mächte stehen, die das beabsichtigen.

Bedenkt dabei, dass eine Sonnenfinsternis die Menschen vor noch gar nicht so langer Zeit in Angst und Schrecken zu versetzen vermochte, weil sie dahinter das Werk böser Mächte zu erkennen glaubten. Heute liefert euch die Wissenschaft Erklärungen, die der menschliche Verstand als Wahrheit akzeptieren kann. Die Art, wie ihr Geistererscheinungen – sofern ihr sie überhaupt als objektive Realität anerkennt – in euer Bild der Realität integriert, erinnert aber sehr stark an eure Vorfahren, die sich vor der Sonnenfinsternis fürchteten.

In eurem durch die Religionen geprägten Verständnis wird der Gläubige durch gute Geister und Engel beschützt; im Gegenzug wird der vom „rechten Glauben" Abgefallene durch böse Geister und Dämonen gequält. Werdet ihr dann mit dem entsprechenden Phänomen konfrontiert, dann stellt sich für euch selbstredend die Frage, ob es sich nun um einen guten oder einen bösen Geist handelt. Und weil keiner von euch so ganz sicher ist, dass er nicht möglicherweise doch vom rechten Weg abgekommen ist – der durch die religiösen Institutionen je nach Zeitepoche neu definiert wird und für den Menschen aus durchschaubaren Gründen zwingend unerfüllbar sein muss – geht ihr vorsichtshalber davon aus, dass es sich um einen bösen Geist handelt.

Was ich in bezug auf jene Wesen gesagt habe, die versuchen, sich in der materiellen Dimension bemerkbar zu machen, gilt uneingeschränkt auch für das Phänomen der „Geistererscheinungen": Es handelt sich ausnahmslos um höchst bedauernswerte Geschöpfe. Auch sie versuchen sich lediglich bemerkbar zu machen. Im Gegensatz zu den „Mitteilungsbedürftigen" haben sie jedoch ihre Situation bereits erkannt und suchen nach einem Ausweg aus ihrem „Gefängnis". Viele von ihnen sind gewissermassen auf der Suche nach dem „objektiven" Jenseits, andere werden durch Schuldgefühle geplagt und unternehmen den sinnlosen Versuch, in der materiellen Wirklichkeit Versäumtes nachzuholen.

Diese bedauernswerten Wesen suchen nach Hilfe. Sie haben aber die Gesetzmässigkeiten ihrer neuen Umgebung noch kaum begriffen und stellen sich deshalb häufig recht ungeschickt an, was dann bei euch wiederum Ängste weckt. Wenn ihr ihnen aber mit Angst begegnet, dann verstärkt ihr damit ihr Leiden, denn sie möchten – wie jeder Mensch auch – geliebt und verstanden werden. Das veranlasst sie in nur noch stärkerem Masse, ihr Bedürfnis nach Nähe zu vermitteln. Sie erwarten von euch Hilfe, und jeder von euch ist dazu in der Lage, ihnen diese Hilfe zu gewähren.

Versucht, wenn ihr selbst die Anwesenheit von Geistern zu spüren meint, mit ihnen gedanklich Verbindung aufzunehmen. Erzählt, was ihr bei ihrer Anwesenheit empfindet. Erklärt ihnen (in Gedanken oder laut), dass ihr nicht in der Lage seid, sie zu sehen, dass ihr aber ihre Anwesenheit spürt und dass das in euch Ängste auslöst. Erklärt „euren" Geistern, dass sie akzeptieren müssen, dass sie gestorben sind, sagt ihnen, dass sie selbst leiden und Leiden verursachen, wenn sie nicht bereit sind, diese Tatsache zu akzeptieren. Sagt ihnen, dass sie Hilfe bekommen können, dass diese jedoch nicht aus der materiellen Welt geleistet werden kann. Sie sollen sich gedanklich auf einen Menschen konzentrieren, den sie geliebt haben und von dem sie wissen, dass er gestorben ist. Diesen sollen sie um Hilfe bitten.

Ihr seid dann in euren Bemühungen nicht mehr allein, denn jener verstorbene Mensch wird die Bitte in jedem Fall erhören und das bedauernswerte Wesen „abholen". In der Praxis werdet ihr aber erfahren, dass „Geister" sehr hartnäckig sein können und es einiges an Überzeugungsarbeit erfordert, bis sie bereit sind, jenseitige Hilfe anzunehmen. Doch solltet ihr nicht aufgeben; der Erfolg ist euch sicher, und ihr vollbringt damit eine wahrhaft gute Tat. Jedenfalls könnt ihr versichert sein, dass von „Geistern" keinerlei Gefahr für euch ausgeht!

Neben „Geistererscheinungen", die ihr zum überwiegenden Teil lediglich mehr oder weniger deutlich gefühlsmässig wahrnehmt – ihr habt das Gefühl, dass ausser euch noch jemand in einem Raum ist, obwohl ihr niemanden sehen könnt, und weist den Gedanken in der Regel gleich wieder von euch, weil nicht sein kann, was nicht sein darf – könnt ihr auch mit physikalischen Phänomenen konfrontiert werden.

Ich beschränke mich hier auf die sogenannten „Poltergeister", weil andere Erscheinungen mit meinen vorstehenden Ausführungen bereits weitgehend erklärt sind. Eure Poltergeister haben keine ausserhalb eurer materiellen Wirklichkeit liegende Ursache, denn physikalische Aktivitäten, die in eure materielle Dimension hineinwirken, sind vom Jenseits aus grundsätzlich nicht möglich. Die Schritte auf dem Dachboden, der knarrende Schaukelstuhl, Klopfzeichen in Wand, Wasserhahn oder am Fenster und dergleichen haben ihren Ursprung zum überwiegenden Teil in den von solchem Geschehen Betroffenen selbst, was diesen in der Regel nicht bewusst ist.

Physikalische Phänomene treten vorwiegend im Umfeld von Menschen auf, die nicht oder noch nicht in der Lage sind, das ihrer wahren Natur inhärente schöpferische Potential in der physischen Aussenwelt umzusetzen. Das können Menschen sein, die aufgrund einer körperlichen Störung in ihrem Ausdruck behindert sind – Menschen, die sich auf sich selbst zurückgezogen haben, in Passivität verharren, wie es zum Beispiel für an Depressionen Leidende typisch ist. Mehrheitlich handelt es sich aber um Menschen, bei denen der Entwicklungsstand der physischen Hülle die Umsetzung ihres schöpferischen Potentials noch nicht erlaubt. Es entsteht dabei gewissermassen ein Energiestau, der sich auf unterschiedlichste Art, durch das Wesen selbst nicht steuerbar, entlädt. Diese Voraussetzungen sind z. B. bei Kindern und dabei insbesondere bei Jugendlichen während der Pubertät erfüllt. Poltergeist-Phänomene treten deshalb fast ausschliesslich im Umfeld von Kindern, Jugendlichen und depressiven Menschen auf, wobei diese – wie gesagt – die Ursache der Phänomene in sich selbst nicht erkennen können. Es würde zu weit führen, wenn ich hier die Umsetzung dieser gestauten Energie in physikalisches Geschehen erklären würde; ihr könnt aber sicher sein, dass jenseitige Mächte oder Wesen bei den Poltergeist-Phänomenen ihre Hand nicht im Spiel haben.

Frage: Ich wurde jahrelang von einem Geist verfolgt, der mich beinahe in den Wahnsinn getrieben hat. Nachdem ich die mir durch euch erteilten Ratschläge (im Antwortschreiben auf eine Leserzuschrift. P.d.F.) beherzigt und angewandt habe, war ganz plötzlich Ruhe. Der Geist hat sich seither nicht mehr bemerkbar gemacht. Wie ist das möglich? Ich bin davon überzeugt, dass das Geschehen real war und keineswegs nur in meiner Einbildung existierte.

Begleiter: *Du hast „deinem Geist“ die Projektionsfläche entzogen, die es ihm ermöglicht hat, sich in deiner erlebten Realität zu manifestieren. Selbstverständlich hast du dir seine Präsenz nicht eingebildet. Verlasse dich diesbezüglich auf deine eigene Wahrnehmung, und lass dir* *durch dein Umfeld nicht etwas einreden, was dich an deiner eigenen Zurechnungsfähigkeit zweifeln lässt.*

Geister, wie du einen kennengelernt hast, sind nicht- oder entmaterialisierte Energieeinheiten, also im entferntesten Sinne Verstorbene, die sich aufgrund ihrer eigenen Überzeugungen im Umfeld der materiellen Dimension gefangen fühlen. Sie können darin jedoch nicht eigentlich wirksam werden, sondern benötigen dazu eine Projektionsfläche, die ihren Bedürfnissen Rechnung trägt. Viele dieser „Geister" fühlen sich in ihrem Zustand einsam und verlassen. Obwohl ihnen die – ihnen angemessenen – jenseitigen Seinsrealitäten uneingeschränkt offenstehen würden, sind sie davon überzeugt, dass ihre Existenz an die materielle Dimension gebunden ist. Um sich darin zu manifestieren, benötigen sie jedoch ein Energiefeld, das ihrem eigenen möglichst nahe kommt.

Du fühltest dich in deiner neuen Umgebung genauso einsam und verlassen, wie sich „dein Geist" in seiner neuen Umgebung fühlt. Niemand sprach deine Sprache, niemand suchte deine Nähe. Das bewirkte Emotionen in dir, die um dich herum genau jenes Energiefeld schufen, das „dein" Geist in seiner Situation suchte und brauchte. Dieses Energiefeld war die einzige Möglichkeit, die es „deinem" Geist ermöglichte, sich in der materiellen Wirklichkeit bemerkbar zu machen. Durch deinen inneren Zustand botest du ihm also gewissermassen die Projektionsfläche, um sich in deinem erlebten Umfeld selbst zu manifestieren.

Dadurch, dass du – wie ich es dir empfohlen habe – einerseits mit „ihm" kommuniziert und damit seine eigene Wahrnehmung erweitert und andererseits auch dein eigenes Bild der Realität verändert hast, hast du ihm seine Projektionsfläche entzogen und ihm gleichzeitig einen Weg aus seinem „Gefängnis" gezeigt. Du hast also sowohl „ihm" als auch dir einen Dienst erwiesen. Ich hoffe, dass es mir darüber hinaus gelungen ist, dich von deinen durch deine Religion verursachten Ängsten zu befreien, und du erkannt hast, dass „Geister" zwar keine Erfindung der Religionen sind, dass sie aber ihr „Unwesen" ausschliesslich im Umfeld „gläubiger" Menschen treiben können. Sollte dir wieder einmal ein „Geist" begegnen, so weisst du nun zumindest, dass von ihnen für dich genausowenig Gefahr ausgeht wie von dir selbst!

Frage: Ich würde von Ihrem Begleiter gerne die Frage beantwortet bekommen: Was ist Besessenheit?

Begleiter: *Deine Frage ist nicht ganz einfach zu beantworten, denn die Tatsache, dass du fragst* „was ist Besessenheit?" *beinhaltet die Aussage: Besessenheit ist zwar eine Realität, aber ich weiss nicht genau, um was es sich handelt.*

Nachdem ich bereits in den bisher veröffentlichten Aussagen zumindest versucht habe, mit dem Irrglauben aufzuräumen, wonach euer Körper ein Gefäss für eure Seele darstelle, wirst du meine Antwort besser verstehen, wenn ich die Fragestellung von dieser Seite angehe:

Eure Körper sind Materie gewordene Vorstellungen eurer individuellen Seele. Sie sind weder für diese noch für irgend etwas anderes als „Gefäss" geeignet. Betrachten wir nun aber, was zum Beispiel die katholische Lehre unter Besessenheit versteht, dann wird dabei vorausgesetzt, dass irgend etwas (Böses) in eurem Körper Einsitz nehmen kann. Nachdem weder eine Seele noch sonst ein „Wesen" von eurem Körper Besitz ergreifen kann oder will, spielt sich das Phänomen der Besessenheit also einmal mehr ausschliesslich in der Psyche der betroffenen Menschen ab. Um Besessenheit überhaupt als (subjektive) Realität zu erleben, ist es zuerst einmal erforderlich, dass ihr das Böse als von euch selbst unabhängige Realität begreift. Zudem müsst ihr davon überzeugt sein, dass sich das Böse gewissermassen personifizieren kann, also über einen von euch selbst unabhängigen Willen und über Macht verfügt, der ihr nichts entgegenzusetzen habt.

Nun ist aber das Böse weder eine von euch selbst unabhängige Realität, noch kann es sich objektiv personifizieren. Macht über euch erlangt das Böse nur dann, wenn ihr an das Böse und die ihm vermeintlich inhärente Macht glaubt. Das Böse hat seinen Ursprung in eurem Verstand, es handelt sich dabei nicht um eine Energieform, die unabhängig eurer Glaubensüberzeugungen eine eigenständige Existenz führen könnte. Besessenheit in eurem Sinne findet sich denn auch fast ausschliesslich bei gläubigen Menschen, die sich selbst, von irrationalen Schuldgefühlen geplagt, als schlecht und böse empfinden. Sie verursachen durch ihre Denkhaltung eine Schwingungsfrequenz, die ich als disharmonisch bezeichnen würde. Sie machen sich damit selbst zum „Magneten" für andere disharmonische Schwingungen.

Die betroffenen Menschen spüren natürlich die Disharmonie des Schwingungsfeldes, in dem sie leben, erkennen aber nicht die Ursache in sich selbst. Sie fühlen sich als Opfer „dunkler Mächte" und beginnen, die spürbaren disharmonischen Schwingungen zu personifizieren. Das kann so weit gehen, dass es für den Aussenstehenden tatsächlich so scheint, als wäre der Körper der Betroffenen von einem fremden Wesen besetzt. Die Betroffenen schreiben diesem durch sie selbst geschaffenen „Wesen" eine so hohe Eigenständigkeit zu, dass sie, wenn es sich „bemerkbar" macht, Stimme, Mimik, Gestik und Körperhaltung so vollkommen verändern, dass für den nicht eingeweihten Aussenstehenden kaum Zweifel an der „Echtheit" der Besessenheit bestehen.

Im Grunde handelt es sich bei Besessenheit demnach um eine Form von „Geisteskrankheit", die ihren Ursprung – wie alle psychischen Krankheitsbilder – in der Denkhaltung der Betroffenen hat. Heilung kann letztlich nur dadurch erreicht werden, dass der Betroffene seine Denkhaltung ändert. Dazu reicht zum Beispiel ein feinfühliger Mensch, der bewusst positive, also harmonische Energie im entsprechenden zeremoniellen Rahmen einsetzt und damit den Betroffenen davon überzeugt, dass das Böse nun aus seinem Körper „ausgefahren" sei und keine Gefahr mehr darstelle. Der Exorzismus der katholischen Kirche verdankt seinen (bescheidenen) „Erfolg" also, wie die Institution selbst, einzig der Bereitschaft von Menschen, bedingungslos zu glauben!

Um betroffenen Menschen zu helfen, bedarf es einiger Übung im Umgang mit Energiefeldern, die ihr alle mittels eurer Gedanken aufbauen, bündeln und manipulieren könnt. Eure Vorstellungen und Überzeugungen sind auch dabei einzige Ursache und einziger Weg zum Erfolg. Schliesslich mag dich der Hinweis beruhigen, dass es, sofern du dir stets der

Tatsache bewusst bist, dass das Böse nicht unabhängig eurer Denkhaltung existiert, keine Veranlassung gibt, sich gegen Besessenheit zu schützen, denn besessen könnt ihr nur durch eure eigene „Schöpfung" sein.

⊙ ⊙ ⊙

Fragen zu
Engeln, Geistführern, „Begleitern“ und anderen „Wesen“

Frage: Hat jeder von uns einen „Begleiter“, auch wenn wir uns dessen nicht bewusst sind?

Begleiter: *Weil ihr euch in eurem Selbstbildnis so sehr auf eure physische Erscheinung konzentriert, bleibt die wahre Natur eures Seins eurer Wahrnehmung weitgehend verschlossen. Entgegen eures gängigen Selbstbildnisses seid ihr in eurer physischen Erscheinung lediglich Teil von etwas unendlich viel grösserem Ganzen. Ich nenne es euer „Gesamtselbst“, weil dieser Begriff weniger mit falschen Assoziationen verknüpft ist als der Begriff „Seele“. So wie jeder Mensch Teil eines grösseren Ganzen ist, so ist auch dieses Gesamtselbst seinerseits wiederum in ein grösseres Ganzes eingebunden. Bei diesem handelt es sich um die Gesamtheit aller individuellen Seelen.*

Jede individuelle Seele – also jedes Gesamtselbst – übernimmt im Zuge seines Werdens Aufgaben in den unterschiedlichsten Realitätsdimensionen, die der Gesamtheit aller individuellen Seelen dienen. Euer Gesamtselbst hat euch also gewissermassen mit einer Aufgabe versehen in dieses irdische Leben gesandt. Dabei seid ihr – völlig entgegen eurer Wahrnehmung – keineswegs auf euch selbst gestellt. Euer Gesamtselbst steht in permanenter Interaktion mit euch und umgekehrt. Ihr verfügt latent über alle Aspekte dieses Gesamtselbst, und dazu gehört u. a. ein freier Wille. Dadurch seid ihr zwar nicht in der Wahl der eurem Lebensplan innewohnenden Erfahrungen frei, aber ihr bestimmt die Umstände, unter denen ihr diese Erfahrungen macht.

Wenn ihr euch dadurch z. B. in eine lebensbedrohliche Situation manövriert habt, bevor ihr eure Lebensaufgabe erfüllt habt, dann wird euer Gesamtselbst korrigierend eingreifen, denn euer Tod würde nicht nur für euch als individualisierter Aspekt, sondern insbesondere für euren Ursprung, also euer Gesamtselbst – und damit zwingend auch für die Gesamtheit der individuellen Seelen -, in einer ganz bestimmten Zeitepoche geplante Erfahrungen verunmöglichen. Ihr nehmt dieses Eingreifen zwar mehr oder weniger bewusst wahr, doch aufgrund eures falschen Selbstbildnisses werdet ihr es, je nach Wertvorstellungen denen ihr verhaftet seid, einem „Schutzengel" oder einfach dem „Glück" oder „Zufall" zuschreiben.

In dem Sinne hat also jeder von euch seinen ganz persönlichen „Begleiter". Ihr werdet ihm dereinst begegnen, wenn ihr eure körperliche Hülle verlassen habt. Ob das erst dann ist, wenn ihr sterbt oder bereits zu euren Lebzeiten, wie mein irdischer Freund, steht alleine in eurer Macht, denn ihr seid während eurer Inkarnation keineswegs dermassen in eurem Körper gefangen, wie euch das euer Selbstbildnis glauben macht.

Nun unterscheide ich mich von den beschriebenen „Begleitern" insofern, als ich nicht Aspekt oder Teil desselben Gesamtselbst bin, dem mein irdischer Freund seine Existenz verdankt. Uns – und damit unsere beiden Gesamtselbst – verbindet aber eine gemeinsame Aufgabe, die wir – wie jeder von euch auch – letztlich im Dienste der Gesamtheit aller individuellen Seelen erfüllen.

Eure Aufgabe erfordert eure Zentrierung in der materiellen Realität, weil diese Aufgabe nur darin und nur in dieser Zeitepoche erfüllt werden kann. Unsere Aufgabe dagegen erfordert zwar die mehrheitliche Zentrierung meines irdischen Freundes in der materiellen Dimension, gleichzeitig erfordert sie aber seine Fähigkeiten als „Reisender zwischen den Dimensionen". Zusammenfassend können wir also feststellen, dass je-

der Mensch seinen ganz persönlichen Begleiter hat, aber nur ganz wenige Menschen haben – bedingt durch ihre Aufgabenstellung in ihrem Leben – einen Begleiter, wie ihn mein irdischer Freund in mir hat.

Frage: Gerade weil viele der Aussagen Ihres Begleiters bei mir die versprochenen „Aha-Erlebnisse" bewirkt haben, fühle ich mich über seine Ausführungen zu Engeln und anderen Geistwesen zutiefst verunsichert. Ihr Begleiter verneint die Existenz solcher Wesen. Doch dem stehen unzählige Berichte und auch meine eigenen Erfahrungen gegenüber, die das Gegenteil naheliegend erscheinen lassen. Zudem gehen die esoterische Literatur und meines Wissens auch alle bekannten Religionslehren von der Existenz solcher Wesen aus. Habe ich da irgend etwas falsch verstanden?

Begleiter: *Du hast mit Sicherheit meine diesbezüglichen Ausführungen falsch interpretiert. Aber nicht in dem Sinne, dass ich den in der esoterischen Literatur oder in Religionslehren vertretenen Thesen nun zustimmen würde. Ganz im Gegenteil: Diese Thesen sind im wesentlichen die Ursache eurer falschen Überzeugungen. Trotzdem wirst du aber in den durch meinen irdischen Freund veröffentlichten Aussagen nirgends lesen, dass ich die Existenz von Engeln oder anderer „Geistwesen" grundsätzlich verneine. Ich weise euch lediglich darauf hin, dass das, was ihr – und damit eure esoterische Literatur und Religionslehren – unter solchen Wesen versteht, lediglich ein Abbild eurer eigenen Überzeugungen darstellt. Ich bestreite also nicht die Existenz solcher „Wesen", sondern das, was ihr in sie hineininterpretiert!*

Die bei euch gängige Definition von Engel und auch anderen „Geistwesen" ist insofern falsch und beschreibt keine objektive Wirklichkeit, als ihr sie im Sinne von eigenständigen, unabhängig von euch existierende „Wesen" begreift. Ich versichere dir, dass sie das nicht sind. Es handelt sich bei ihnen zwar um mehr als Gedankengebilde, und doch verdanken sie ihre Existenz – so wie sie in eurer Wahrnehmung „erscheinen" – letztlich eurem Glauben an ihre Existenz. Ihrer wahren Natur gemäss handelt es sich bei solchen Wesen um individualisierte Aspekte der gleichen Seele, der ihr eure individuelle Existenz verdankt.

Ich verwende in meinen Ausführungen den Begriff „Wesen", um mich an euren Überzeugungen zu orientieren, obwohl diese „Wesen" – in eurem Sinne – gar keine „Wesen" sind! Den Begriff „Wesen" könnte ich dann gelten lassen, wenn in eurem Verständnis auch eure Gedanken, eure Gefühle, eure Hoffnungen und eure Ängste eigenständige Wesen wären. Sie sind es nicht, weil ihr sie als Teile oder Aspekte eurer selbst begreift. Engel sind aber z. B. nicht weniger Teile oder Aspekte eurer selbst als eure Gedanken, Gefühle, Hoffnungen oder Ängste!

Ihr seid die Verkörperung eines individualisierten Seelenaspektes. Bei Engeln und anderen „höheren Wesen", die ihr gefühlsmässig oder – in seltenen Fällen – auch visuell wahrzunehmen glaubt, handelt es sich um Aspekte „eurer" Seele, deren Aufgabe zwar eure „Begleitung", nicht aber eine eigene Verkörperung vorsieht. Engel und andere Geistwesen – bis hin zu Jesus, der Jungfrau Maria oder gar „Gott" selbst – verdanken ihre Existenz – d. h. die „tatsächliche" oder bloss vorgestellte formgebundene Erscheinung – ausschliesslich euren Überzeugungen. Sie sind letztlich nichtmaterialisierte Aspekte eurer individuellen Seele und damit nichtmaterialisierte Aspekte eurer selbst, denen ihr durch eure Glaubensüberzeugungen zu einer bedingten Existenz in eurer materiellen Wirklichkeit verhelft.

Wenn ihr so wollt, dann ist niemand, weder ein Mensch – unabhängig der Dichte seines sozialen Umfeldes – noch ein Tier, noch eine Pflanze in der materiellen Dimension wirklich alleine. Jeder seelischen Manifestation stehen – ganz unabhängig davon, ob sie als Mensch, Tier oder Pflanze in der Materie erfolgt – individualisierte Aspekte ihrer „Ursprungsseele" zur Seite, die über das Gelingen der jeweiligen materiellen Manifestation „wachen". Die „Entwicklung" der nichtmaterialisierten Aspekte einer individuellen Seele ist so untrennbar mit dem erfolgreichen Erfüllen – also dem Gelingen – der Aufgabe verbunden, welche der materialisierte Seelenaspekt übernommen hat, dass es ihnen nicht egal sein kann, ob die übernommene Aufgabe „gemeistert" wird.

Jene unter euch, die ihre wahre Natur bereits begriffen haben, we den natürlich erkennen, dass das zuletzt Gesagte ohne jede Einschränkung in dem Sinne auch für euch gilt, dass ihr mit jedem anderen materialisierten Seelenaspekt dermassen eine Einheit bildet, dass es euch eigentlich nicht egal sein kann, ob diese ihre Aufgabe erfüllen können.

Und trotz der vorstehenden Ausführungen wiederhole ich meine Aussage, wonach in keiner Dimension des Seins ein „Wesen", das jene Eigenschaften auf sich vereinigt, die ihr Engeln und dergleichen andichtet, ein objektives Dasein führt. Engel und andere „geistigen Helfer" sind also nichtmaterialisierte Aspekte eurer eigenen individuellen Seele, deren energetische Struktur – und damit ihre Wirkung – ihr unter gewissen Voraussetzungen, z. B. bei entsprechenden Glaubensüberzeugungen, wahrzunehmen in der Lage seid. Ob ihr demnach an Existenz und Präsenz von solchen Seelenspekten – die ihr „Engel" nennt – glaubt und ob ihr sie durch euer Zutun möglicherweise sogar als formgebundene Wesen wahrnehmen könnt, ist letztlich für euer individuelles Erleben irrelevant, denn letzteres steht ohnehin unter permanenter Beobachtung und – falls erforderlich – Einwirkung solcher „Wesen".

Engel sind also untrennbar mit euch selbst verbunden, denn sie sind „Repräsentanten" der gleichen individuellen Seele, wie ihr es seid. Sowenig es sich aber lohnt, darüber zu streiten, ob die Seele eine Tatsache sei, sowenig lohnt es sich, darüber zu streiten, ob Engel tatsächlich existieren. Sowohl die Seele als auch Engel können vom einzelnen Menschen als Tatsache erfahren werden, ohne dass es ihm aber möglich wäre, ihre Existenz gegenüber den „Ignoranten" zu beweisen. Wichtig scheint mir bei der Frage nach Engeln deshalb nicht, ob sie tatsächlich existieren; viel wichtiger ist, dass, wenn sie euch begegnen, ihr euch bewusst seid, dass es sich bei ihnen um einen Aspekt der gleichen Seele handelt, der ihr eure materielle Existenz verdankt, um einen euch nicht bekannten Aspekt eures „Gesamtselbst" und nicht um ein eigenständiges „Wesen", das „göttlicher" wäre als ihr selbst!

Wenn du also davon überzeugt bist, dass du einen Schutzengel „hast", der dich auf deinem Lebensweg in der materiellen Realität begleitet, dann kann ich dir versichern, dass du bestimmt nicht einer Täuschung unterliegst. Nur orientierst du dich bei dem, was du darunter verstehst, nicht an deinem „reinen" Gefühl, sondern an von aussen an dich herangetragenen Theorien und Bildern. Dein Schutzengel steht dir viel näher, als es ein vergeistigtes, von dir unabhängiges Wesen jemals könnte; er steht dir mindestens so nahe wie du dir selbst! Er steht dir als Ratgeber in allen Lebenslagen zur Verfügung, sofern du seine Hilfe erbittest. Wenn er also in deinem bisherigen Leben nicht immer zur Stelle war, dann ist das nicht mangelnder Hilfsbereitschaft seinerseits zuzuschreiben, sondern der Tatsache, dass du – wie die meisten Menschen – noch lernen musst, in manchen Lebenssituationen demütiger zu werden und das eigene „höhere Selbst" um Hilfe zu bitten. Als Beschützer steht er dir, ob du seine Hilfe anforderst oder nicht, immer dann bei, wenn dir dein Leben zu „entgleiten" droht, sofern – und diese Einschränkung ist wesentlich – dieses „Entgleiten" nicht Teil deines Lebensplanes ist!

Frage: Der Begleiter relativiert die Erfahrung von Menschen, die sich als Medium von jenseitigen Wesen verstehen, welche sich selbst als Geistführer zu erkennen geben. Wie erklärt er das Phänomen, dass sich viele Menschen im Zuge des Esoterikbooms, häufig von einem Tag auf den anderen, zum Medium berufen fühlen?

Begleiter: *Eure Zeitepoche ist geradezu prädestiniert für solche vermeintlichen Phänomene. Ihr lebt in einer Zeit, in der das, was gestern noch gültig war, heute bereits überholt ist. All das, was euch Halt geboten hat, wird widerlegt oder zumindest in Frage gestellt. Nicht wenige unter euch sind schlicht überfordert mit dieser Entwicklung und finden sich in ihrem Leben nicht mehr zurecht. Da ist es naheliegend, dass nach einer starken Persönlichkeit Ausschau gehalten wird.*

Wissenschaft, Politik und Religion sind aber längst nicht mehr imstande, euch diese Persönlichkeit zu präsentieren, denn ihre Exponenten stehen einem Geschehen, das ausschliesslich euch Menschen selbst entspringt, inzwischen genauso hilflos gegenüber wie der „Mann von der Strasse". Da ist es nur naheliegend, dass diese Führung von ausserhalb eures physischen Systems erwartet wird. Ihr vertraut so wenig auf eure eigene Stärke, dass ihr euch Hilfe nur von einem „Übermenschen" vorstellen könnt, und weil es unter euch keine dieser „Übermenschen" gibt, sucht ihr sie ausserhalb eurer erlebten materiellen Realität.

Wenn ihr euch lange genug von euer Aussenwelt, eurer objektiv erlebten Realität, zurückzieht, dann ist euch bald eine unermessliche Anzahl „Geistführer" zu Diensten. Ihr braucht nur noch zu wählen. Auf diese Art wird schliesslich jeder von euch seinen ganz persönlichen „Geistführer" finden. Tatsächlich habt ihr aber „lediglich" Zugang zu eurem eigenen höheren Selbst gefunden und tretet nun in eine Kommunikation mit diesem, die euch auch uneingeschränkt möglich wäre, wenn ihr dieses höhere Selbst nicht mit einem Wesen gleichsetzen würdet, das vermeintlich ausserhalb eurer erlebten Realität existiert.

Euer vermeintlicher „Geistführer" kann euch – neben vielen Allgemeinplätzen – sehr wohl tiefsinnige Gedanken vermitteln. Diese ermöglichen aber immer nur Erkenntnisse, die euch – bei entsprechender Aufmerksamkeit für euer inneres Wesen – ohnehin zugänglich wären.

⊙ ⊙ ⊙

Fragen zur

Seele

Frage: Wenn, wie der Begleiter behauptet, alle individuellen Seelen gleich weit entwickelt sind, wie kommt es dann, dass manche ihrer Fragmente blinder sind?

Begleiter: *Nun, 4 + 6 ergibt in der Summe 10. Dasselbe gilt aber, wenn ich die „Fragmente" 2 + 8 vereine. Du hast richtig verstanden, dass sich dein Gesamtselbst, also deine individuelle Seele aus einer Vielzahl individualisierter Fragmente zusammensetzt, von denen du eines bist. Doch darfst du nicht vom Zustand des einzelnen Fragmentes auf den Zustand des grösseren Ganzen schliessen. Zudem verfügt nicht jede individuelle Seele über gleich viel eigene Erfahrungen in den unterschiedlichen Seinsdimensionen.*

Du wirst während deiner Inkarnation Aspekten individueller Seelen begegnen, die über mehr Erfahrung in der materiellen Dimension verfügen als dein Gesamtselbst, aber auch solchen, deren Gesamtselbst in der materiellen Dimension unerfahrener ist. Dasselbe gilt aber für jede andere Realitätsdimension, in denen eure Seelen – über Aspekte oder Fragmente ihrer selbst – gleichzeitig Erfahrungen machen, genauso. Nur in der Summe verfügt jede individuelle Seele über die gleiche „Sehschärfe". Dasselbe gilt für das einzelne Fragment. Das in der Materie unerfahrenere Fragment verfügt über entsprechend mehr Erfahrung in anderen Seinsrealitäten.

Frage: Ist es möglich, dass sich ein Teilaspekt einer Seele in Menschengestalt manifestiert und ein anderer derselben Seele gleichzeitig als Tier?

Begleiter: *Nein, das ist ausgeschlossen. Die individuelle Seele, die befähigt ist, Aspekte ihrer selbst in Menschengestalt zu manifestieren, hat davor – in eurem Sinne – während Jahrmillionen Erfahrungen in der materiellen Dimension gesammelt, indem sich Aspekte ihrer selbst zuerst in mineralischen, dann in pflanzlichen und schliesslich in tierischen Erscheinungsformen manifestiert haben.*

Das, was ihr unter „seelischer Entwicklung" versteht, ist ein unumkehrbar vorwärts gerichteter Prozess. Die bestimmende Triebfeder dieses Prozesses ist die Wahrnehmung. Mineralien, Pflanzen und Tiere verfügen genauso über Wahrnehmungsfähigkeit wie der Mensch. Und doch ist diese Wahrnehmung von völlig anderer Art. In eurem Sinne ist die Wahrnehmung von Mineralien beschränkter als die der Pflanzen. Diese wiederum ist beschränkter als die des Tieres usw. Wenn ein Gesamtselbst – also eine individuelle Seele – einmal die Wahrnehmungsfähigkeit eines Tieres erreicht hat, dann diente es ihr – und damit dem grösseren Ganzen – nicht, wenn sie weiterhin Aspekte ihrer Selbst in Form von Pflanzen in der Materie manifestieren würde, weil das keine „Entwicklung" ermöglichte. Genauso wäre es der „Entwicklung" einer individuellen Seele nicht dienlich, wenn sie, nachdem sie aufgrund ihrer Wahrnehmung befähigt ist, sich über Aspekte ihrer selbst in Menschengestalt zu manifestieren, weiterhin Erfahrungen in Tiergestalt machen würde. Zudem manifestiert sich eine individuelle Seele nur in ganz seltenen Ausnahmefällen – z. B. eineiige Zwillinge – gleichzeitig in mehr als einer individuellen materiellen Erscheinungsform.

Frage: Welche Kriterien sind massgebend, dass sich eine Seele dazu bereit fühlt, in ihren Manifestationen vom Tier zum Menschen zu wechseln?

Begleiter: *Kriterien sind einerseits der Grad ihrer Wahrnehmungsfähigkeit und andererseits die Erfahrungen, die sie über Aspekte ihrer selbst bereits in anderen Seinsrealitäten gemacht hat. Wenn diese Erfahrungen, verbunden mit dem erreichten Grad ihrer Wahrnehmungsfähigkeit in der materiellen Dimension, sie dazu prädestinieren, darin Aufgaben im Dienste des übergeordneten Ganzen – der Gesamtheit aller individuellen Seelen – in Menschengestalt zu übernehmen, dann wird sie damit beginnen, Aspekte ihrer selbst in der entsprechenden Erscheinungsform in der materiellen Dimension zu manifestieren. Sie wird danach – solange ihre Fähigkeiten dem übergeordneten Ganzen in der materiellen Welt dienlich sind – immer wieder diese Erscheinungsform für ihre Manifestationen wählen.*

Frage: Wer oder was bestimmt den Zeitpunkt, an dem sich ein Seelenaspekt verkörpert?

Begleiter: *Der individualisierte Seelenaspekt bestimmt diesen Zeitpunkt durch seine Bereitschaft, eine bestimmte Aufgabe zu übernehmen, selbst. Aufgabe und Zeitpunkt sind in dem Sinne untrennbar miteinander verbunden, als die angestrebten Erkenntnisse nur durch Erfahrungen erlangt werden können, welche die Bedingungen einer bestimmten Zeitepoche voraussetzen.*

⊙ ⊙ ⊙

Fragen zu
Lebensaufgaben und dem Sinn des Lebens

Frage: Ich empfinde die Aussagen ihres Begleiters im Kapitel „Hinweise auf den Sinn des Lebens“ als äusserst abstrakt. Das mag sicher auch daran liegen, dass diese Ausführungen für mich neu und nur schwer nachvollziehbar sind. Nach mehrmaligem Lesen ist zwar vieles davon einleuchtend, und man erfährt die versprochenen Aha-Erlebnisse. Andererseits unterscheiden sich die entsprechenden Aussagen ihres Begleiters insofern nicht von den gängigen religiösen und esoterischen Lehren, als sie weitgehend schöne Theorie bleiben. Hinweise auf meine Lebensaufgabe habe ich jedenfalls keine erhalten.

Begleiter: *Es war weder meine Aufgabe noch der Sinn meiner Aussagen, euch Hinweise auf den Sinn eures individuellen Lebens zu geben. Zudem ist es mir ohnehin nicht möglich, euch diesbezüglich mehr als verallgemeinernde Hinweise zu geben.*

Nachdem wir uns aber bereit erklärt haben, die sich bei der Leserschaft aus diesen Veröffentlichungen ergebenden Fragen zu beantworten, ist es mir auch möglich, vertieft auf Themen einzugehen, die in unserer Kommunikation nicht von so grosser Bedeutung sind. Deiner Frage entnehme ich nun aber, dass du eigentlich eine Anleitung von mir erwartest, wie du dein Leben leben sollst. Auf diese Anleitung wartest du vergeblich, denn du selbst hast dich für dieses Leben entschieden – das mag deiner Überzeugung widersprechen und bleibt dessen ungeachtet doch eine Tatsache – und nur du selbst kannst ihm den ihm inhärenten Sinn geben beziehungsweise diesen entdecken.

Lebe dein Leben so, wie es deinem tief empfundenen Bedürfnis entspricht. Lasse dich weder durch gesellschaftliche Wertvorstellungen noch durch „gutgemeinte" Ratschläge deiner Mitmenschen von dem Weg abbringen, den du selbst als richtig erkannt hast. Baue dein Leben nicht auf religiösen, esoterischen, politischen oder „wissenschaftlichen" Theorien und Ideologien auf, sondern orientiere dich einzig an dem, was dir dein höheres Selbst – diese manchmal ganz leise innere Stimme – als wahr und richtig vermittelt. Vielleicht musst du auch zuerst wieder lernen, diese Stimme vom ununterbrochen plappernden Männlein in deinem Kopf – genannt Verstand – zu unterscheiden. Wenn das die Regeln sind, die du deiner Suche zugrunde legst, dann wirst du den deinem Leben inhärenten Sinn früher oder später erkennen.

Frage: Es fällt mir schwer, zu akzeptieren, dass das Leben eines Kindes, das nach wenigen Tagen, Wochen oder Monaten beendet ist, einen individuellen Sinn haben soll.

Begleiter: *Einmal abgesehen von – zugegebenermassen recht amüsanten – esoterischen Theorien; wer hat denn jemals behauptet, dass dein Leben oder das Leben irgendeines Wesens einen individuellen Sinn hat? Wenn euch die umfassende Wirklichkeit über euren Verstand nicht zugänglich ist, dann ersetzt ihr diese durch Glaubensüberzeugungen und nennt es dann „Wirklichkeit". Der grundlegende Fehler daran ist im vorliegenden Fall, dass ihr nicht mehr nach dem Sinn d e s Lebens sucht, sondern nach dem Sinn e u r e s Lebens.*

Ich stimme dir ohne Einschränkung zu! Die Existenz dieses Wesens, das kaum das Stadium eines Zellhaufens überwunden hat, das – nach Wertung eurer Wissenschaftler – über kein „entwickeltes Bewusstsein" verfügt, nichts als ein quengelndes Etwas ist, das nach wenigen Stunden, Tagen oder Wochen seinen letzten Atemzug tut, kann keinen individuellen Sinn haben!

Überhaupt, was soll das? Eine Pflanze, die ein einziges Mal während ihrer Existenz für wenige Stunden blüht. Eine Ameise, die kaum das Nest verlassen hat und ihr Leben bereits unter den Schuhen eines Menschen beendet. Eine Wolke, die, kaum entstanden, durch die Strahlen der Sonne aufgelöst wird. Ein Regentropfen, der, kaum dass er die Erde erreicht, verdunstet. Schau dich um, deine Realität ist, wenn du ihr denn deine Aufmerksamkeit widmest und sie wirklich erlebst, voll von vermeintlichen Sinnlosigkeiten.

Die Pflanze, die Ameise und sogar die Wolke und der Regentropfen sind sich ihrer Existenz und Einzigartigkeit genauso bewusst, wie du es bist – auch wenn das deinem Schulwissen widersprechen mag. Sie erkennen und verstehen sich aber auch als Teil eines grösseren Ganzen und sind dadurch euch Menschen in ihrer Wahrnehmung – die ihr ihnen selbstverständlich nicht zugesteht – überlegen. Sie sind sich bewusst, dass das grössere Ganze ohne sie anders oder gar nicht wäre. Sie sind sich bewusst, dass die Geburt des kleinsten Fragmentes des Ganzen für dessen Zustand in einem bestimmten Zeitabschnitt – und mag dieser auch nur Sekunden dauern – unabdingbar ist, weil das Ganze in diesem Zeitabschnitt – und daraus folgernd auch in Zukunft – nicht das gleiche wäre, wenn dieses Fragment nicht geboren würde. Sie sind sich mehr als ihr bewusst, dass sich jede erlebte Realität aus ihrem Zustand im jeweiligen Augenblick zusammensetzt. Sie sind sich deshalb auch bewusst, dass die Dauer der Einbindung des einzelnen Fragmentes in das Erscheinungsbild des grösseren Ganzen vollkommen bedeutungslos ist – sie sind sich bewusst, dass ausschliesslich der Augenblick und damit auch ausschliesslich der augenblickliche Zustand dieses grösseren Ganzen zählt.

Erkennen sie möglicherweise – weil sie eben in der Gegenwart existieren – darum keine Sinnlosigkeit in ihrer erfahrenen Realität?! Gründet das, was ihr in eurer erlebten Realität als sinnlos erfahrt und wertet, möglicherweise darauf, dass ihr nicht fähig seid, den Sinn im Augenblick zu sehen und zu finden, weil ihr diesen Augenblick – durch die Fokussierung eurer Aufmerksamkeit auf Vergangenheit und Zukunft – gar nicht mehr bewusst erlebt?

Ein Säugling wird geboren: Ist der Moment seiner Geburt sinnlos? Das erste Mal, wenn ihr seine Stimme hört, ist diese Stimme sinnlos? Das erste Mal, wenn er euch anschaut, ist dieser Blick sinnlos? Das erste Mal, wenn er lächelt, ist dieses Lächeln sinnlos? War dein Leben zu dem Zeitpunkt sinnlos, als du seine Geburt miterlebt, das erste Mal seine Stimme gehört, seinen Blick erwidert, dich über sein Lächeln gefreut hast? Du wirst mir zustimmen, nichts von alledem ist sinnlos! Stirbt nun aber dieser Säugling, nachdem du seine Stimme gehört, seinen Blick erwidert, dich über sein Lächeln gefreut hast, dann soll seine Existenz, also er selbst, sinnlos gewesen sein? Ich kann dir nicht folgen!

Du bist – aufgrund welcher Lehren und Thesen auch immer – davon überzeugt, dass dem Sein eines jeden Individuums ein Sinn innewohnt, der sich aus einer individuellen, in sich geschlossenen Aufgabe ergibt. Wenn das aber tatsächlich so sein sollte, dann erkläre mir doch den Sinn des Seins einer einzelnen Ameise. Glaube mir, auch wenn du das anders wertest, deinem Sein als Individuum wohnt kein grösserer oder umfassenderer Sinn inne als dem Sein dieser Ameise. Auch wenn sie sich – eben entgegen eurer Wertung – ihrer individuellen Existenz sehr wohl bewusst ist, so fragt sie dennoch nicht nach dem individuellen Sinn ihres Seins. Sie ist sich – wie jeder Teil der Schöpfung mit Ausnahme des Menschen – der Tatsache bewusst, dass der einzige Sinn ihrer Existenz in der Existenz und der Aufgabe des grösseren Ganzen zu finden ist.

Natürlich lebst du unbestrittenermassen dein ganz individuelles Leben. Das tut aber auch eine Ameise. Auch sie macht individuelle Erfahrungen, ist ganz individuellen Gefahren ausgesetzt, leidet ganz individuell unter Krankheiten und Witterungseinflüssen, in die ihr „Ameisenstaat" nur ganz entfernt und in jedem Fall nur indirekt involviert ist. Und doch richtet sie ihr ganzes Leben nach den Bedürfnissen dieses grösseren Ganzen – des „Ameisenstaates" – aus.

Dir wurde eingeredet und gelehrt, dass die Ameise instinktiv handle, also über keinen eigenen, freien Willen verfüge. Deshalb wirst du Mühe haben meinen Vergleich zu akzeptieren. Nach eurer subjektiven Wertung mag es zwar richtig sein, dass die Ameise nicht von einem freien Willen Gebrauch macht, denn ihr individuelles Handeln orientiert sich tatsächlich einzig am Lebenssinn des grösseren Ganzen. Falsch ist dagegen eure Wertung, wonach die Ameise deshalb nicht über einen individuellen Willen verfügt – denn über den verfügt sie nicht weniger als ihr. Weil ihr Verhalten eurer Wertung des individuellen Seins aber dermassen widerspricht, könnt ihr euch einfach nicht vorstellen, dass ein lebendiges, selbstbewusstes Wesen diesen individuellen Willen dem Wohle des grösseren Ganzen vollkommen unterstellt, und das, obwohl es in eurer Geschichte immer auch Menschen gegeben hat, welche diese Stufe der individuellen Wahrnehmung erreicht haben, was nun einmal Selbstlosigkeit in Denken und Handeln erfordert.

Es sind – einmal abgesehen von falschen Interpretationen – nicht die eurem Kulturkreis entsprechenden religiösen Lehren, die euch suggerieren, dass eurer Existenz ein individueller Sinn inhärent sei. Die These, wonach jeder einzelne Mensch in seinem Leben eine ganz individuelle, seiner eigenen Seele dienliche Aufgabe zu erfüllen habe, stammt ausschliesslich aus fernöstlichen Religionslehren, die in eurem Kulturkreis schon deshalb vollkommen deplaziert sein müssen, weil ihnen eben ein völlig anderes Verständnis von menschlichem Sein zugrunde liegt, das sich nicht einfach zusammenhanglos in eure Weltsicht integrieren lässt. Der in diesen Lehren beschriebene Sinn der menschlichen Existenz ergibt ausschliesslich im Kontext der Reinkarnationslehre einen Sinn. Diese steht aber, soweit es sich um eine Reinkarnation im Sinne von Wiederkehr in die materielle Dimension handelt, im Widerspruch zu den Lehren eurer Religion. Diese könnt ihr – auch wenn das viele von euch glauben – nicht einfach durch eine im fernöstlichen Kulturkreis angesiedelte Religion ersetzen, denn dazu fehlt euch ganz einfach das Wesentliche, der kulturelle Hintergrund.

Ich muss bei der Beantwortung von Fragen immer davon ausgehen, dass der oder die Fragensteller/in meine bereits veröffentlichten Aussagen kennt, denn sonst würde ich mich in Wiederholungen verlieren. Ich setze also auch bei deiner Frage voraus, dass du meine Aussagen betreffend der Natur deiner individuellen Seele und deren Einbindung in ein grösseres Ganzes – die Gesamtheit aller individuellen Seelen – kennst. (In „Die Geburt der Seele", d. Verf.) *Du weisst also auch, dass ich die gängige Reinkarnationstheorie als etwas bezeichne, das möglicherweise den Wunschvorstellungen vieler Menschen entspricht, das aber wenig bis gar nichts mit einer durch euch erlebbaren Realität zu tun hat.*

Wenn du die Reinkarnationstheorie als eine „sozialpolitisch" bedingte Lüge verstehst, der ausschliesslich in ihrer fernöstlichen Ursprungsregion ein tieferer Sinn zukommt, dann bist du der umfassenden Wahrheit sehr nahe! Der eurem Kulturkreis entsprechenden Wertung des Seins kommt die Erklärung, welche die christliche Religionslehre beinhaltet – wonach das irdische Leben einmalig ist und „am Tag des jüngsten Gerichts" in ein „ewiges Leben" übergeht – der umfassenden Wahrheit bedeutend näher, auch wenn diese darin, sagen wir mal, äusserst abstrakt beschrieben wird.

Der Sinn eurer individuellen Existenz besteht nicht in einer Aufgabe, die ihr im Interesse einer „egoistischen" Seele zu erfüllen habt und die ihren Ursprung in Verfehlungen vergangener Leben haben soll. Ihr tretet vollkommen unbelastet von irgendwelchen Hypotheken in dieses Leben ein und erfüllt darin – meistens ganz unspektakulär – eine Aufgabe, die letztlich ausschliesslich dem grösseren Ganzen – also der Gesamtheit aller individuellen Seelen – dient. Ob ihr euren Beitrag an den Sinn und die Aufgabe dieses grösseren Ganzen versteht und erkennt, ist genauso irrelevant wie die Frage, ob die einzelne Ameise den Sinn ihrer individuellen Existenz versteht und erkennt.

Wer von euch versteht denn schon den wirklichen – nicht den euch durch Lehren vermittelten – Sinn seiner Existenz? Ich kann diese Menschen an zwei Händen abzählen! Diesbezüglich unterscheidet ihr euch – deshalb auch mein Vergleich – also in gar nichts von einer Ameise! Ob ihr es erkennt oder nicht, ihr seid – wie die Ameise – ein klitzekleines Fragment, das untrennbar eingebunden ist in Sinn und Existenzzweck eines unendlich grösseren Ganzen. Wenn ihr dabei leidet und eure oder die Existenz eines anderen Lebewesens als sinnlos wertet, dann deshalb, weil euer Ego euch einen ganz bösen Streich spielt, indem es in eurer Wahrnehmung der Realität die Führung übernimmt.

Frage: Werden vor der Inkarnation getroffene Vereinbarungen in jedem Fall eingehalten, oder finden manchmal Änderungen dieses Planes statt?

Begleiter: *Wenn ich auf die Frage eingehen soll, dann müssen wir zuerst einmal sicherstellen, dass wir unter Vereinbarungen dasselbe verstehen, denn die bei euch zirkulierenden Vorstellungen vereinfachen ein komplexes Geschehen dermassen, dass sich die tatsächlichen Vorgänge und die Gesetzmässigkeiten, denen sie folgen, daraus nur sehr bedingt ableiten lassen. In Kauf nehmend, dass ich mich wiederhole, ist zum Verständnis meiner folgenden Ausführungen z. B. klarzustellen, dass ihr in eurer körperlichen Erscheinung ein materialisiertes Bild seid, das euer Gesamtselbst, also eure individuelle Seele, als Erfahrungsinstrument geschaffen hat.*

Ihr seid in dieser körperlichen Erscheinung weder diese Seele selbst, noch dient ihr euer Körper als Gefäss. Sie hat ihren Ursprung in dem, was ihr unter Gott versteht; ihr selbst – als verkörperte Wesen – habt aber euren Ursprung in dieser Seele. Ihre Existenz schöpft ihren einzigen Sinn aus der Existenz der Gesamtheit aller Seelen. Entsprechend schöpft eure Existenz ihren einzigen Sinn aus der Existenz eures Gesamtselbst. Wenn ihr also in eurem Sein einen individuellen Sinn zu erkennen versucht, dann ist diese Suche genauso hoffnungslos, wie wenn ihr nach dem individuellen Sinn eurer Hand suchen würdet. Das umfassende Gesetz kennt keinen individuellen Sinn des Seins, nach diesem verlangt ausschliesslich der menschliche Verstand. Alles, was ist, ist unabdingbares, schöpferisch aktives Fragment eines Ganzen, und allein aus diesem schöpft seine individuelle Existenz ihren Sinn.

Euer Sein und damit eure Lebensaufgabe ist Fragment eines dem menschlichen Verstand nicht zugänglichen Planes, in den die Gesamtheit aller Seelen eingebunden ist. Ihr selbst – und eure individuellen Lebenspläne – seid eingewoben in das komplexe Geflecht eines Prozesses, der sich nach euren Begriffen am ehesten mit „Schöpfung" umschreiben lässt. Dabei muss ich aber – um euren religiös geprägten Vorstellungen zu begegnen – klarstellen, dass es sich dabei nicht um einen vor langer Zeit abgeschlossenen, sondern um einen permanenten Prozess handelt.

Als verkörperte Wesen manifestiert ihr einen Aspekt einer individuellen Seele. Ihr seid durch sie mit einer Aufgabe betraut, die sie selbst im Dienste der Gesamtheit aller Seelen übernommen hat und die ausschliesslich im Kontext der Aufgabenstellung der Gesamtheit aller Seelen einen Sinn ergibt. In die einzelne Aufgabenstellung sind immer eine Vielzahl individueller Seelen eingebunden. Jede von ihnen stellt einen Aspekt ihrer selbst für eine Aufgabenstellung zur Verfügung und manifestiert ihn z. B. als Mensch in der Materie. Ihr solltet das aber nicht so verstehen, dass ihr dabei blosse Befehlsempfänger seid. Ihr manifestiert zwar „lediglich" einen seelischen Aspekt, gleichzeitig seid ihr aber unabdingbar Teil dieser Seele – sie wäre nicht ohne euch und ihr wärt nicht ohne sie. Ihr seid in der Planung eures Lebens die letztlich entscheidende Instanz.

Ihr habt also den Zeitpunkt und das Umfeld, in das ihr hineingeboren worden seid, eurer Lebensaufgabe entsprechend selbst bestimmt. Ihr habt eure Eltern, Geschwister, Partner und alle anderen Menschen, die in eurem Leben eine Bedeutung haben, vor diesem Leben selbst gewählt. Ihr habt mit ihnen die „Rollen" abgesprochen, die sie in eurem „Lebensfilm" zu übernehmen haben, und sie haben sich ebenso freiwillig dazu entschieden, diese „Rolle" zu übernehmen.

Nun könntet ihr aus dem Gesagten schliessen, dass euer Leben dermassen determiniert sei, dass ihr euch getrost in den Schaukelstuhl setzen könnt, weil ja ohnehin „alles so kommt, wie es kommen muss". Ihr würdet dabei aber verkennen, dass zwar eure Aufgabe und die dadurch zu machenden Erfahrungen determiniert sind, nicht aber die Umstände, unter denen ihr diese Erfahrungen machen müsst. Ihr verfügt uneingeschränkt über einen freien Willen. Es liegt ausschliesslich an euch selbst, ob ihr eine Erfahrung unter angenehmen Umständen macht oder ob sie mit Leiden verbunden ist. Ihr werdet die geplanten Erfahrungen nicht umgehen können. Kein Mensch stirbt, ohne nicht jede Erfahrung gemacht zu haben, die sein Lebensplan, seine Aufgabe einschliesst. Auf die einzig mögliche Ausnahme will ich hier nicht eingehen, weil sie an der Gesetzmässigkeit letztlich nichts ändert.

Nun müssen wir aber unterscheiden zwischen eurem eigenen Lebensplan und den Aufgaben, die ihr in den Lebensplänen anderer Menschen übernommen habt. Die Einhaltung der gemachten Zusagen unterliegt – ich bin geneigt zu sagen bedauerlicherweise – ausschliesslich eurem freien Willen, und den nutzt ihr gerade in eurer Zeitepoche – sehr oft nicht im Interesse eurer individuellen Seelen.

Ich möchte dazu ein Beispiel anführen, das allen von euch bekannt ist. Ich bin mir bewusst, dass ich damit bei manchen Emotionen schüre, was aber keineswegs meiner Absicht entspricht. Ich habe vorhin gesagt, dass ihr den Zeitpunkt und den Ort eurer Geburt den geplanten Erfahrungen entsprechend selbst wählt. Das ist deshalb von Bedeutung, weil die meisten Erfahrungen, die euer Lebensplan einschliesst, nur in einer ganz bestimmten Zeitepoche und an ganz bestimmten Orten möglich sind. Ihr trefft deshalb auch mit euren zukünftigen Eltern eine Vereinbarung, denn ihr Lebensplan muss mit eurem eigenen insofern übereinstimmen, dass sie zum geplanten Zeitpunkt am geplanten Ort leben.

In unserem Beispiel leben diese Eltern zwar zum geplanten Zeitpunkt tatsächlich am Ort der vereinbarten Geburt, und sie zeugen vereinbarungsgemäss ein Kind, nur leben sie in einer Gesellschaft, die in ihren Wertvorstellungen ganz offensichtlich keine Grenzen der Anmassungen mehr kennt. Sich an solchen gesellschaftlichen Wertvorstellungen orientierend, ist es für diese Eltern deshalb mit ihrem materialistisch geprägten Bild der Realität vereinbar, darüber zu entscheiden, ob das Leben eines Kindes erwünscht und lebenswert ist. Sie entscheiden sich für einen Schwangerschaftsabbruch.

Lassen wir die Gründe offen, welche die Eltern zu diesem Entscheid veranlasst haben, denn sie rechtfertigen letztlich nicht die Handlung. Das umfassende Gesetz kennt keine Rechtfertigung und damit keine Gründe für die Zerstörung von Leben. Ob ihr eine Handlung mit ausschliesslich juristisch relevanten Begriffen wie Mord, Totschlag, Notwehr, Abtreibung und dergleichen umschreibt, ändert nichts an der Tatsache, dass damit in jedem Fall der schwerste Verstoss gegen das umfassende Gesetz geschieht – die Verhinderung physischer Erfahrungen. Weil diese Erfahrung im Interesse der Gesamtheit aller Seelen gemacht werden sollte, ist der Kreis der durch die Handlung Betroffenen nicht beschränkt. Jede dieser Handlungen steht im Widerspruch zu den Bedürfnissen der Gesamtheit aller Seelen und schadet letztlich also auch jedem einzelnen von euch, auch wenn ihr das heute noch nicht erkennen könnt. Das sollte euch nun aber keineswegs dazu veranlassen, mit dem Finger auf jene zu zeigen, die solche Handlungen begangen haben; ihr könnt den Finger auf euch selbst richten und zeigt damit nicht weniger auf den Täter. Ihr alle seit Mitglieder und Mitgestalter der Gesellschaft, deren Wertvorstellungen solche Handlungen legitimieren.

Ich will hier nicht auf die aus solchen Handlungen resultierenden Konsequenzen für das Individuum eingehen. Ihr solltet euch aber bewusst sein, dass die Gesamtheit aller Seelen nicht zulassen kann und wird, dass ihr auf Dauer physische Erfahrungen vorenthalten werden, die für ihr eigenes Werden unabdingbar sind. Sie verfügt über Korrekturinstrumente, deren Anwendung in ihrer Konsequenz für die Menschheit mit so viel Leid und Schrecken verbunden wäre, dass sie die Vorstellungskraft des menschlichen Verstandes übersteigen.

Ihr solltet euch stets vor Augen halten, dass ihr euch einst ganz bewusst für dieses Leben und die euch darin gestellten Aufgaben entschieden habt. Mögen also die Umstände, in die ihr hineingeboren worden seid, noch so schwierig gewesen sein, so solltet ihr euch doch bewusst sein, dass ihr diese einstmals gewählt habt, weil ihr sie als eurer Lebensaufgabe und den geplanten Erfahrungen dienlich bewertet habt. Wenn ihr das heute – verblendet durch die von der Gesellschaft geforderte und geförderte Gier nach materiellem Haben und Sein – anders bewertet, dann solltet ihr euch die Frage stellen, ob ihr nicht möglicherweise an eurer Lebensaufgabe vorbeilebt.

Um einem zeitgemässen religiösen Dogma zu begegnen, sei ergänzend hinzugefügt, dass durch übliche Schwangerschaftsverhütung keine physischen Erfahrungen verhindert werden. Eurem Gesamtselbst – und damit auch euch – sind bei der Lebensplanung die Voraussetzungen bekannt, mit denen ihr in einer bestimmten Zeitepoche konfrontiert werdet. Dass die Gesamtheit aller Seelen in eurer Zeitepoche nur noch beschränkt physische Erfahrungen in euren Industriegesellschaften machen kann, ist bei den Vereinbarungen zwischen Menschen, deren Lebenspläne miteinander verbunden sind, also bereits berücksichtigt. Hält sich eine Frau nicht an die Vereinbarung und versucht zum entsprechenden Zeitpunkt durch Verhütungsmittel eine Schwangerschaft zu vermeiden, dann hat ihr Gesamtselbst die Möglichkeit, korrigierend einzugreifen, und die Frau wird sich mit der Tatsache konfrontiert sehen, dass sie eine der medizinisch nicht erklärbaren Ausnahmen ist, wo ein „sonst zuverlässiges" Mittel seinen „Dienst" versagt hat. Doppeltes Leid für ihr Gesamtselbst, wenn sie sich dann für einen Schwangerschaftsabbruch entscheidet!

Frage: Ich habe nach der Geburt meiner Tochter einige Male eine weitere Schwangerschaft beendet. Obwohl ich spüre, dass dies damals „richtig" war, da ich sonst meine Lebensaufgabe – wie ich sie erahne – niemals so hätte ausführen können, wie ich es versucht habe zu tun, bleibt doch ein „mulmiges" Gefühl zurück: Habe ich dadurch, dass ich damals eine (mehrere) Inkarnationen in die materielle Welt verhinderte, negatives Karma auf mich geladen, und was geschah mit jenen Seelenfragmenten?

Begleiter: *Wenn du davon ausgehst, du hättest deine Lebensaufgabe – wie du sie zu erahnen glaubst – nicht erfüllen können, wenn du alle deine empfangenen Kinder geboren hättest, dann bleibt mir nur zu konstatieren, dass deine Ahnung sehr stark durch Wertvorstellungen verfälscht wird, die im Umfeld deiner materiellen Existenz begründet sind. Es ist vollkommen auszuschliessen, dass jemals eine Frau schwanger wurde, wenn diese Schwangerschaft nicht der Umsetzung einer vor ihrem Leben getroffenen Vereinbarung entsprechen würde.*

Da werden dir natürlich gleich Beispiele einfallen, die dich an der Richtigkeit meiner Aussage zweifeln lassen. Aber glaube mir, die Umstände, unter denen ihr geschwängert werdet, sind der durch euch selbst bestimmte „Beitrag" zur Umsetzung einer Vereinbarung, die Teil eurer Lebensaufgabe ist. Die Aussage gilt deshalb uneingeschränkt – sogar dann, wenn die Schwangerschaft die Folge einer Vergewaltigung ist! Ich verstehe, dass das deinen Wertvorstellungen und denen der meisten deiner Mitmenschen widerspricht, aber das umfassende Gesetz kennt keine ungewollte, unerwünschte oder erzwungene Schwangerschaft.

Es ist also vollkommen ausgeschlossen, dass eine Schwangerschaft im Widerspruch zu deiner Lebensaufgabe stehen kann. Wenn das, was du als deine Lebensaufgabe erkannt zu haben glaubst, nur dadurch zu realisieren war oder ist, dass du anderen Aspekten individueller Seelen physische Erfahrung verunmöglichst, dann interpretierst du entweder diese Lebensaufgabe falsch, oder das was du unter deiner Lebensaufgabe verstehst, gründet ausschliesslich auf deinen eigenen Wertvorstellungen eines „erfüllten" Lebens.

Um die aus deinen Entscheidungen resultierenden Konsequenzen – für dich selbst einerseits und für die in ihrer physischen Erfahrung behinderten seelischen Aspekte andererseits – aufzuzeigen, muss ich etwas ausholen, denn ich vermute, dass du den durch dich verwendeten Begriff „negatives Karma" im Sinne entsprechender esoterischer Theorien verstehst, und diese vermitteln – wie du den durch meinen irdischen Freund veröffentlichten Aussagen entnehmen kannst – ein äusserst trügerisches Bild.

Du musst verstehen, dass weder du noch sonst ein Mensch sein Leben im Interesse eines Individuums führt. Das gilt unabhängig davon, ob du unter diesem „Individuum" dich selbst, deine individuelle Seele oder dich selbst als seelische Manifestation verstehst. Dein Leben und die darin zu machenden Erfahrungen liegen genauso im Interesse des alle individuellen Seelen einschliessenden Kollektivs, wie es das Leben jener Wesen gewesen wäre, denen du durch die Nichteinhaltung der mit ihnen getroffenen Vereinbarung dieses Leben vorenthalten hast. Die individuellen Aufgaben leiten sich aus dem Plan ab, den das Kollektiv im Zuge seines Werdens zu erfüllen hat. Deine Entscheide behindern demnach nicht nur deine eigene individuelle Seele in ihrem Werden, sondern sie verunmöglichten dem Kollektiv physische Erfahrungen, die nur in dieser Zeitepoche möglich waren und die nur du ermöglichen konntest. Das Kollektiv der individuellen Seelen hat sich demnach darauf verlassen, dass du deinen freien Willen in seinem Interesse einsetzen würdest, was du nun letztlich nicht getan hast.

Die Konsequenz daraus ist, dass die individuellen Seelen in ihrer Gesamtheit somit um eine Erfahrungsmöglichkeit beraubt wurden, die sie nicht einfach dadurch nachholen können, dass sie andere Aspekte individueller Seelen in Menschengestalt manifestieren. Sie sind in ihrem Werden behindert, bis eine Zeitepoche herangereift ist, deren Schwingung mit den Schwingungen der geplanten Erfahrungen wieder so übereinstimmt, dass die durch dich verhinderte physische Erfahrung überhaupt möglich wird. Das kann nach euren Zeitbegriffen Jahrhunderte dauern!

Du bist – als individualisierter Aspekt einer Seele – nur ein winzig kleines Fragment im umfassenden Ganzen, und doch hat jeder deiner Entscheide, jede deiner Handlungen unumkehrbare Konsequenzen für dieses umfassende Ganze!

Aus dem Gesagten solltest du nun aber für dich nicht Konsequenzen ableiten, wie sie dir durch die Dogmen der institutionalisierten Religion angedroht werden. Du wirst die Konsequenzen deiner Entscheide an deinem eigenen „Leib" erfahren. So „lautet" das umfassende Gesetz, und daran führt dich kein Weg vorbei. In deiner erlebten Realität wird sich das so auswirken, dass du – noch während deiner physischen Existenz oder im Zuge deines weiteren Werdens – selbst Opfer von nicht eingehaltenen Vereinbarungen wirst. Das wird für dich mit Leiden verbunden sein – aber diese Leiden werden für dich deshalb „erträglich" sein, weil du lernen wirst, ihren tieferen Sinn zu verstehen.

Solltest du während deiner Inkarnation zu der Überzeugung gelangen, dass deine Entscheidungen gegen das Leben deiner Kinder einen schmerzlichen Verstoss gegen das umfassende Gesetz darstellten, und fähig sein, deine Wertvorstellungen diesem Gesetz so anzunähern, dass du zu einer Wiederholung unter gleichen Voraussetzungen aus tiefer Überzeugung nicht mehr imstande wärst, dann hättest du bereits in diesem Leben jene Erkenntnis gewonnen, die dieses Leiden als Sinn in sich trägt, und würdest das Leiden damit überflüssig machen – oder wie du es verstehst, das negative Karma wäre abgetragen.

Um jene Aspekte individueller Seelen, denen du physische Erfahrungen vorenthalten hast, brauchst du dir aber keine Sorgen zu machen, sie schreiten in ihrem individuellen Werden in anderen Erfahrungsdimensionen fort und haben dir deine „Sünde“ mit absoluter Sicherheit verziehen – so wie auch das Kollektiv, die Gesamtheit aller Seelen, nicht nachtragend ist. Du wirst ungeachtet deiner Fehler geliebt und bist aufgehoben im umfassenden Ganzen.

⊙ ⊙ ⊙

Fragen zu Reinkarnation und Karma

Frage: Weshalb ist Ihnen bzw. Ihrem Begleiter in seinen Aussagen der Umstand so wichtig, dass immer nur ein Fragment der individuellen Seele auf der Erde inkarniert ist, und warum der, dass jedes Fragment nur einmal (selbst!) Erfahrungen in der materiellen Welt macht? Will er damit erreichen, dass wir unsere Vorstellungen von Schuld relativieren, in dem Sinne, dass Erfahrungen zwar übertragbar sind, nicht aber die Schuld?

Begleiter: *Ich schliesse aus deiner Frage, dass wir – nach deiner Wertung – in den veröffentlichten Aussagen den von dir angesprochenen Umständen besonderes Gewicht beigemessen haben. Das mag daran liegen, dass euch nur wenige esoterische Theorien so weit von der umfassenden Wahrheit wegführen wie eure Reinkarnationstheorien. Meine diesbezüglichen Aussagen werden deshalb mit Sicherheit auch im Widerspruch zu den Überzeugungen stehen, die du – bezüglich deiner Weiterexistenz nach dem Übergang – vor der Lektüre unserer Veröffentlichungen vertreten hast.*

Desillusionierung und Ent-täuschung – dessen bin ich mir sehr wohl bewusst – sind für euch dann besonders schmerzhaft, wenn sie eine Überzeugung betreffen, die ihr zum Fundament eurer Sicht der Realität gemacht habt. Das wirkt auf euch dann schnell so, wie wenn jemand ständig in einer offenen Wunde bohren würde. Du kannst aber versichert dass wir uns, wenn wir auf solch falsche Glaubensüberzeugungen weisen, einzig vom Bestreben leiten lassen, euch schmerzhafte Errungen nach eurem dereinstigen Übergang zu ersparen.

Du hast aber richtig verstanden, dass die bei euch zirkulierenden Reinkarnationstheorien auf einem Modell von Ursache und Wirkung – von Karma und Schuld – gründen, das so nicht haltbar ist. Es behindert euch darin, die Ursachen für eure Lebensumstände dort zu suchen, wo ihr sie tatsächlich finden und beeinflussen könnt – in eurer gegenwärtigen materiellen Existenz. Diese Theorien suggerieren euch eine „weitere Chance in einer zukünftigen materiellen Existenz", was dazu führt, dass ihr eure Möglichkeiten in diesem einen Leben nicht vollumfänglich ausschöpft. Dadurch schafft ihr Konsequenzen, die ihr nach Abschluss eurer irdischen Existenz mit Sicherheit bereut.

Es ist in eurem ureigenen Interesse, wenn ihr die Vorstellung von Schuld, wie sie euch durch solche Theorien, aber auch durch religiöse Glaubenslehren vermittelt wird, relativiert. Die Schuld, die ihr durch unterlassene Handlungen auf euch nehmt, ist um ein Vielfaches grösser als die aus euren Gedanken und Handlungen resultierende. Eure Handlungen – und mögen sie auch im Widerspruch zum umfassenden Gesetz stehen – ermöglichen euch, eurem Gesamtselbst und damit letztlich der Gesamtheit aller individuellen Seelen Erfahrungen und damit Erkenntnisse, in denen der eigentliche Sinn eurer Existenz liegt. Unterlassene Handlungen dagegen verunmöglichen sowohl Erfahrungen als auch die aus ihnen resultierenden Erkenntnisse und behindern damit das Werden der Gesamtheit aller Seelen. Deine Schlussfolgerung ist absolut richtig: Eure Erfahrungen – besser wäre jedoch der Begriff „Erkenntnisse" – sind auf die Gesamtheit aller Seelen übertragbar, nicht aber die Schuld; mit dieser werdet ihr als individualisierte Seelenaspekte in Form der aus ihr resultierenden Konsequenz ganz allein konfrontiert.

Frage: Der Begleiter verneint zwar das, was wir unter „Reinkarnation" verstehen, und doch betont er, dass jeder einmal inkarnierte Teil der Seele auch nach dem Tod in seiner eigenen persönlichen Entwicklung weiterschreitet. Wie verhält sich dies dann bei solchen Inkarnationen, die schon im Säuglingsalter oder im frühen Kindesalter beendet sind?

Begleiter: *Eure Existenz als individualisierter Teil einer Seele beginnt weder mit eurer Geburt, noch endet sie mit eurem Tod. Jeder von euch verfügte schon vor diesem Leben in der materiellen Realität über ein riesiges Erfahrungspotential, das er sich in anderen Erfahrungsdimensionen angeeignet hat. Diese Erfahrungen haben euch zwar dazu prädestiniert, eure Aufgabe in der materiellen Dimension zu übernehmen, sie sind euch dabei aber nur indirekt von Nutzen, weil sie eurer gewohnten Art der Wahrnehmung nicht zugänglich sind.*

Es gibt keine alten und jungen, erfahrenen und unerfahrenen Seelen. Sie sind, da bei ihrer „Geburt" Zeit und Raum noch nicht existierten, in eurem Sinne alle „älter als die Zeit". Euer Aufenthalt in der materiellen Dimension ist unabdingbar, und zwar sowohl für euer Werden als auch für das eurer individuellen Seele und damit letztlich für das Werden der Gesamtheit aller Seelen. Und doch ist dieser Aufenthalt aus einer umfassenden Optik betrachtet nicht bedeutsamer, als es eine Sekunde in eurem Leben ist. Entsprechend ist eure Wertung bezüglich der Dauer eines menschlichen Lebens zu relativieren.

Jedes Leben dauert genau so lange, wie es die ihm inhärente Aufgabenstellung erfordert. Das umfassende Gesetz kennt keinen individuellen Sinn des Seins und damit selbstredend auch keinen individuellen Sinn eines menschlichen Lebens. Die Aufgabe, die eine Inkarnation beinhaltet, die im Säuglingsalter endet, kann z. B. ausschliesslich darin bestehen, einer Frau die Erfahrung von Schwangerschaft und Geburt – Empfangen und Freigeben – zu ermöglichen. Weder die Lebensaufgabe der Frau noch die des Säuglings sieht eine weitergehende Verbindung mit dem anderen Seelenaspekt vor.

Nun interpretiere ich in die Frage, dass ihr davon ausgeht, ihr würdet für eure persönliche Entwicklung nach eurem Tod weiterhin an eine bestimmte Form gebunden sein. Das ist nicht zutreffend. Wie gesagt werdet ihr euch nach eurem Tod zuerst in einer durch eure Wertvorstellungen in diesem Leben geschaffenen subjektiven Jenseitsrealität aufhalten. Darin und nur darin – seid ihr auf eine bestimmte Form angewiesen, und diese entspricht, zumindest anfänglich, im wesentlichen eurem Erscheinungsbild vor eurem Tod. Sobald ihr dann begriffen habt, dass ihr diesen Körper aus euch selbst heraus erschafft, wählt ihr in der Regel die Erscheinung, die ihr im jungen Erwachsenenalter gewesen seid.

In dieser Jenseitsrealität werdet ihr mit eurem Denken und Handeln im vergangenen Leben konfrontiert, und aus den daraus gewonnenen Erkenntnissen werdet ihr euch dann für eine neue Aufgabe im Dienste eures Gesamtselbst entscheiden, die euch z. B. in eine Erfahrungsdimension führen kann, wo das bewusste Sein nicht an eine bestimmte Form gebunden ist.

Da jener seelische Aspekt, dessen Inkarnation in der Materie bereits im Säuglingsalter beendet war, selbst aus diesem Leben nichts aufzuarbeiten hat, wird er auch nicht über den Tod hinaus auf eine körperliche Form angewiesen sein, denn dieser führt ihn direkt in die objektive Jenseitsrealität. Das bedeutet aber nicht, dass ihr in eurer subjektiven Jenseitsrealität dereinst keine Säuglinge und Kleinkinder treffen würdet. Dabei handelt es sich aber um Wesen, welche die Aufgabe von Helfern übernommen haben, die euch schonend aus eurer subjektiven Jenseitsrealität in die objektive Realität des Jenseits führen und dazu diese Erscheinungsform gewählt haben.

Frage: Wenn die Reinkarnation keine erlebbare Realität sein soll, wie der Begleiter behauptet, wie erklärt er dann die Tatsache, dass sich Menschen in der Rückführungstherapie an ihre früheren Leben erinnern?

Begleiter: *Die Frage überrascht mich deshalb, weil ich in meinen bisher veröffentlichten Aussagen sehr ausführlich auf das Geschehen bei „Rückführungen" eingegangen bin. Aus welchen Gründen auch immer hat dich diese Botschaft ganz offensichtlich nicht erreicht. Du wirst aber verstehen, wenn ich mich im Folgenden auf eine Zusammenfassung meiner diesbezüglichen Aussagen beschränke und nicht noch einmal bei „Adam und Eva" anfange:*

Du sprichst zwar von einer „Tatsache", meinst damit aber eure Interpretation eines Geschehens. Nachdem bereits die „Rückführungstherapie" (Ich verwende die Bezeichnung, obwohl sie euch etwas vorgaukelt, was nicht ist) auf der falschen Annahme gründet, ihr werdet unzählige Male in unterschiedlichster Menschengestalt geboren, ist es naheliegend, dass die dabei erzielten „Resultate" ebenfalls auf dieser falschen Grundlage interpretiert werden. Das mag bei euch in begrenztem Rahmen sogar als wissenschaftlich gelten – zumal ja auch eure „wissenschaftlichen" Beweise gar nicht so selten auf fehlerhaften Grundannahmen basieren – aber um eine Tatsache im Sinne der umfassenden Wahrheit handelt es sich bei den so erzielten Resultaten ganz bestimmt nicht.

Wenn ihr einmal verstanden habt, dass eure individuellen Erfahrungen in den „Erfahrungsschatz" der Gesamtheit aller Seelen fliessen und ihr dazu unter gewissen Voraussetzungen Zugang habt, dann werdet ihr solche Einblicke nicht mehr zwingend als eure eigenen individuellen Erfahrungen verstehen. Hypnose, wie sie in den „Rückführungstherapien" angewandt wird, ist eine Möglichkeit, sich Zugang zu diesem Erfahrungsschatz der Gesamtheit aller Seelen zu verschaffen. Dabei werdet ihr aber völlig willkürlich mit einem Leben konfrontiert, das ein anderer individualisierter Seelenaspekt einst gelebt hat und dessen Erfahrungen genauso Teil des „Erfahrungsschatzes" der Gesamtheit aller Seelen sind, wie deine eigenen Erfahrungen in diesen „Pool" fliessen.

Das, was bei euch als „Rückführungstherapie" gehandelt wird, ist – einmal abgesehen von der Tatsache, dass ihr daraus keinerlei Nutzen für euer eigenes Leben ziehen könnt – nicht empfehlenswert, weil ihr dabei ungeachtet eurer spirituellen Reife mit Bildern konfrontiert werdet, die ihr nicht entsprechend zu interpretieren in der Lage seid. Die Konsequenz ist dann, dass ihr Schwierigkeiten in eurem Leben mit solchen Bildern in Verbindung bringt, anstatt sie aktiv anzugehen. Wenn ihr danach Krankheiten, Partnerschaftsprobleme u. a. auf ein „früheres" Leben zurückführt, dann flüchtet ihr euch in eine fiktive Wirklichkeit und verpasst eure Chance, den Sinn eurer einmaligen Existenz in der materiellen Dimension zu finden und zu leben.

Ich kann also nur wiederholen: Jeder von euch hat, als sich selbst bewusster Teil eines grösseren Ganzen, vor seiner Geburt in der materiellen Realität in anderen, nichtmateriellen Seinsrealitäten Erfahrungen und darauf gründende Erkenntnisse gesammelt, die ihn dazu prädestinieren, im Dienste seines Gesamtselbst genau in dieser Zeitepoche eine Aufgabe in der materiellen Dimension zu übernehmen. Ihr werdet bei eurem Eintritt in dieses Leben also nicht „ins kalte Wasser geworfen", sondern verfügt aufgrund eurer Erfahrungen in anderen Seinsrealitäten über das erforderliche „Rüstzeug" für eure Aufgabe. Andererseits tretet ihr dieses Leben doch völlig unbelastet von „Hypotheken" aus „früher gelebten" Leben in der Materie an, denn solche weist eure „Biographie" gar nicht auf!

Frage: Ich vermag mich an einzelne Ereignisse zu erinnern, die mit Sicherheit nicht aus diesem Leben stammen. Sie sind jedoch so klar und deutlich, wie wenn ich sie selbst erlebt hätte. Bevor ich Ihre Bücher gelesen habe, hätte mich niemand von der Überzeugung abzubringen vermocht, dass es sich um Sequenzen aus einem meiner früheren Leben handelt. Was niemand vorher geschafft hätte, vermochte nun interessanterweise der Begleiter mit seinen Aussagen zu Reinkarnation und Karma – mich zu verunsichern. Ist es tatsächlich so, dass wenn wir Einblicke in Leben haben, die durch von uns völlig unabhängigen Menschen gelebt wurden, wir das so erleben, wie wenn es sich um eines unserer eigenen früheren Leben handeln würde?

Begleiter: *Ich verstehe schon, dass solche Erfahrungen die Reinkarnationslehre vermeintlich zu bestätigen scheinen. Ich versichere dir aber, dass es sich dabei gewissermassen um einen Normalfall handelt, da fast alle Menschen Sequenzen aus Geschehen wahrnehmen, die nicht Bestandteil ihres eigenen Lebens waren. Das können Sequenzen von der Dauer eines Bruchteils einer Sekunde – also lediglich einzelne Bilder –, bis zu ganzen „Szenen" sein, die sie nicht in ihre Lebenserinnerung zu integrieren vermögen. Die meisten Menschen messen solchen Erfahrungen* *aus ganz einfachen Gründen keinerlei Bedeutung zu: Da in eurer Zeitepoche Kino und Fernsehen zum festen Bestandteil eurer erlebten Realität gehören, gehen sie ganz selbstverständlich davon aus, dass es sich um Bilder aus einem Film handelt, den sie vor längerer Zeit gesehen haben.*

Bei solchen Einblicken in andere Leben muss es sich übrigens keineswegs zwingend um Leben handeln, die nicht in eurer Zeitepoche gelebt wurden. Jede eurer individuellen Erfahrungen wird „zeitgleich" zum Bestandteil des „Erfahrungsschatzes" der Gesamtheit aller Seelen. So wie ihr unter bestimmten Voraussetzungen Zugang zu diesem „Erfahrungsschatz" habt, so habt ihr – auf gleicher Gesetzmässigkeit gründend – auch Zugang zu den Erfahrungen jedes lebenden Menschen.

Der Vorgang als solcher verwirrt euch nur deshalb, weil er – die Reinkarnationslehre einmal ausgeklammert – so gar nicht in das Bild eurer durch die Schulweisheit vorgegebenen Realität passt. In eurem Selbstbildnis nehmt ihr euch als von allen materiellen Erscheinungsformen unabhängig existierendes Individuum wahr. Um dieses Selbstbildnis nicht zu gefährden, weist euer Verstand fast zwanghaft alles das als fremd und anders von eurem Selbstbildnis ab, was er als einem anderen Individuum zugehörig wahrnimmt. Obwohl euch der Gedanke, dass alles mit allem irgendwie verbunden und verwoben ist, nicht fremd ist, steht er für euch deshalb stets im Widerspruch zu eurem Selbstbildnis.

Euer Selbstbildnis ist also in gewissem Sinne das Resultat von Selbstschutz. Ihr fühlt euch nur dann in euch aufgehoben und eurer Individualität versichert, wenn ihr euch in eurem Selbstbildnis von anderen Menschen und materiellen Erscheinungsformen wie Tieren und Pflanzen „unterscheiden", abgrenzen oder gar über sie erheben könnt. In eurer Wahrnehmung sind eure Gedanken, eure Erfahrungen, eure Erkenntnisse, ja sogar eure Krankheiten und euer Leiden Dinge, die euch vermeintlich von euren Mitmenschen unterscheiden. Dass ihr keine Erfahrung machen, keine Erkenntnis gewinnen könnt, ohne dass diese zeitgleich zu einer Erfahrung oder Erkenntnis der Gesamtheit aller Seelen – und in eurem Sinne zeitverschoben zu einer Erfahrung oder Erkenntnis aller Menschen – wird, widerspricht eurem egozentrischen Selbstbildnis so sehr, dass ihr euch stets in einem Konflikt zwischen eurem wahren Selbst und eurem Selbstbildnis befindet.

Aber ungeachtet dieses egozentrischen Selbstbildnisses seid ihr in eurer körperlichen Erscheinung und in eurem Erleben nicht mehr als ein klitzekleines Fragment eines unendlich grösseren Ganzen, das alles, was um euch ist, mit einschliesst und letztlich – auf der Grundlage seiner eigenen Aufgabenstellung – auch eine definitive Wertung eurer individuellen Erfahrungen vornimmt. Bei dieser Wertung ist es für das übergeordnete Ganze vollkommen bedeutungslos, ob ihr Mann oder Frau seid, ob eure individuellen Erfahrungen mit Freude oder Leiden verbunden sind, ob ihr diese Erfahrungen im Kontext eures Bildes der Realität als ungerecht oder gerecht wertet, ob ihr euer Leben liebt oder hasst, ob ihr euch eures Ursprungs, eurer Bestimmung und der Existenz des übergeordneten Ganzen bewusst seid oder nicht.

Die Erfahrungen jedes Menschen – unter welchen selbstgewählten Umständen auch immer er diese macht – fliessen in den Ozean der Erkenntnis aller Seelen und werden dadurch zum integrierten Bestandteil jedes individualisierten Seelenaspektes – also auch zum Bestandteil dessen, was ihr als die Summe eurer individuellen Erfahrungen versteht. Mögt ihr euch aufgrund eures egozentrischen Selbstbildnisses auch von euren Mitmenschen unterscheiden und abheben, so sind doch eure individuellen Erfahrungen genauso Teil deren „Biographie“, wie deren Erfahrungen zum integrierten Bestandteil eurer „Biographie“ werden.

Bei Rückführungen oder spontanem Zugang zum „Erfahrungsschatz“ aller Seelen habt ihr demnach – ich beschränke mich bei dieser Aussage auf die Art eurer Wahrnehmung – Einblicke in darin „gespeicherte“ Erkenntnisse aus den Erfahrungen der gesamten vergangenen, gegenwärtigen und manchmal sogar der „zukünftigen“ Menschheit. Sind solche Einblicke nicht das Resultat bestimmter Techniken, erfolgen also ohne euer Zutun spontan, dann sind darin Hinweise enthalten, die euch bei der Bewältigung eurer Lebensaufgabe behilflich sein können. Jede Technik aber – und dabei insbesondere „Rückführungstherapien“ –, die euch ungeachtet eurer spirituellen Reife und psychischen Verfassung solche Einblicke ermöglicht, zeigt euch vollkommen willkürliche Sequenzen aus diesem kosmischen „Erfahrungsschatz". Ungeachtet der Umstände, wie solche Einblicke zustande kommen, könnt ihr aber versichert sein, dass es sich nie um Einblicke in eure „früheren" Leben handelt.

Frage: Meines Wissens ist der Begleiter die erste und bisher einzige jenseitige Quelle, welche die Reinkarnations- und Karmatheorie als Glaubensüberzeugung bezeichnet, die sich für niemanden von uns jemals realisieren wird. Zugegebenermassen sind seine Aussagen dazu mindestens so logisch, wie es diese Theorien sind. Ich habe mich von jeher gefragt, weshalb wir uns denn nicht an vergangene Leben erinnern können, obwohl unser gegenwärtiges darin seinen Sinn und seine Ursache haben soll. Ich verkenne aber auch nicht, dass diese Theorien dem allgegenwärtigen Leiden einen Sinn zu geben vermögen. Wenn der Begleiter diese Theorien als nicht zutreffend bezeichnet, dann würde ich eigentlich erwarten, dass er dann auch den Sinn des Leidens neu definiert. Wann dürfen wir damit rechnen?

Begleiter: *Weil ihr im Leiden einen Sinn sucht, bedeutet das keineswegs, dass ihm ein solcher auch tatsächlich inhärent ist. Ich bin mir bewusst, dass es euch leichter fällt, Leiden zu akzeptieren, wenn ihr ihm einen Sinn zuzusprechen vermögt. Doch gerade das, was euch vermeintlich Erleichterung verschafft, hindert euch gleichzeitig daran, euch mit den tatsächlichen Ursachen des Leidens auseinanderzusetzen.*

Leiden ist ausschliesslich Konsequenz eures eigenen Denken und Handelns in diesem Leben. Und wie das Konsequenzen so an sich haben, sind sie nicht oder anders, wenn die ihnen zugrunde liegende Ursache nicht oder eine andere ist. Leiden ist in eurer Wertung also nicht sinnlos, und doch ist ihm kein Sinn inhärent, der über euer Erleben in der materiellen Realität hinausreichen würde. Ein spiritueller oder gar kosmischer Sinn kommt dem Leiden jedenfalls nicht zu.

Wie ich bereits ausgeführt habe, sind die Lebensaufgaben, die ihr im Dienste eures Gesamtselbst übernommen habt, nur in seltenen Fällen das, was ihr unter einer „angenehmen" Aufgabe versteht. Das soll nicht heissen, dass dieses Gesamtselbst aus angenehmen Erfahrungen nicht gleichwertige Erkenntnisse gewinnen könnte. Nur ist es euch Menschen nun einmal eigen, dass ihr Gewohntes festzuhalten versucht und dem Sein einen Sinn nach euren Wertvorstellungen aufzwingen wollt; das führt zu Leiden. Mit Leiden verbundene Erfahrungen zwingen euch zum Loslassen. Niemand von euch legt Wert darauf, eine schmerzhafte Erfahrung festzuhalten, also lasst ihr sie los. Angenehme Erfahrungen dagegen versucht ihr zu konservieren, festzuhalten.

Nachdem alles, was ist, dem Gesetz der immerwährenden Bewegung – und damit in eurem Sinne der Veränderung und Entwicklung – unterliegt, stemmt ihr euch mit dem Festhalten an Gewohntem, an angenehmen Erfahrungen gegen dieses Gesetz, und das führt in seiner Konsequenz dann eben zu Leiden. Um euch und damit euer Gesamtselbst – und letztlich die Gesamtheit aller individuellen Seelen – zu „entwickeln“, bedarf es deshalb Erfahrungen, die ihr aufgrund der ihnen innewohnenden Gesetzmässigkeit als Leiden wahrnehmt. Wenn ihr anfangt, einfach zu sein, ohne dieses Sein mit euren Vorstellungen und vermeintlichen Bedürfnissen zu belasten, dann erübrigt sich das Leiden.

Krieg, Krankheit, Verlust, Not und Elend sind in ihren Auswirkungen auf euer Erleben ausschliesslich darauf zurückzuführen, dass ihr davon überzeugt seid, ihr müsstet das Sein mit einem euren Erwartungen und Bedürfnissen entsprechenden Sinn ausstatten. Bei euch gängige Aussagen wie: „Dem Leben einen Sinn geben“ oder „ein sinnerfülltes Leben leben“, veranschaulichen das, was ich damit anspreche, denn sie unterstellen, dass das Leben sinnlos ist, wenn ihr es nicht selbst mit Sinn erfüllt, oder dass ein Mensch auch ein sinnloses Leben führen könne. Wer so denkt – und das ist die überwiegende Mehrheit von euch – der ist in seinem Erleben gezwungenermassen mit Leiden konfrontiert.

Die Reinkarnations- und Karmatheorie sind Bestandteile einer Religionslehre, die sich in ihren ursprünglichen Aussagen genauso am gesellschaftspolitischen Umfeld ihrer Entstehungszeit orientierten wie die christliche Glaubenslehre. In ihrer Ursprungsregion kommt der Reinkarnations- und Karmatheorie denn auch heute noch eine wichtige gesellschaftspolitische Bedeutung zu. Auch wenn das sehr vereinfachend ist, so ist es doch nicht falsch, wenn diese Theorie als gesellschaf litisch begründete Lüge verstanden wird. Sie verhinderte und verhinde.. noch soziale Spannungen, die unabwendbar wären, wenn die Menschen Ungerechtigkeit und Leiden – wie sie z. B. das Kastenwesen beinhaltet und verursacht – nicht einfach mehr oder weniger klaglos akzeptieren würden, weil sie daran glauben, dass die Ursachen dafür in ihrem Verhalten in früheren Leben zu finden sind und ihr Leiden eine gerechte Strafe dafür sei.

Allein die Tatsache, dass die abendländischen Gesellschaften sich ausnahmslos dem Grundsatz der Gleichheit – im Sinne von Gleichwertigkeit – aller Menschen verschrieben haben und wohl kein westlicher Anhänger der Reinkarnations- und Karmatheorie diese in ihren gesellschaftspolitischen Auswirkungen erleben möchte, zeigt, dass diese Theorien so, wie sie im Westen verstanden und interpretiert werden, vollkommen willkürlich aus einer auf ganz bestimmten gesellschaftspolitischen Umständen gründenden Gesamtlehre herausgelöst wurden.

Die Menschen in den Urspungsregionen vermögen der herrschenden Ungerechtigkeit und ihrem Leiden durch ihren Glauben an diese Theorien einen Sinn zuzuerkennen. Doch sollten die Anhänger in den abendländischen Gesellschaften nicht vergessen, dass das Leiden und die Ungerechtigkeiten bereits bestanden, als diese Glaubenslehre entstanden ist, und sie, damit sie von den Menschen überhaupt akzeptiert wurde, eine Erklärung für die bestehenden Zustände liefern musste. In den abendländischen Gesellschaften würde man eine solche Lehre als „Zweckpropaganda" bezeichnen, und doch lassen sich Millionen von Menschen in diesen Gesellschaften durch diese Zweckpropaganda blenden.

Frage: Wenn ich die Aussagen des Begleiters zu Reinkarnation und Karma richtig verstanden habe, dann wird mein Gesamtselbst, also die Seele, von der ich ein individualisierter Teil oder Aspekt bin, nach meinem Tod andere individualisierte Aspekte, wie ich es bin, in Menschengestalt inkarnieren. Nachdem aber die Erfahrungen, die ich in dieser Welt mache, automatisch zu Erfahrungen dieser Seele werden, existieren in deren Wahrnehmung doch so etwas wie aufeinanderfolgende Leben, die zudem auf den Erfahrungen aufbauen, welche andere Aspekte dieser Seele vorher in anderen Leben gemacht haben. Also existiert zumindest in der Wahrnehmung der Seele doch so etwas wie das, was die Reinkarnations- und Karmatheorie beschreiben. Ist meine Schlussfolgerung richtig?

Begleiter: *Könnte ich schwitzen, dann hätte ich jetzt wahrscheinlich Schweissperlen auf der Stirn. Das ist eine sehr kluge Frage, die mich deshalb etwas in Verlegenheit bringt, weil deine Schlussfolgerung grundsätzlich richtig ist, und doch spüre ich, dass sie in deiner Vorstellung mit Bildern behaftet ist, die so nicht zutreffen. Sie führen darauf hinaus, dass die Reinkarnations- und Karmatheorien eine Realität beschreiben, sofern du sie nicht auf dein persönliches Erleben als Individuum beziehst. Das ist einerseits richtig und andererseits – eben aufgrund der Bilder, die du in deiner Vorstellung damit verbindest – auch wieder grundfalsch. Auch wenn ich im Folgenden nicht noch einmal explizit darauf eingehen werde, so bitte ich dich doch, nicht zu vergessen, dass Zeit – und in diesem Sinne auch sich folgende Ereignisse – eine Gesetzmässigkeit ist, die ausschliesslich in der materiellen Dimension und – bedingt – in den subjektiven Jenseitsrealitäten Wirklichkeit ist. Ich erinnere dich also an die „Gleichzeitigkeit von allem, was ist".*

Zuerst einmal muss ich klarstellen, dass dein Gesamtselbst und seine individualisierten Aspekte nicht an deinen Erfahrungen partizipieren und umgekehrt. Ihr partizipiert gegenseitig an der Essenz der individuell gemachten Erfahrungen. Die Essenz von Erfahrung ist Erkenntnis. Beispiel: Zwei Kinder, eine heisse Herdplatte: Das eine Kind berührt die Herdplatte und macht dadurch eine schmerzhafte Erfahrung. Das andere Kind beobachtet, wie die Mutter kaltes Wasser auf den Herd stellt und löffelt später die heisse Suppe. Beide Kinder gelangen mittels völlig unterschiedlicher Erfahrungen zur gleichen Erkenntnis: „Die Herdplatte ist heiss!"

Erfahrungen sind das Erleben, Erkenntnisse dagegen sind die Schlussfolgerungen, die ihr aus diesem Erleben zieht. Erfahrungen können schmerzhaft sein, doch die Erkenntnisse, die ihr daraus gewinnt, sind letztlich neutral, sind also in sich selbst nicht an schmerzhafte Erfahrungen gebunden. Die Unterscheidung zwischen Erfahrung und Erkenntnis ist z. Bsp. wichtig, wenn du meine Aussage wirklich verstehen willst, wonach deine Erfahrungen – und mögen diese auch noch so schmerzhaft sein – deine Seele nicht leiden oder erkranken lassen. Du wirst zudem den tieferen Sinn meiner Aussage verstehen, wonach ihr eine Erfahrung unter angenehmen und unter schmerzhaften Umständen machen könnt – die daraus gewonnene Essenz, die Erkenntnis, ist dieselbe.

Was ihr als euer Erleben begreift, basiert ausschliesslich auf den Umständen, die ihr kraft eures freien Willens wählt, um zu den in eurem Lebensplan vorgesehenen Erkenntnissen zu gelangen. Durch euer Gesamtselbst werden aber nur diese Erkenntnisse „registriert". Die Umstände deines Lebens sind für die Seele also vollkommen irrelevant. Das sollte dich aber nicht dazu verführen, diese Seele als kalt, hart, unbeteiligt usw. zu qualifizieren, denn jede eurer Qualifikationen unterstreicht bestenfalls, dass ihr das „Wesen" der Seele nicht zu erfassen vermögt. In der Wahrnehmung deiner Seele bist du nicht Mensch, sondern ein durch sie selbst geschaffenes Instrument, das dazu dient, Erkenntnisse zu gewinnen, die sie und damit die Gesamtheit aller Seelen in deren eigenen Aufgabenstellung und Zielsetzung voranbringen. So wird sie aufgrund deiner Lebensumstände denn auch weder leiden noch verletzt werden und schon gar nicht erkranken! Sie und die Gesamtheit der Seelen werden durch die Erkenntnisse bereichert, die du aus deinen Erfahrungen gewinnst. Du selbst wählst aber die Umstände dieser Erfahrungen.

Sowenig wie das Kind dazu gezwungen ist, sich die Hand zu verbrennen, um zu der Erkenntnis zu gelangen, dass die Herdplatte heiss ist, sowenig bist du gezwungen zu leiden, um zu den deiner Lebensaufgabe inhärenten Erkenntnissen zu gelangen. Welche Rolle du auf der Theaterbühne des irdischen Seins gespielt hast, ob du König oder Bettler warst, ist für deine Seele deshalb irrelevant, weil die aus diesem Leben gewonnenen Erkenntnisse in keiner Abhängigkeit zu seinen Umständen stehen. Du allein hast dich für die Rolle des Königs oder des Bettlers entschieden, du allein wirst wissen weshalb, und du allein wirst die dadurch geschaffenen Konsequenzen erfahren. Manchmal folgt diese Konsequenz der Handlung auf dem Fuss – Kind / heisse Herdplatte –, manchmal scheint ihr den Konsequenzen vermeintlich zu entgehen, doch Konsequenz ist nicht an die Gesetzmässigkeiten von Zeit und Raum gebunden; ihr werdet ganz bestimmt mit ihr konfrontiert.

Was am Ende deines Lebens zählt, das ist die Summe der Erkenntnisse, die du – und damit dein Gesamtselbst und jeder einzelne seiner individualisierten Aspekte – daraus geschöpft hast. Diese fliessen gewissermassen in die Gesamtsumme der Erkenntnisse aller individuellen Seelen ein. Dein Gesamtselbst wird nun aber die einzelnen Erkenntnisse genausowenig einem ihrer individualisierten Aspekte zuschreiben, wie die Gesamtheit aller Seelen ihre Erkenntnisse einer bestimmten individuellen Seele zuschreiben wird. Solche Unterscheidungen und Zuordnungen ergeben nur in eurer Wertung der Realität einen Sinn.

Aus dem Gesagten kannst du schliessen, dass das individuelle Erleben ihrer Aspekte in der Wahrnehmung deiner Seele gar nicht existiert. Sie wird also – entgegen deiner Vorstellung – die wiederholte Verkörperung von individualisierten Aspekten ihrer selbst nicht als eine Reihe individueller Leben im Sinne eurer Reinkarnationstheorie, sondern als ein einziges Ganzes wahrnehmen. Auch du selbst wirst, wenn du dereinst die materielle Realität und deine ganz individuelle subjektive Jenseitsrealität überwunden hast, unbeschränkt Zugang zu der Gesamtsumme der Erkenntnisse deines Gesamtselbst und damit auch zur Summe der Erkenntnisse der Gesamtheit aller Seelen haben und wirst – so wie du das heute verstehst – nicht mehr unterscheiden zwischen Erkenntnissen, die auf deine eigenen Erfahrungen zurückzuführen sind und Erkenntnissen, die andere individualisierte Seelenaspekte zur Gesamtsumme „beigetragen“ haben. Auch du wirst also alle die unzähligen Leben, auf die dieser „Erkenntnisschatz“ zurückzuführen ist, als ein einziges grosses Ganzes wahrnehmen, so, als ob du all diese Erkenntnisse selbst gewonnen hättest.

Deine Lebensaufgabe basiert – entgegen deiner Interpretation – auch nicht auf Handlungen anderer individualisierter Seelenaspekte in früheren irdischen Existenzen, sondern auf den dadurch gewonnenen Erkenntnissen. Deine Existenz dient dazu, diese Erkenntnisse zu erweitern und zu vertiefen. Die Handlungen, die du dabei begehst, bleiben an dir „haften“. Nachdem letztlich für dein Gesamtselbst und die Gesamtheit aller Seelen aus den unzähligen gelebten Leben in der materiellen Dimension „nur“ die daraus gewonnenen Erkenntnisse übrigbleiben, können die sich daraus ergebenden neuen Aufgaben nicht in eurem Sinne karmisch belastet sein – Erkenntnisse sind in sich selbst neutral. Ihr tretet demnach eure irdische Aufgabe ohne karmische Belastung an, seid aber am Ende eures Lebens in dem Sinne karmisch belastet, dass ihr die Konsequenzen aus euren Handlungen „persönlich“ aufzuarbeiten und zu überwinden habt.

Ich möchte nun aber nicht verschweigen, dass – in eurem Sinne – zwar keine karmische Belastung der individuellen Lebensaufgabe existiert, andererseits aber das Kollektiv – also ein Volk, eine Glaubensgemeinschaft, ein Geschlecht, eine Rasse, eine Generation usw. – karmisch in dem Sinne vorbelastet ist, als sich die Aufgaben in einer bestimmten Zeitepoche ja aus den in anderen Zeitepochen gewonnenen Erkenntnissen ergeben. Auch diese Aufgaben bestehen darin, die „damals“ gewonnenen Erkenntnisse zu erweitern und zu vertiefen. Dabei dürft ihr aber einmal mehr nicht vergessen, dass die Erkenntnisse nicht die Umstände der Erfahrungen bedingen, unter denen ihr diese gewinnt. So waren die Generationen, die den zweiten Weltkrieg erlebt haben, in dem Sinne karmisch vorbelastet, dass die Erkenntnisse, die aus dem Geschehen des ersten Weltkrieges gewonnen wurden, offenbar nicht ausreichten, um einen solchen Konflikt überflüssig zu machen. Ihr liegt nicht falsch, wenn ihr die Ursache für den zweiten Weltkrieg sogar in den Erkenntnissen sucht, die aus dem ersten Weltkrieg gewonnen wurden. Nur hätten andererseits die gleichen Erkenntnisse, die aus dem zweiten Weltkrieg gewonnen wurden, auch durch eine andere Konfliktlösung als durch Krieg erreicht werden können.

In dem Sinne handelt es sich also bei der karmischen Vorbelastung des Kollektives lediglich um eine sich aus den vorangegangenen Erkenntnissen ergebende Möglichkeit, seine Lebensaufgabe zu bewältigen. Wählt ihr nicht diese, sondern eine andere Möglichkeit – andere Umstände für eure Erfahrungen – dann könnt ihr die gleichen Erkenntnisse aus dieser Lebensaufgabe schöpfen, ohne dass die karmische Vorbelastung einen

Einfluss auf euer Erleben hat. Die von mir angesprochene „karmische Vorbelastung" hat also nichts mit dem unabwendbaren Schicksal im Sinne eurer Karmatheorie zu tun.

Frage: Der Begleiter lehnt die Karmalehre ab und spricht statt dessen von „Konsequenz". Er begründet das mit dem Hinweis, der Begriff „Karma" sei in unseren Vorstellungen mit dem Begriff „Strafe" verbunden und besage deshalb nicht dasselbe. Für mich ist das Wortklauberei, denn ist es letztlich nicht unerheblich, ob wir die Folgen unserer Handlungen während unseres Lebens als Karma, Strafe oder Konsequenz bezeichnen?

Begleiter: *Wie ihr die Folgen eurer Handlungen bezeichnet, mag möglicherweise unerheblich sein, doch diese Bezeichnungen sind mit Vorstellungen behaftet, die keineswegs identisch sind. Spätestens nach eurem Übergang haben aber diese Vorstellungen einen Einfluss auf eure erlebte Realität. In eurer Wahrnehmung ist es dannzumal mitnichten unerheblich, ob ihr diese Realität als Strafe oder als Konsequenz eurer Wertvorstellungen und Glaubensüberzeugungen und euren darauf gründenden Handlungen versteht.*

Du kannst natürlich Strafe als „Konsequenz" eines nicht gesetzeskonformen Handelns bezeichnen; das mag in eurem Sprachgebrauch durchaus einen Sinn ergeben. Der Unterschied zur Konsequenz im Sinne des umfassenden Gesetzes besteht aber einerseits darin, dass Strafe eine von Menschen geschaffene „Konsequenz" ist und deshalb auch die Frage nach Gerechtigkeit und Angemessenheit nicht ausschliesst, andererseits ist diese „Konsequenz" nicht durch die Handlung determiniert, denn die Handlung hat nur dann strafrechtliche „Konsequenzen", wenn der Täter erwischt wird, und sogar dann werden die „Konsequenzen" noch durch die Wertung des Richters, der „schuldmindernde Umstände" zu berücksichtigen hat, festgelegt.

Der Strafe kommt in eurer Wertung ein vermeintlich eigener Sinn zu – was auf Konsequenz im Sinne des umfassenden Gesetzes nicht zutrifft.

Strafe soll danach einerseits Sühne für die ursächliche Handlung und andererseits Warnung vor den Konsequenzen einer Wiederholung der Handlung sein – ihr nennt das dann Resozialisierung. Die Handlung ist asozial, die Strafe resozialisierend. Wäre nun deine Interpretation zutreffend, wonach Strafe und Konsequenz letztlich identisch sind, dann würde das bedeuten, dass z. B. das Einatmen asozial und das Ausatmen resozialisierend ist. Einatmen ist die Handlung: Ausatmen wäre demnach die Strafe dafür, dass du eingeatmet hast.

Konsequenz im Sinne des umfassenden Gesetzes ist die determinierte Ausdehnung einer Handlung oder eines Geschehens. Natürlich ist der Vergleich mit der Atmung in gewissem Sinne vereinfachend. Doch eignet er sich bestens, euch einen Aspekt des umfassenden Gesetzes zu erklären, dem jede eurer willentlichen Handlungen unterliegt, und zwar keineswegs weniger offensichtlich als eben eure Atmung als nichtwillentliche „Handlung". Wenn du einatmest, dann ist die Konsequenz dieser „Handlung" determiniert: Die Konsequenz kann weder im noch einmal einatmen, noch im nicht ausatmen bestehen. Die determinierte Konsequenz des Einatmens lautet: ausatmen!

Eure Wertmassstäbe wie Gerechtigkeit oder Angemessenheit ergeben im Zusammenhang mit Konsequenz ebenfalls keinen Sinn. Wenn Töten für den Handelnden die gleichen Konsequenzen hat, ob er nun als Mörder, als Soldat oder als Scharfrichter tötet, dann ist die Frage nach der Gerechtigkeit oder Angemessenheit dieser Konsequenz müssig, weil die Handlung in jedem Fall in der Vernichtung einer physischen Existenz besteht und die Konsequenz durch die Handlung – und nicht durch vermeintlich die Handlung rechtfertigende Argumente – determiniert ist. Das umfassende Gesetz kennt keine „mildernden Umstände"!

Es ist zutreffend, dass ich den Begriff „Konsequenz" dem Begriff „Karma" in meinen Ausführungen den Vorzug gebe. Dabei ist aber neben euren Assoziationen von Karma mit Strafe die Tatsache ausschlaggebend, dass „Karma" erst in Verbindung mit eurer Reinkarnationstheorie überhaupt eine Bedeutung bekommt. Nachdem diese Theorie aber keine durch euch tatsächlich erlebbare Realität beschreibt, sind auch die Vorstellungen, die ihr mit dem Begriff „Karma" verbindet, nur äusserst bedingt zutreffend. Ich bevorzuge deshalb weiterhin den „wertneutralen" Begriff „Konsequenz".

Frage: Endlich jemand, der die Unsinnigkeit der Reinkarnationstheorie, die ich intuitiv längst erkannt habe, verbalisiert. Ich habe mich stets gefragt, wie es möglich ist, dass sich Millionen von gebildeten Menschen von einer dermassen durchschaubaren Theorie einlullen lassen. Sogar wenn diese zutreffen würde, wir also mehrere Leben leben würden, die zueinander in einem Zusammenhang stehen, dann müsste es doch nach meinem Dafürhalten jedem geistig einigermassen gesunden Menschen einleuchten, dass wir uns dieses Zusammenhangs auch ohne Kenntnis dieser Theorie bewusst sein müssten. Ich konnte mir jedenfalls nie vorstellen, dass etwas, das ich selbst erlebt haben soll, auf mein Leben einen Einfluss haben soll, obwohl ich mich nicht daran erinnere. Wann teilt uns ihr Begleiter mehr zu dieser interessanten Thematik mit?

Begleiter: *Jetzt, sogleich! Schön, dass du dich durch meine Aussagen zu diesem Thema angesprochen und in deiner intuitiven Überzeugung bestätigt fühlst. Du nimmst es mir aber sicher nicht übel, wenn ich dir sage, dass deine Argumentation meine diesbezüglichen Ansprüche nicht zu befriedigen vermag! Glaube mir, deine Erinnerung ist ein ziemlich unzuverlässiger Gradmesser für das, was Realität ist.*

Die Tatsache, dass du dich nicht an Geschehnisse erinnerst, die vor deiner gegenwärtigen materiellen Existenz stattgefunden haben, ist als Beweis dafür, dass du an solchen Geschehnissen nicht doch teilhattest, ungeeignet. Erinnerst du dich z. B. an die Geschehnisse vom 18. April 1992? Wenn nicht, dann ist das deiner Argumentation zufolge nur dadurch zu erklären, dass du damals noch gar nicht gelebt hast. Deine Frage erinnert mich nun aber weniger an ein Kind als vielmehr an einen Menschen, der mitten in seinem Leben steht. Also war der 18. April 1992 vermutlich ein Tag in deinem Leben. Du warst dir sowohl deiner eigenen Handlungen als auch der Geschehnisse um dich herum vollkommen bewusst. Und doch erinnerst du dich nicht daran? Ist das nicht sonderbar?

Nachdem du – so vermute ich zumindest – keine Zweifel daran hast, dass du jetzt, in diesem Moment lebst, und – das vermute ich nicht – du ihn nur deshalb erleben kannst, weil du am 18. April 1992 auch schon gelebt hast, wirst du mir zustimmen, dass das Argument „Erinnerung" in Zusammenhang mit der Reinkarnationstheorie wenig überzeugend ist. Ich habe nicht die Absicht, dich in deinen Überzeugungen zu verunsichern, denn sie trügen dich nicht, doch solltest du – wenn du die Reinkarnationstheorie wirklich als sozialpolitisch motivierte Lüge oder als Illusion entlarven willst – dich tiefergehend mit ihr befassen.

Ich bin mir bewusst, dass ich den tieferen Sinn der Reinkarnationstheorie nicht treffe, wenn ich sie auf die Assoziationen beschränke, auf die sie durch die Mehrheit ihrer Anhänger in den durch die abendländische Kultur geprägten Gesellschaften reduziert wird. Letztlich ist aber nicht der tiefere Sinn einer Theorie, sondern eben die durch sie bewirkten Assoziationen jene Essenz, die es – im vorliegenden Fall und im Denken von Menschen in abendländischen Kulturkreisen allgemein – zu bekämpfen gilt. Ich will damit sagen, dass die Reinkarnationstheorie erst dadurch absurd wird, dass Menschen aus den unterschiedlichsten Kulturkreisen sie auf ihre erlebte materielle Realität beziehen.

"Gleiches wird mit Gleichem vergolten" und „Auge um Auge – Zahn um Zahn" sind unbestrittenermassen Beschreibungen der Gesetzmässigkeit der Konsequenz, dem alles, was ist, unterliegt. Auch die Theorie der Reinkarnation ergäbe in sich selbst keinen Sinn, wenn sie nicht mit der Theorie von Karma – als Essenz des Denkens und Handelns – verknüpft würde. Entsprechend simpel sind denn auch die Vorstellungen der Anhänger dieser Theorie: Der Mörder wird zum Ermordeten, der Dieb wird zum Bestohlenen, der Vergewaltiger wird zur Vergewaltigten, der Betrüger wird zum Betrogenen, der Hexenverbrenner stirbt im Holocaust – die durch die Reinkarnationstheorie hervorgerufene Bilderwelt liesse sich unbeschränkt erweitern. Doch denken die Anhänger dieser Theorie die – ihrer Interpretation – entsprechenden Konsequenzen auch tatsächlich zu Ende?

Jeder Mörder, Dieb, Vergewaltiger, Betrüger usw. wird irgendwann wiedergeboren und hat die Konsequenzen seines Handelns in seinen früheren Leben im Sinne von „Gleiches wird mit Gleichem vergolten" zu erdulden. Irgendwann wird er demnach zum Ermordeten, Bestohlenen, Vergewaltigten, Betrogenen usw. Nachdem dieses „Schicksal" karmisch bedingt ist, führt kein Weg daran vorbei. Damit dieser Mensch aber zum Ermordeten, Bestohlenen, Vergewaltigten, Betrogenen usw. werden kann, muss doch in seinem Umfeld jemand existieren, der – ist das dann auch karmisch bedingt? – zum Mörder, Dieb, Vergewaltiger oder Betrüger wird. Wo endet dann dieses perverse Perpetuum mobile karmischer Schuld? Ist das möglicherweise die Erklärung dafür, dass Gewalt und Leiden vermeintlich zum integrierenden Bestandteil menschlicher Existenz zählen?

Du spürst, auf was ich mit meinen Aussagen hinauswill: Die Reinkarnationstheorie ist so offensichtlich unzutreffend, dass die ihr innewohnende Unstimmigkeit für jeden – wie du es nennst – einigermassen geistig gesunden Menschen offensichtlich sein sollte. Die Verfechter dieser Theorie würden selbstverständlich meine Argumentation genauso sezieren, wie ich es mit deiner getan habe. Welcher selbst ernannte Reinkarnationsexperte oder Rückführungstherapeut wäre schon bereit, eine dermassen lukrative These so schnell aufzugeben?

⊙ ⊙ ⊙

Fragen zu

Religion und Glauben

Frage: Die Aussagen des Begleiters zu den Religionen sind sehr kritisch. Andererseits lässt er keinen Zweifel darüber aufkommen, dass Gott existiert. Ein Zusammenhang zwischen der Existenz Gottes und den Religionen scheint mir offensichtlich, auch wenn deren Gottesverständnis ihm nicht gerecht wird. Inwiefern besteht dieser von mir gefühlsmässig empfundene Zusammenhang?

Begleiter: *Meine kritischen Aussagen zu den Glaubensinhalten der Religionen dürfen nicht so verstanden werden, dass ich der Religion als solcher ihren Sinn abspreche, wobei ich die Betonung auf d i e Religion lege. Wenn ich von d e r Religion spreche, dann spreche ich die Spiritualität an, die jedem Menschen eigen ist. Diese Spiritualität hat ihren Ursprung in der individuellen Seele; sie beinhaltet das Wissen um ihre wahre Natur sowie ihre Verbundenheit und Sehnsucht mit und nach dem eigenen Ursprung.*

Aus dem Versuch, die mit dieser Spiritualität verbundenen Gefühle und Vorstellungen in Worte und schliesslich in eine allgemeinverbindliche Lehre zu fassen, stammen die Glaubenslehren aller eurer Religionen. Die Inhalte individueller Spiritualität können aber ebensowenig für allgemeinverbindlich erklärt werden, wie das Denken eines einzelnen Menschen für andere als verbindlich erklärt werden kann. Die Lehren und Glaubensinhalte eurer Religionen mögen deshalb Zeugnis über die individuelle Spiritualität ihrer Begründer ablegen, sie tragen jedoch nicht zur Entwicklung der individuellen Spiritualität jener bei, die diese Glaubensinhalte zum Krückstock ihres eigenen Lebens machen.

Jene, deren Glaubensinhalt darin besteht, die Existenz Gottes zu verneinen, um sich allein dadurch als Gläubige erkennen zu geben – denn nicht an die Existenz Gottes zu glauben ist auch Glauben – verleugnen sich jedoch selbst. Denn die Ablehnung der Glaubensinhalte der Religionen ist eine Sache. Sie richtet sich lediglich gegen diese Glaubensinhalte und bleibt – da diese eben nicht göttlich sind – ohne Konsequenz. Eine ganz andere Sache ist es, die Existenz Gottes zu verneinen, denn damit verleugnen sich die Betreffenden im Endeffekt selbst, was für sie selbstredend nicht ohne Konsequenz bleiben kann.

Die Menschen müssen ganz einfach lernen, dass Religion im institutionalisierten Sinn zwar durch Selbsttäuschung eine gewisse Zeit als Krückstock zu dienen vermag. Sie ist jedoch in keinem Fall Ersatz für das der Seele inhärente Bedürfnis nach Spiritualität. Der Mensch muss erkennen, dass Gott nicht der Gott der Christen, nicht Allah und nicht Buddha ist, sondern dass es s e i n ureigener Gott ist.

Jesus hat s e i n e n Gott beschrieben. Er hat sich als sein Sohn bezeichnet, weil er seine Nichttrennung von seinem Ursprung erkannt hat. Seine Botschaft war uneingeschränkt eine „frohe" – im Sinne von freudige – Botschaft. Sünde und Schuld sind Begriffe, die nicht in seiner Botschaft enthalten sind, sondern erst durch die Lehren der institutionalisierten Kirche in sie hinein interpretiert wurden und noch werden.

Den Weg zu s e i n e m ureigenen Gott findet der Mensch ausschliesslich über sein inneres Selbst. Nur so wird er erkennen, dass der verurteilende und strafende Gott ausschliesslich als Disziplinierungs- und Machterhaltungsinstrument der institutionalisierten Religion tauglich ist. Keine Glaubenslehre eurer Welt ist dazu in der Lage, euch den Zugang zu eurem ureigenen Gott zu verschaffen, denn alle diese Lehren richten sich an euren Verstand, und über den führt kein Weg zu Gott!

Unzählige Menschen haben sich von i h r e m Gott abgewandt, weil sie die Lehren der institutionalisierten Religionen für „das Wort Gottes" hielten und darin weder sich selbst noch ihre Gefühle und Bedürfnisse wiedererkannten. Dadurch fehlt ihnen ein Halt, der gerade in eurer tur-

bulenten Zeitepoche unersetzlich ist. Sie haben leider nie erkannt, dass sie mit ihrem Gott untrennbar verbunden sind und „er" sie deshalb ausschliesslich über ihr eigenes inneres Selbst erreichen kann. Ein Gott, der sich über Religionslehren Zugang zu seinen Söhnen und Töchtern verschaffen muss, ergibt nur im Selbstbildnis der institutionalisierten Kirchen – die sich fälschlicherweise als Mittler zwischen Gott und den Menschen verstehen – einen Sinn.

Du hast meine Aussagen insofern richtig verstanden, als ich keinerlei Zweifel an der Existenz Gottes aufkommen lassen möchte. Weil es mir aber nicht möglich ist, eine dem menschlichen Verstand zugängliche Erklärung zu geben, was, wer oder wie dieser Gott ist, kann ich mit meinen Aussagen niemandem jene letzte Sicherheit geben, die er nur in seiner ganz individuellen Kontaktaufnahme mit s e i n e m Gott gewinnen kann. Ich wünsche jedenfalls jedem Menschen, dass er zu diesem Dialog mit seinem eigenen inneren Selbst fähig ist, denn es ist der einzige erfolgversprechende Weg, der euch zu Gott und damit zu eurem eigenen Selbst und Ursprung führt.

Frage: Führt mich Meditation näher zu Gott oder, anders gefragt, bin ich im meditativen Zustand eher dazu fähig, Gott zu begegnen?

Begleiter: *Passender wäre wohl, wenn du von Gebet sprechen würdest. Denn Meditation klingt zwar geheimnisvoller, ist aber doch nichts anderes als Gebet. Und weil es keine Gebetstechniken gibt, ist auch alles, was über Meditationstechniken gesagt und geschrieben wird, nicht wirklich hilfreich. Das ganze Brimborium fernöstlicher Techniken zur Bewusstseinserweiterung verschafft euch genausowenig Zugang zu eurer eigenen Spiritualität, wie dies die Lehren eurer Religionen mit ihren vorgegebenen Gebeten vermögen.*

Das wahre Gebet besteht in einer Anrufung des jedem Menschen inhärenten göttlichen Funkens. Das Gebet, das nach aussen bzw. oben an einen personifizierten Gott gerichtet ist, kann genausogut an die Hauskatze gerichtet werden; die Wirkung ist identisch. Wende dich in deiner Meditation, deinem Gebet an dein eigenes inneres Selbst. Nur so kannst du dir und letztlich Gott nahekommen.

Frage: Wenn der Begleiter sagt, dass wir Menschen nicht weniger Söhne und Töchter Gottes seien, als Jesus sein Sohn war, dann mögen das manche Menschen als Blasphemie empfinden; auf mich wirkt es erhebend und tröstlich zugleich. Nur scheint mir Jesus doch einen direkteren Draht zum Schöpfer gehabt zu haben als wir Durchschnittsmenschen. Was sagt der Begleiter dazu?

Begleiter: *Der stimmt dir uneingeschränkt zu! Doch nur weil du die Augen geschlossen hältst, bist du nicht weiter von dem Baum entfernt, den du bei geöffneten Augen direkt vor dir stehen siehst!*

Jesus hatte nicht deshalb einen – wie du es nennst – direkteren Draht zu Gott, weil der ihm nähergestanden hätte als jedem anderen Menschen auch. Lediglich sein Glaube und sein dadurch gefördertes intuitives Wissen waren ausgeprägter und eröffneten ihm den Zugang zu s e i n e m Gott in stärkerem Masse, als der in seinen eigenen, selbstgeschaffenen Grenzen gefangene Mensch ihm zu begegnen in der Lage ist. Ich versichere dir, dass d e i n Gott seine Hand genauso schützend über dich hält, wie er sie über seinen „Sohn" gehalten hat.

Frage: Meine Frage betrifft das Zölibat, die Ehelosigkeit, zu der sich katholische Geistliche verpflichten müssen. Hat es für einen katholischen Geistlichen Konsequenzen, die über seine irdische Existenz hinausreichen, wenn er dieses Versprechen bricht?

Begleiter: *Die Formulierung deiner Frage ist äusserst vielsagend! Du definierst den Begriff „Zölibat" zwar korrekt als Ehelosigkeit, bist dir aber selbstverständlich bewusst, dass die katholische Kirche darunter vollkommene sexuelle Enthaltsamkeit versteht. Die Diskrepanz zwischen Bedeutung und Interpretation mag erklären, weshalb nur eine verschwindend kleine Minderheit der Betroffenen das Zölibat im Sinne der* *katholischen Kirche lebt bzw. zu leben imstande ist. Die „offizielle" Definition stammt eben noch aus einer Zeit, als Sexualität nur in Verbindung mit Ehe „vorstellbar" war, obwohl die Diskrepanz zwischen erlebter Realität und „offiziellen" Vorstellungen damals selbstverständlich nicht weniger offensichtlich war als in eurer Zeitepoche, weil sich Sexualität als der menschlichen Natur inhärenter Aspekt noch nie an menschlichen – also auch kirchlichen – Moralvorstellungen orientiert hat.*

Selbstverständlich hat es keine über die irdische Existenz hinausreichende Konsequenzen, wenn sich ein Mensch seiner Natur entsprechend verhält – das Gegenteil aber sehr wohl. Sexualität ist ein Aspekt dieser menschlichen Natur und, da auch katholische Geistliche bekanntlich Menschen sind, auch Aspekt ihrer Natur. Aspekte seiner Natur nicht zu leben, ist ausschliesslich dem Menschen vorbehalten, doch ist das dann keine Tugend, sondern vielmehr ein Zeichen der Selbstverleugnung, ein Zeichen dafür, dass sich der Betreffende über die ihm durch die Schöpfung zugedachte Aufgabe zu erheben versucht. Dies gelingt – auch wenn es durch die offizielle katholische Kirche selbstverständlich anders dargestellt wird – auf Dauer nur ganz wenigen. Ihr könnt eure Sexualität bekanntlich auf vielfältige Art und Weise erleben. Darin unterscheiden sich die „Geistlichen" nicht von euch, sehr wohl aber betreffend der Schuldgefühle, die ihr naturgemässes Verhalten in ihnen bewirkt.

Ich möchte mit meinen Ausführungen keineswegs die tiefgründigen Absichten jener schmälern, die sich dem Zölibat unterwerfen. Nur gründet dieses Opfer nicht auf einem Wunsch oder Bedürfnis Gottes, sondern auf dem Wunsch und Bedürfnis der katholischen Kirche, sich – als Institution – und ihre Vertreter als über dem „gemeinen Volke" stehend darzustellen. Der Mensch ist demnach getrieben von seinen Begierden und deshalb schwach. Der katholische Geistliche dagegen hat diese Niederungen der menschlichen Natur und damit seine Begierden überwunden. Die wahre Natur des Menschen als verkörperter Seelenaspekt wird durch dieses Dogma unzutreffend, seine über die körperliche Hülle hinausreichende Natur überhaupt nicht beschrieben.

In seiner „Funktion" als verkörperter Seelenaspekt ist der Mensch an seine Geschlechtlichkeit nicht weniger gebunden als an seinen Körper.

Seinem Gesamtselbst dagegen, also seiner Seele, sind zwar ebenfalls weibliche und männliche Aspekte inhärent, doch sind diese darin zu einer Einheit verschmolzen, das heisst, das Gesamtselbst des Menschen ist androgyn. Sexualität ist demnach das zwingende und einzige verbindende Element, das verkörperten weiblichen und männlichen Seelenaspekten die Erfahrung von und Erinnerung an Einheit – die Erfahrung der Natur des eigenen Gesamtselbst – ermöglicht.

Nachdem die katholische Kirche nun aber durch das Dogma des Zölibats das Menschsein ihrer Vertreter verleugnet, stellt sie diese auf eine Stufe mit dem Gesamtselbst des Menschen – mit der menschlichen Seele. Sie bleibt damit einerseits zumindest ihrer eigenen Irrlehre, die den Menschen als verkörperte Seele versteht, treu. Andererseits dürfte es ihr gerade dadurch noch schwieriger fallen zu erklären, weshalb sie ihre Vertreter über andere Menschen erhebt, ist doch die Gleichheit und Gleichwertigkeit der Seelen integrierender Bestandteil ihrer (ursprünglichen) Lehre.

Das Zölibat muss zwingend Maskerade bleiben, denn es widerspricht dem umfassenden Gesetz – von dem die menschliche Natur ein Aspekt ist – vollumfänglich. Sowenig sich jemals eine Seele in ihrer Gesamtheit verkörpert, sowenig wird jemals ein Mensch auf Erden wandeln, der seine Sexualität überwunden hat, bevor das den biologischen Gesetzmässigkeiten, denen der menschliche Körper unterliegt, entspricht. Wenn auch die körperliche Umsetzung der Sexualität – soweit sie nach einem Partner verlangt – unterdrückt werden kann, so gelingt das bezüglich der durch sie bedingten Vorstellungen und Bilder keinem Menschen – also auch keinem Vertreter der katholischen Kirche.

Nachdem aber nach deren Lehre bereits der Gedanke „sündig“ ist, befindet sich der so unterdrückte Mensch in einem ständigen Konflikt zwischen seiner dem umfassenden Gesetz entsprechenden Natur und der diesem Gesetz widersprechenden Lehre. Akzeptiert und lebt er seine Natur – ist er also ein wahrer Mensch – dann ist er im Sinne der katholischen Lehre ein Sünder. Verleugnet er aber seine wahre Natur, dann ist er im Sinne der katholischen Kirche ein wahrer Geistlicher, vor dem umfassenden Gesetz dagegen ein „Sünder“.

⊙ ⊙ ⊙

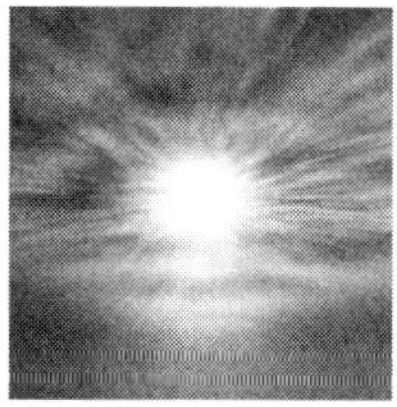

Fragen zur

Psyche, der psychologischen „Seele“

Frage: Die für mich stimmige Aussage des Begleiters, wonach sich eine Seele nicht verkörpert, in unserem Körper also keine Seele wohnt, stellt meines Erachtens die Wissenschaftlichkeit von Psychiatrie und Psychologie in Frage. Was meint der Begleiter dazu?

Begleiter: *Psychiatrie und Psychologie haben bei euch ja auch erst seit ungefähr einhundert Jahren den „Status“ einer Wissenschaft, und dies, obwohl sie weder damals noch heute auch nur im Entferntesten die objektiven Kriterien von Wissenschaftlichkeit in eurem Sinne erfüllen. Die Thesen von Freud sind, soweit sie die jedem Menschen aufgrund eigener Erfahrungen möglichen Schlussfolgerungen im Sinne einer „Laienpsychologie“ übersteigen, mehrheitlich vollkommen absurd. Da hat ein kranker „Geist“ seine eigene Krankheit zu definieren versucht. Traurig genug, dass ein ganzer „Wissenschaftszweig“ sein Menschenbild auf solch absurden Thesen aufbaut.*

Würden sich Psychiatrie und Psychologie in ihrem Selbstbildnis auf Analyse und Beeinflussung eurer Gedankenwelt beschränken, dann wäre dagegen nichts einzuwenden, obwohl selbstverständlich auch Gedanken im wissenschaftlichen Sinne weder mess- noch wertbar sind. Sie würden sich aber in ihrem Selbstbildnis zumindest auf das beschränken, auf das sie bei euch Zugriff haben – auf euren Verstand. Sie berufen sich aber darauf, dass sie „Seelendoktoren“ seien, womit sie behaupten, Einfluss auf Seelen zu haben, obwohl deren Existenz sich wissenschaftlicher Beweisbarkeit entzieht. Auch wenn also die Mehrheit von euch – fälschlicherweise – davon ausgeht, eine Seele zu „besitzen", ist diese vermeintliche Tatsache nicht mehr als eine Annahme. Eine nicht beweisbare Annahme ist im wissenschaftlichen Sinne gleichbedeutend mit Glauben. Wissenschaft und Glauben sind aber – nach bei euch allgemein akzeptierten Regeln – Gegensätze.

Wenn die Existenz der Seele wissenschaftlich nicht beweisbar ist, dann kann eine Lehre, welche diese Existenz zur Grundlage hat, auch bei grosszügigster Auslegung der entsprechenden Kriterien für sich nicht Wissenschaftlichkeit in Anspruch nehmen. Psychiatrie und Psychologie sind Glaubenslehren, deren Thesen – wie bei jeder Glaubenslehre – im wissenschaftlichen Sinne weder beweisbar noch widerlegbar sind. Wer an ihre Wirksamkeit glaubt, der kann subjektive Erfolgserlebnisse erfahren. Der Erfolg hat aber seine Ursache in jedem Fall im Patienten selbst und ist weder ein Beweis für die Existenz einer Seele noch dafür, dass diese erkranken kann. Ursache und Heilung dessen, was ihr als „psychische", also seelische Krankheiten bezeichnet, liegen in jedem Fall in euch selbst.

Frage: Eine der eindrücklichsten Aussage des „Begleiters" war für mich als Psychologe diejenige, wonach unsere psychiatrischen Kliniken voll von Menschen seien, die über erweiterte Wahrnehmung verfügen, das aber nicht in ihr Bild der Realität integrieren können und dadurch auf ihre Umwelt verrückt wirken. Ähnliches vermute ich schon lange. Wo aber soll nun angesetzt werden, um solchen Menschen zu helfen?

Begleiter: *Grundsätzlich kann echte Hilfestellung nur sehr bedingt von aussen kommen. Problematisch sind jedoch bereits die Ansätze eurer Therapien, indem ihr davon ausgeht, dass die durch die erweiterte Wahrnehmung ermöglichten Sinneseindrücke das eigentliche Krankheitsbild darstellen. Diese Sinneseindrücke gehen zwar zugegebenermassen weit über das hinaus, was ihr als „normal" akzeptiert, und doch handelt es sich dabei keineswegs um „Wahnvorstellungen", sondern um Einblicke* *in eine Realität, die eurer gewohnten Art der Wahrnehmung „normalerweise“ verschlossen ist.*

Die Verwirrung dieser Menschen rührt daher, dass sie mit ihrer erweiterten Wahrnehmung nicht umzugehen verstehen, weil diese nicht in den Raster passen, dessen sich ihr Verstand zur Wertung von Sinneseindrücken bedient. Nun ist ja aber dieser Raster weder naturgegeben, noch ist er zuverlässiger Massstab für Realität und Illusion. Er basiert einerseits auf den Regeln, denen sich der Verstand in selbstbeschränkender Weise unterwirft und andererseits auf dem, was euch durch Erziehung und „Bildung“ als vermeintlich allumfassende Realität suggeriert wird.

Wäre die erweiterte Wahrnehmung ein krankhafter Zustand, dann wäre mein irdischer Freund in hohem Masse therapiebedürftig, und doch wirkt er auf seine Umgebung als vollkommen „normaler“ Mensch. Durch seine Einblicke in jenseitige Bereiche der umfassenden Wirklichkeit ist es für ihn eine Tatsache, dass „Dinge existieren, von denen sich eure Schulweisheit nichts träumen lässt“, ohne deswegen Mühe damit zu haben, dass sich der Begriff „Realität“ für die meisten Menschen auf diese „Schulweisheit“ beschränkt. Er hat gelernt zu differenzieren zwischen der „menschlichen“ und der umfassenden Realität und fühlt sich in beiden „Welten“ zu Hause.

Ihr könnt also solche Menschen mit der chemischen Keule betäuben, so dass sie in ihrer Wahrnehmung beschränkt werden und wieder wie „normale“ Menschen funktionieren, oder ihr könnt sie lehren, mit ihrer erweiterten Wahrnehmung umzugehen. Letzteres dürfte deshalb problematisch sein, weil es voraussetzen würde, dass der Therapeut selbst über eine erweiterte Wahrnehmung verfügt, was doch recht unwahrscheinlich ist. So ist auch mein einführender Hinweis zu verstehen, dass echte Hilfestellung für solche Menschen nur sehr bedingt von aussen kommen kann.

Frage: Depressionen werden als psychische, also als seelische Krankheiten verstanden und behandelt. Der „Begleiter“ sagt nun aber, dass die Seele nicht erkranken könne. Wenn es sich – wie er behauptet – um eine Krankheit des Verstandes handelt, wie erklärt er dann die Tatsache, dass immer mehr Menschen daran erkranken, und weshalb sind zum Beispiel Frauen nach der Menopause besonders häufig davon betroffen? Spielt da die verminderte Hormonproduktion eine Rolle und, wenn ja, wie soll diese sich dann auf den Verstand auswirken?

Begleiter: *Es ist schon falsch, das, was ihr unter Depressionen versteht, überhaupt als Krankheit zu bezeichnen. Damit vermittelt ihr den Betroffenen den Eindruck und bestärkt sie in entsprechenden Überzeugungen, dass sie von etwas betroffen seien, dessen Ursache ausserhalb ihrer selbst liege. Mehr als für jede andere „Krankheit" gilt aber gerade für Depressionen, dass sie ihre Ursache ausschliesslich in den davon Betroffenen selbst haben.*

Dieses „in sich selbst" sollte nun aber keineswegs so verstanden werden, dass die „Seele" daran in irgendeiner Weise beteiligt ist. Ihr würdet euch selbst den grössten Gefallen tun, wenn ihr davon Abstand nehmen würdet, die „Seele" als etwas zu verstehen, das auch nur im entferntesten an dem Anteil hat, was ihr als „Gefühlsleben" definiert. Das was ihr unter „Emotionen" versteht, wird bei der überwiegenden Mehrheit von euch ausschliesslich durch den Verstand diktiert. Wenn dieser in seinen Vorstellungen und Wertungen nicht bestätigt wird, dann fühlt ihr euch niedergeschlagen. Euer Gesamtselbst – eure individuelle Seele – erkennt im gleichen Geschehen aber ausschliesslich Konsequenzen eurer Denkhaltung. Diese ist aber ein reines Produkt eures an das physische Gehirn gebundenen Verstandes. Eure individuelle Seele drückt sich weder über euren Verstand aus, noch leidet sie an den durch diesen verursachten Konsequenzen.

Bezeichnet ihr ein trotziges Kind als krank? Sicher nicht! Wieso also soll dann ein depressiver Mensch krank sein? Unzutreffender Vergleich? Mitnichten! Depressionen sind nichts anderes als Trotzreaktionen eures Verstandes, weil er in seiner Wertung der Realität nicht bestätigt wird! Anstatt diesen Verstand nun aber zu zwingen, sein Bild der Realität zu relativieren, wird er mit Medikamenten eingenebelt, was es ihm ermöglicht, sein unzutreffendes Bild der Realität zu konservieren. Die Folge: Einmal depressiv – immer wieder depressiv!

Anhand des durch dich angesprochenen Beispiels – Frauen nach der Menopause – lassen sich die „Gesetzmässigkeiten", unter denen eine Depression entsteht, sehr anschaulich erklären: So wie Männer ihr Mannsein in übertriebenem Masse auf ihre Zeugungsfähigkeit reduzieren – und auf deren Verlust mit Depressionen reagieren –, reduzieren viele Frauen das Frausein in ihrem Selbstverständnis auf ihre Empfängnisfähigkeit. Mit der Menopause verliert dieses Selbstverständnis gezwungenermassen sein Fundament und bedingt, dass sich die Frau über andere Eigenschaften und Fähigkeiten definiert. Zumal sie sich gleichzeitig auch von dem gesellschaftlich festgelegten Schönheitsideal entfernen, gelingt das vielen erst nach einer Phase des Leidens, die ihr als „Depression" bezeichnet. Für einen Menschen, der in sich selbst gefestigt ist, der sein Selbstwertgefühl nicht aus Oberflächlichkeiten wie z. B. Aussehen, sozialem Status oder biologisch bedingten Eigenschaften schöpft, werden Veränderungen dieser Werte nicht mit Leiden in derart konzentrierter Form einhergehen.

Dass die Menopause bei Frauen und die verminderte Virilität bei Männern mit einer Veränderung im Hormonhaushalt eures Körpers einhergeht, ist bekannt. Nachdem von dieser verminderten Hormonproduktion alle Menschen ab einem bestimmten Alter betroffen sind, das aber nur bei etwa einem Drittel zu depressiven Verstimmungen führt, besteht ein kausaler Zusammenhang zwischen verminderter Hormonproduktion und Depression ganz offensichtlich nicht. Die verminderte Hormonproduktion führt aber zu einem veränderten Körpergefühl. Widerspricht dieses nun aber zu stark der durch den Verstand mit bestimmten Werten – Empfängnisfähigkeit, Schönheit, Zeugungsfähigkeit, Kraft – in Verbindung gebrachten Selbstwahrnehmung, dann entsteht ein Konflikt zwischen der aktuellen körperlichen Realität und dem, was der Verstand als Realität akzeptiert. Trotzig wie euer Verstand nun einmal ist, reagiert er mit einer Depression.

Nachdem eure Mediziner den tiefen Sinn der verminderten Hormonproduktion nicht verstehen und diese in ihrem Denken lediglich Teil des Alterungsprozesses ist – den es ohnehin mit allen Mitteln zu bekämpfen gilt–, ist es verständlich, dass sie euch die Einnahme von Hormonpräparaten die euren „Hormonspiegel" auf ein Niveau ansteigen lasm sich euer Körpergefühl wieder mit der durch den Verstand n Selbstwahrnehmung deckt.

ne als Psychopharmaka! Um den trotzenden Verstand ruhigzustellen, erspart man ihm die Auseinandersetzung mit veränderten Begebenheiten und suggeriert ihm, dass sein Bild der Realität unveränderlich und richtig sei. Deshalb müsst ihr dann die Hormonpräparate lebenslang einnehmen, sonst ist der psychische und physische „Absturz" vorprogrammiert.

Eure Mediziner werden viele Argumente finden, mit denen sie den Eingriff in den Hormonhaushalt rechtfertigen, doch tatsächlich spricht sogar unter Zugrundelegung eurer Wertvorstellungen nichts dafür, sondern alles dagegen, dass der Mensch in die biologischen Gesetzmässigkeiten, denen euer Körper nun einmal unterliegt, eingreift. Eure Mediziner verschreiben Medikamente, von deren Wirkung sie wenig wissen, für „Krankheiten", von deren Gesetzmässigkeiten sie noch weniger wissen, an Menschen, von denen sie gar nichts wissen. Ihr Handeln entspricht dem „Füttern" eines von ihnen selbst geschaffenen Perpetuum mobile: Mit dem Argument, die Lebensqualität der Menschen zu erhöhen, verursachen sie Krankheit und Schmerz, für deren Behandlung sie sich dann zuständig erklären.

Nun zu deiner Frage, weshalb – wenn Depressionen eine Krankheit des Verstandes seien – dann immer mehr Menschen daran „erkranken":

Der Mensch ist jung, schlank, immer sonnengebräunt und in jedem Fall schön. Er ist privat und beruflich erfolgreich. In der Gosse geboren, steigt er dank unbändigem Willen und Leistung zu unermesslichem Reichtum und Glück auf. Er besitzt alles, was man sich an materiellen Gütern nur wünschen kann. Er kennt keine materiellen Sorgen, ist immer glücklich und braucht sich weder über das Heute noch das Morgen Gedanken zu machen.

Die Frau ist jung, schlank und wegen ihrer Schönheit beliebt und begehrt. Sie steht auf jeder Party im Mittelpunkt und hat einen Partner, der ihr alle materiellen und imateriellen Wünschen von den Augen abliest. Eine Schar braver, bescheidener, immer netter Kinder ist eine Selbstverständlichkeit.

Der Mann ist jung, strotzt vor Kraft und Lebensfreude, ist vo zähligen Urlauben, die er sich leisten kann, stets sonnengebräunt jeden anderen beruflich und sportlich in den Schatten. Er fährt e sigen Sportwagen, und die schönsten Frauen der Welt begehren nur ihn.

Das sind virtuelle Bilder der Realität, geschaffen aus den suggestiven Informationen eurer Medien. Kein „normaler" Mensch würde – danach befragt – dieses durch die Medien vermittelte Bild als Realität bezeichnen, und doch orientiert sich eine Mehrheit dieser „normalen" Mensch in ihren Vorstellungen und Wünschen daran. Dass kein einziger Mensch – also auch nicht die Darsteller in den Medien – diesem Bild von Mensch, Frau oder Mann entspricht, ist immer weniger Menschen bewusst. Sie messen ihre eigene erlebte Realität an einer durch die Medien vermittelten Illusion.

Irgendwann erwacht nun aber jeder aus der medialen Massensuggestion, sieht sich zurückgeworfen auf seine eigene individuelle Realität und erkennt: Menschen sind nicht jung, schlank, sonnengebräunt und schön. Menschen sind nicht beruflich und privat erfolgreich. Menschen verbringen nicht mehrmonatige Urlaube in ihren eigenen Villen am Strand. Menschen haben materielle Sorgen usw. Nachdem aber andere Menschen – von denen sie zwar keinen kennen – durch „harte" Arbeit das imaginäre Ziel erreicht haben, das sie selbst trotz starkem Willen und Leistungsbereitschaft verpassten, verfallen die „Träumer" dann in Selbstmitleid und Melancholie.

Die meisten von euch haben sich einst, damals, als das Leben wie ein unbeschriebenes Blatt Papier vor ihnen lag, Vorstellungen davon gemacht, wie sie dieses leere Papier mit einer aussergewöhnlich Lebensgeschichte füllen werden. In euren Lebensträumen habt ihr euch an gesellschaftlichen Wertvorstellungen wie „Individuelle Leistung schafft individuellen Wohlstand" orientiert. Ihr wart davon überzeugt, dass eure Vorstellungen auf euren eigenen Gedanken gründen und habt euch dabei doch wie Fische verhalten – ihr habt den ausgelegten Köder bereitwillig geschnappt! Ihr habt nicht – oder zumindest zu spät – erkannt, dass das Träumen und die Gier der Massen nach materiellem Wohlstand euer Wirtschafts- und Gesellschaftssystem erst am Leben erhält.

Diese Gesetzmässigkeiten wird die Mehrheit von euch zwar irgendwann im Verlaufe des Lebens begreifen, doch obwohl „Begreifen" von eurem Verstand abhängig ist, bezieht er das Begriffene nicht auf die durch ihn selbst geschaffene Realität. Er sieht keinen Widerspruch darin, die Grundlagen dessen, was er euch selbst als Realität „deklariert", als Illusion zu erkennen und gleichzeitig an dieser „Realität" festzuhalten. Wird er nun aber durch die äusseren Umstände – eure erlebte Realität – dazu gezwungen, sein auf einer Illusion gründendes Bild der Realität zu hinterfragen, dann verfällt er in jene Trotzreaktion, die Ursache depressiver Verstimmungen ist.

Deine Frage lässt sich demnach zusammenfassend so beantworten, dass je mehr Menschen sich in ihrer „Lebensplanung" an dem euch durch die Medien vermittelten Bild der Realität orientieren, desto grösser die Zahl derer sein wird, die an Depressionen leiden. Aber auch hier gilt, was ich bereits bei anderer Gelegenheit gesagt habe: Depressionen sind nicht eine Krankheit in eurem Sinne, sondern die Aufforderung, die erlebte Realität zu akzeptieren, wie sie ist, und sich in ihrer Wertung nicht an Illusionen – insbesondere durch die Medien vermittelten – zu orientieren.

Frage: Was ist wichtig, um die Psyche gesund zu erhalten und aus psychischen Krankheiten herauszufinden?

Begleiter: *Wie bereits ausführlich erörtert, ist die Seele etwas völlig anderes als das, was eure Psychiater, Psychologen und sogenannten „Seelsorger" mit ihren Therapien zu erreichen und zu manipulieren versuchen. Wenn ich bei der Beantwortung deiner Frage trotzdem den Begriff „Psyche" verwende, so spreche ich damit den gehirnzentrierten Verstand an.*

Seine beschränkte Wahrnehmungsfähigkeit erlaubt es dem Menschen nicht, die wahre Natur (s)einer Seele zu erfassen. Jede sprachliche Annäherung führt letztlich zu einem schematischen Bild, das euch die seelische Realität bestenfalls erahnen lässt. Ihr verfügt aber mit eurer Intuition über ein Instrument, das es euch ermöglicht, die Existenz und die tur eurer Seele und damit auch die Existenz Gottes zu erfassen. ist lediglich ein hohes Mass an Aufmerksamkeit für euer eigenes inneres Wesen erforderlich. Versucht euch darin, und ihr werdet keinerlei Zweifel mehr daran haben, dass sowohl Gott als auch eure Seele eine – wenn auch nach menschlichen Massstäben nicht beweisbare – Realität darstellen.

Ich habe gesagt, dass die Seele etwas ganz anderes ist als das, was eure Psychiater, Psychologen und „Seelsorger" damit anzusprechen glauben. Alles, was sie und ihr mit dem Begriff „Psyche" verbindet, betrifft ausschliesslich euren Verstand. Der Verstand ist ein Produkt – eine Schöpfung – eures physischen Gehirns. Eure Seele ist aber weder an dessen Funktion noch an den dadurch gewonnenen Eindrücke beteiligt. Ebensowenig ist sie aber auch durch das physische und psychische Leiden tangiert, das dieser Verstand durch seine Wertung des Seins in euch erschafft.

„Sprachrohr" eurer Seele ist die Vernunft. Die Vernunft ist in gewissem Sinne der Gegenpol zum Verstand. Das wird in eurem Sprachgebrauch oft etwas durcheinandergebracht. Wenn ihr z. B. den Begriff „Vernunft" für verstandesgemässes Handeln (miss-)braucht, dann zeigt das bestenfalls, dass ihr geneigt seid, das „Herz" dem Verstand unterzuordnen. Der Verstand drückt sich durch das aus, was ihr unter „Intelligenz" versteht. Die Vernunft dagegen findet ihren Ausdruck in der Intuition – im Gefühl. Ein Vernunftsentscheid ist demnach ein Entscheid aufgrund eurer Intuition, während euer Verstand euch ausschliesslich Entscheidungen ermöglicht, die in dem durch ihn selbst geschaffenen Raster sinnvoll erscheinen.

Nun steht die Vernunft aber – wie ihr alle aus eigener Erfahrung bestens wisst – in einem endlosen Kampf mit den durch den Verstand vorgegebenen und akzeptierten Kriterien dessen, was Realität und was Illusion ist. Psychisch gesund ist jener Mensch, der ein Gleichgewicht zwischen Verstand und Vernunft zu wahren weiss. Während der Verstand ein unabdingbares Instrument dafür ist, dass sich der Mensch in der materiellen Realität zurechtfindet, ist die Vernunft ein ebenso unabdingbares

Instrument, um eine Verbindung zwischen der materiellen und der darüber hinausreichenden, umfassenden Realität herzustellen, die einen ungleich grösseren Einfluss auf euch ausübt, als euch eure Schulweisheit glauben macht.

Auch wenn das in eurer Wertung anders dargestellt wird, so beschreiben die durch die Vernunft – also intuitiv – empfangenen Eindrücke nicht weniger eine objektive Realität als die Eindrücke, die euch über euren Verstand erreichen. Gerade weil sich eure gesellschaftlich sanktionierten Wertvorstellungen so ausschliesslich an dem orientieren, was euch euer Verstand vermittelt, fühlt ihr euch durch die vernunftgesteuerten Eindrücke stets in einer Konfliktsituation. Der psychisch gesunde Mensch wird erkennen, das die gesellschaftlich sanktionierten Wertvorstellungen Konventionen darstellen, die eine Zivilisation – in dem Sinne wie ihr das versteht – erst ermöglichen. Er wird wenig Mühe haben, seine „Rolle" auf der Bühne des durch den menschlichen Verstand geschriebenen Theaterstückes zu spielen.

Abweichungen von einem gesunden Gleichgewicht zwischen Verstand und Vernunft sind im vorgenannten Sinne in beide Richtungen zu beobachten. Weil aber die einseitige oder zumindest überwiegende Fokussierung der individuellen Wahrnehmung auf die durch die Vernunft vermittelten Eindrücke in eindeutigem Widerspruch zu den auf verstandesgemässes Handeln ausgerichteten Wertvorstellungen eurer Gesellschaft stehen, wird der betroffene Mensch von dieser Gesellschaft als „psychisch krank" empfunden und entsprechend beurteilt. Das exakte Gegenteil – nämlich die einseitige Fokussierung der Wahrnehmung auf die durch den Verstand vermittelten Sinneseindrücke – wird in eurer Gesellschaft dagegen nicht als Ausdruck eines krankhaften Zustandes erkannt; dieser Zustand wird nachgerade gefordert und gefördert.

Die Psyche gesund zu erhalten, erfordert demnach die Aufrechterhaltung des euch angeborenen Gleichgewichtes zwischen der Integration von physischen (Verstand) und psychischen (Intuition) Eindrücken in eure Wahrnehmung der Realität.

Frage: Sind psychische Krankheiten manchmal auf esoterische Begebenheiten zurückzuführen (Einfluss von Telepathie etc.)?

Begleiter: *Massgebend ist letztlich – wie bei allem, was auf eure erlebte Realität einen Einfluss hat – die Macht, die ihr selbst in eurem Denken solchen Einflüssen zugesteht. Wenn ihr davon überzeugt seid, dass ein anderer Mensch über die Macht verfügt – z. B. mittels Telepathie – Einfluss auf eure „Psyche" zu nehmen, dann öffnet ihr entsprechend destruktiven Energien einen Kanal. Das bedeutet aber keineswegs, dass irgendein Mensch oder auch ein jenseits der materiellen Realität zentriertes Wesen irgendeinen Einfluss auf euch hätte, sondern ihr setzt euch – durch eure Glaubens- und Wertvorstellungen – vollkommen freiwillig negativen, destruktiven Energien aus, die selbstverständlich um euch in gleichem Masse existieren wie – in eurem Sinne – positive, konstruktive Energien.*

Frage: Ist es gefährlich, als psychisch Kranker mit übersinnlichen Welten in Kontakt zu treten, z.Bsp. durch Austritt aus dem Körper, magische Praktiken (Gläserrücken etc.), Alternativmedizin wie Bachblüten, Aura-Soma, Meditation, Hypnose?

Begleiter: *Wie bereits dargestellt, ist eine psychische Erkrankung in jedem Fall auf ein gestörtes Gleichgewicht in der Wahrnehmung zurückzuführen. Nun werden aber gerade bei spirituellen Erfahrungen wie Austritte aus dem physischen Körper – wobei ich ausschliesslich Projektionen anspreche -, bei magischen Praktiken wie Gläserrücken und teilweise auch bei gewissen Meditationspraktiken überwiegend oder gar ausschliesslich jene Aspekte eurer Wahrnehmung angesprochen, die dadurch, dass sie eben im Alltag überbewertet werden, bereits Ursache der psychischen Erkrankung sind. Es ist also selbstredend, dass die Beschäftigung mit solchen Praktiken in vielen Fällen zu einer Verschlimmerung des Krankheitsbildes führt.*

Hypnose – ganz egal mit welcher Begründung und Zielsetzung sie angewandt wird – ist grundsätzlich weder einem psychisch Gesunden noch einem psychisch Kranken zu empfehlen. Hypnose bedeutet immer, sich zu öffnen, sich treiben zu lassen, sich auszuliefern und die Kontrolle über sich selbst mehr oder weniger vollständig abzutreten. Auch dabei öffnet ihr euch sowohl konstruktiven als auch destruktiven Energien, mit entsprechenden Auswirkungen auf eure Persönlichkeit, nur seid ihr dabei ausserstande diese voneinander zu unterscheiden.

Die Anwendung von Alternativmedizin dagegen ist für einen psychisch kranken Menschen unbedenklich. Gerade weil ihr Bild der Realität stark durch intuitiv empfangene „Sinneseindrücke" geprägt ist, können durch alternativmedizinische Methoden und Therapien bei ihnen oft Erfolge verzeichnet werden, welche die gleichen Methoden und Therapien bei den sogenannten psychisch Gesunden kaum zu erzielen vermögen.

⊙ ⊙ ⊙

Fragen zu den Geboten

PdF: Das in der folgenden Frage angesprochene 6. Gebot lautet gemäss Bibeltext: „Du sollst nicht töten". In neueren Bibelausgaben wurde – vermutlich um dem „Zeitgeist" zu entsprechen – der Begriff „töten" durch „morden" ersetzt. In den im Buch „Im Herzen der Wirklichkeit" veröffentlichten Aussagen meines Begleiters geht dieser unter anderem auf die „Zehn Gebote" ein und erklärt den ihnen innewohnenden Sinn dadurch, dass er sie *„… in einer Annäherung an die Wortwahl der Botschaften zum Zeitpunkt ihrer Übermittlung …"* zitiert. Er nennt das dann *„die authentische Botschaft"*. Danach lautete das 6. Gebot ursprünglich wie folgt: *„Du sollst nicht töten, denn Leben wird allem von seinem Schöpfer gegeben, und das, was der Schöpfer gegeben hat, darf der Mensch nicht nehmen. Aus einem Leib ist alles, was ist auf Erden, sei es geschaffen als Pflanze, als Tier oder als Mann und Frau. Darum tötet jeder, der tötet, seinen Bruder. Tötet nicht, noch esset das Fleisch derer, die getötet wurden. Seht, euch sind alle Pflanzen der ganzen Erde, die Samen tragen, gegeben zu eurer Speise. Wenn ihr diese Pflanzen nehmt zu eurer Speise, so nehmt ihr in euch auf die Sanftmut der Pflanze. Wenn ihr aber nehmt das Fleisch des Tieres zu eurer Speise, so nehmt ihr in euch auf die Eigenschaften des Tieres, die da sind seine Triebe."*

Frage: Wenn ich das 6. Gebot in seinem – gemäss dem Begleiter – authentischen Sinn zu verstehen versuche, dann komme ich zum Schluss, dass dieses für ganze Völker schlichtweg unerfüllbar ist. Wie sollen z. B. die Inuit, also die Eskimos, überleben, wenn der Verzehr von Fleisch ein Verstoss gegen dieses Gebot sein soll? Habe ich da irgend etwas nicht verstanden?

Begleiter: *Vermutlich, aber das ist für euch ja auch nicht ganz einfach zu verstehen. Wenn du die Gebote als Gesetze – du darfst nicht, sonst wirst du bestraft! – verstehst, dann entspricht deine Interpretation nicht dem ihnen inhärenten Sinn, denn dieser lautet: „Du solltest nicht … denn das hätte unausweichliche Konsequenzen, die du eigentlich nicht in Kauf nehmen möchtest!“. Das Gebot verurteilt also nicht die Lebensweise der Eskimos, weil ein Gebot nicht urteilt oder verbietet, sondern es „empfiehlt“. Es ist aber zutreffend, dass deren Lebensweise nicht mit dem Gebot vereinbar ist, doch trifft das auf andere Völker nicht weniger zu als auf die Eskimos. „Schuld“ trifft aber nicht die derzeit lebenden Menschen, sondern die Ursachen gehen viele tausend Jahre in die Geschichte der Menschheit zurück.*

Eurer derzeitigen Existenz als materialisierte Aspekte individueller Seelen wohnt kein anderer Sinn inne als der, dass ihr im Dienste der Gesamtheit aller individuellen Seelen Erkenntnisse aus Erfahrungen schöpft, die in der Art nur in der materiellen Realität, also innerhalb der Schöpfung eurer Seelen, möglich sind. Nachdem ihr über einen freien Willen verfügt, der euch Handlungen ermöglicht, die nicht in Übereinstimmung mit den Zielen eurer Existenz stehen, bedürft ihr gewissermassen einer Orientierungshilfe, die euch die Grenzen eures Handelns aufzeigt. Diese Orientierungshilfe ist durch das umfassende Gesetz bestimmt und wurde euch immer wieder in Form der Gebote zugänglich gemacht. Eine Handlung, die im Widerspruch zu den Geboten steht, erschwert in ihrer Konsequenz die Aufgabenstellung der Gesamtheit aller Seelen und damit letztlich auch eure eigene Aufgabe.

Bei den Geboten handelt es sich also wie gesagt um eine Orientierungshilfe. Weil ihr aber stets den Versuchungen eures freien Willens und den Einflüsterungen eures Verstandes ausgeliefert seid, ist es fast au geschlossen, dass ihr ein Leben führen könnt, das jederzeit vollkomme in Übereinstimmung mit den Geboten steht. Ihr selbst müsst – immer im Bewusstsein, dass jeder Verstoss für euch und die Gesamtheit aller Seelen Konsequenzen hat – entscheiden, wann und wo ihr nicht in der Lage oder nicht bereit seid, euch bei euren Handlungen an den Geboten zu orientieren. Ihr werdet dabei Fehlentscheidungen nicht vermeiden können, doch Irrtümer sind nicht nur menschlich, sondern seelisch, denn ihr selbst verdankt eure (materielle!) Existenz schliesslich einem Irrtum eurer Seelen! (Siehe dazu „Die Geburt der Seele".)

Nun sind aber für die Gesamtheit aller individuellen Seelen nicht alle eure Irrtümer in ihrer Konsequenz gleich schwerwiegend. Weil Töten in seiner Konsequenz immer Verunmöglichung von Erfahrungen und den daraus resultierenden Erkenntnissen in der materiellen Dimension bedeutet, diese aber innerhalb der Aufgabenstellung der Gesamtheit aller Seelen unabdingbar sind, ist ein Verstoss gegen das 6. Gebot für diese und damit auch für euch der schmerzhafteste Irrtum, dem ihr erliegen könnt. Ich wähle mit Absicht den Begriff „Irrtum", denn wenn ihr die aus euren Verstössen gegen das umfassende Gesetz resultierenden Konsequenzen verstandesgemäss erfassen könntet, ihr würdet bestimmt alles unternehmen, um diese Verstösse zu vermeiden. Tut ihr es heute nicht, dann deshalb, weil ihr dem Irrtum erlegen seid, eure Handlungen hätten keinerlei über die irdische Rechtsprechung hinausreichende Konsequenzen.

Wenn ihr ein Leben in Übereinstimmung mit dem umfassenden Gesetz anstrebt – und das hoffe ich doch -, dann scheint es mir wichtig, dass ihr euch einerseits der Tatsache bewusst seid, dass ihr in ein Umfeld hineingeboren worden seid, das in wesentlichen Teilen nicht dem umfassenden Gesetz entspricht, und andererseits, dass ihr euch stets von neuem mit der Entscheidung konfrontiert sehen werdet, wo und wann sich ein Verstoss gegen die Gebote für euch nicht vermeiden lässt. Das Hineingeborenwerden in ein Umfeld, das sich nicht am umfassenden Gesetz orientiert, entbindet euch als selbstverantwortliche Wesen nicht von der Pflicht, dieses Umfeld so zu verändern, dass ihr selbst in der Lage seid, euer Leben in Übereinstimmung mit dem umfassenden Gesetz zu gestalten. Ich bin mir bewusst, dass das gerade in eurer Zeitepoche schwieriger denn je ist.

Seid euch einfach stets bewusst, dass – entgegen eurer gesellschaftlichen Wertvorstellungen – am Ende eures Lebens nicht zählt, welchen sozialen Status ihr innegehabt, welche Funktion ihr in der menschlichen Gemeinschaft ausgeübt habt, noch was ihr besessen und hinterlassen habt. Die Essenz eures Lebens, die dannzumal Teil eures Ichs geworden ist, sind die Erkenntnisse, die ihr aus den Erfahrungen dieses Lebens geschöpft habt. Wenn ihr diese Gesetzmässigkeit eures Seins verstanden habt, dann werdet ihr nun auch meine Aussage verstehen, wonach der Bettler am Ende seines Lebens in aller Regel reicher ist als der König.

Das umfassende Gesetz und die Gebote vermögen euch in diesem Sinne Hinweise zu geben, wie ihr euer Leben am einfachsten als „Reiche" abschliesst; sie vermögen aber nicht, euch die Hindernisse, denen ihr auf dem Weg zu diesem Ziel begegnet, beiseite zu räumen. Ob ihr diese übersteigen oder dadurch umgehen wollt, dass ihr den empfohlenen Weg kurzfristig verlasst, ist eurem freien Entscheid überlassen. Übersteigen mag oft mühsamer sein, als einen Umweg zu wählen, aber ihr seid zumindest sicher, auf dem richtigen Weg zu sein, während euch der Umweg gar nicht so selten weit von der geplanten Route wegführt.

In eurer erlebten Realität bedeutet das, dass ihr in eurem Leben nicht umhin kommt, euch zwischen dem mit Hindernissen gepflasterten Weg, der euch in Übereinstimmung mit den Geboten zu eurem Ziel führt, und einem Umweg, der es euch zwar ermöglicht, manchen dieser Hindernissen auszuweichen – in eurem Sinne ein unbeschwerteres Leben zu führen –, euch aber mit allen darin eingeschlossenen Konsequenzen von diesem direkten Weg wegführt, zu entscheiden. Mag sich der einzelne von euch beim ersten Hindernis auch noch dazu entschliessen, dieses auf dem direkten Weg zu überwinden, so bedeutet das noch lange nicht, dass er deshalb den direkten Weg bis zum Ende geht. Die Einhaltung eines Gebotes ist also nicht gleichbedeutend mit einem Leben in Übereinstimmung mit dem umfassenden Gesetz. Die Inuit mögen zwar gegen das 6. Gebot verstossen, doch orientiert sich ihr Wertesystem trotzdem in bedeutend stärkerem Masse am umfassenden Gesetz als das der Industriegesellschaften.

Es ist richtig, dass ein Leben, das sich in jeder Beziehung am umfassenden Gesetz orientiert, das Töten und den Verzehr von Tieren ausschliesst. Das wäre in euren Industriegesellschaften auch ohne bedeutende Einschränkungen möglich. Doch auch darin gibt es Menschen, die sich mit der Entscheidung konfrontiert sehen, gegen das 6. Gebot zu verstossen. Damit meine ich keinesfalls Menschen, die in Städten oder in gemässigten Klimazonen leben. Doch auch bei euch leben Menschen z. B. in Berggebieten, wo ein Leben als Selbstversorger in Übereinstimmung mit dem Gebot, dass dein Überleben nicht das Töten von Tieren erfordert, ausgeschlossen ist.

Natürlich könnt ihr dagegen einwenden, dass heute eine Versorgung mit vegetarischen Lebensmitteln bis in die entferntesten Regionen möglich und weitgehend auch sichergestellt sei. Doch steht dem entgegen, dass es auch unter euch Menschen gibt, die sich ihrer uneingeschränkten Eigenverantwortung bewusst sind. Das schliesst das Bewusstsein mit ein, dass ihr die Verantwortung für die Produktion eurer Nahrung nicht einfach auf Produzenten und Verteiler abschieben könnt. Eine vegetarische Ernährung erübrigt diese Selbstverantwortung des einzelnen in eurer Zeitepoche keineswegs.

Die Ernährung mit vegetarischen Lebensmitteln garantiert nicht im entferntesten ein Leben in grössererer Übereinstimmung mit dem umfassenden Gesetz als eine Ernährung, die das Töten von Tieren erfordert, denn die „zeitgemässen" Produktionsmethoden vegetarischer Lebensmittel – inklusive der sogenannten, in Monokulturen produzierten Bio-Produkte – steht nicht weniger im Widerspruch zum umfassenden Gesetz als das Töten von Tieren. In beiden Fällen wird einem anderen, gleichwertigen Teil des umfassenden Ganzen ein eigener, von menschlichen Wertvorstellungen unabhängiger Sinn des Seins aberkannt. Dass Tiere ausschliesslich zu diesem Zweck „gezüchtet!" und Pflanzen ausschliesslich zu diesem Zweck „angebaut!" werden, schmälert oder relativiert den diesen Handlungen inhärenten Verstoss gegen das umfassende Gesetz selbstverständlich nicht.

Wenn ihr nun – und davon gehe ich aus – aufgrund meiner Ausführungen der Meinung seid, dass ihr bereits in eurer Ernährung Sachzwängen ausgeliefert seid, die euch ein Leben in Übereinstimmung mit dem umfassenden Gesetz verunmöglichen, dann seht ihr euch dennoch lediglich einem jener Hindernisse gegenüber, denen ihr auf eurem Weg zuhauf begegnet. Ich will und darf euch keine Ratschläge erteilen, wie ihr solche Hindernisse mittels eures freien Willens überwinden könnt. Solltet ihr aber zu jenen Menschen gehören, die sich selbst vegetarisch ernähren und jenen Menschen, deren Speiseplan auch Fleisch enthält, mit erhobenem Zeigefinger begegnen, dann solltet ihr euch einfach bewusst sein, dass Vegetarier keineswegs „bessere" Menschen sind.

Ob Vegetarier oder Fleischesser, ihr seid eigenverantwortlich für eure Nahrung, und das beinhaltet eben auch die Verantwortung für ihre „Produktion". Das bedeutet: Der Selbstversorger, der sich Tiere zwar ihrer Natur entsprechend, aber letztlich doch als Teil seiner Ernährung hält, lebt nicht weniger in Übereinstimmung mit dem umfassenden Gesetz als der Vegetarier, der sich im „Supermarkt" mit Nahrung versorgt!

Frage: Mein Lebenspartner arbeitet in einem Unternehmen, das Waffen produziert. Folgt man den Ausführungen des Begleiters, dann trägt er damit Mitverantwortung am Tod von Menschen, die durch diese Waffen ums Leben kommen, und hat daraus die gleichen Konsequenzen zu erwarten wie diejenigen, welche diese Waffen zum Töten einsetzen. Für meinen Lebenspartner – der sich ansonsten als Fan des Begleiters bezeichnet – ist das nicht nachvollziehbar; es widerspricht seinem Verständnis von Gerechtigkeit. In unserer Gegend haben die Menschen nicht viele Alternativen, sich ihren Lebensunterhalt zu verdienen. Selbstverständlich sind viele darüber unglücklich, doch trösten sie sich mit dem Argument, dass es schliesslich nicht die Waffen sind, die töten, sondern die Menschen. Der Begleiter wird dieses Argument wohl nicht akzeptieren, oder?

Begleiter: *Ich akzeptiere jedes Argument, denn es steht mir nicht zu, euch zu richten. Was ich akzeptiere ist in diesem Zusammenhang ohnehin* *nicht von Bedeutung, denn ich repräsentiere nicht das umfassende Gesetz. Dieses aber kennt keine Argumente, die einen Verstoss rechtfertigen würden. Ein solcher Verstoss trägt seine Konsequenz in sich selbst, und diese orientiert sich nicht an menschlichen Wertvorstellungen wie „Gerechtigkeit". Strafe kann gerecht oder ungerecht sein, Konsequenz dagegen kann zumindest nicht ungerecht sein, denn sie ist zwingende Fortsetzung der Handlung selbst.*

Wenn du Wasser berührst, dann wirst du nass; wenn du Feuer fühlen willst, dann verbrennst du dich; wenn du einatmest, musst du ausatmen; wenn du tötest, dann verhinderst du physische Existenz, die auch deinem Gesamtselbst dienen würde usw. Doch keine dieser Konsequenzen lässt sich mit dem menschlichen Massstab „Gerechtigkeit" erklären oder werten, denn es handelt sich schlicht um die einzig mögliche Folge der vorausgehenden Handlung.

Das Argument, dass nicht Waffen, sondern Menschen töten, wird – aus ganz unterschiedlichen Gründen – immer wieder als Rechtfertigung vorgebracht, obwohl jeder Mensch intuitiv weiss, dass das völlig absurd ist. Waffen sind nicht einfach Instrumente, die das Töten erleichtern. Waffen sind Instrumente, die das Töten auf diese Art erst ermöglichen. Der Sinn und Zweck von Waffen besteht nicht darin, Brot zu backen, den Acker zu bestellen, Nächstenliebe zu ermöglichen usw. Ihr Sinn und Zweck beschränkt sich darauf, Menschen zu ermöglichen, andere Menschen zu ängstigen, zu verletzen oder gar zu töten.

Nur ein sehr geringer Teil jener Menschen, die mit Waffen töten, wäre dazu fähig, dasselbe ohne Waffe zu tun. Jeder, der an der Produktion von Waffen beteiligt ist – und füge er dieser auch nur eine Schraube bei – ist sich dabei bewusst, dass er mit seiner Tätigkeit töten ermöglicht und fördert. Eine Tätigkeit in der Waffenproduktion ist also – ungeachtet des Beitrags des einzelnen – ohne jede Einschränkung Beihilfe zum Töten und trägt deshalb nach dem umfassenden Gesetz „logischerweise" die gleichen Konsequenzen in sich wie das Töten selbst!

Wie bei anderer Gelegenheit ausführlich erörtert, werdet ihr im Verlaufe eurer irdischen Existenz immer wieder mit Entscheidungen und Versuchungen konfrontiert, die euch ein Leben in Übereinstimmung mit dem umfassenden Gesetz erschweren. Du sprichst davon, dass den Menschen in der Gegend, in der du und dein Partner leben, nur wenige Alternativen zum Verdienen ihres Lebensunterhaltes offenstehen. Ich stimme dir zu, dass das ein Leben in Übereinstimmung mit den Geboten und dem umfassenden Gesetz nicht erleichtert. Andererseits gebe ich dir zu bedenken, dass ihr den Ort und das Umfeld eurer Geburt ganz bewusst gewählt habt.

Wenn dieser Ort und das Umfeld ein Leben in Übereinstimmung mit dem umfassenden Gesetz erschweren, dann deshalb, weil eure Lebenspläne die Überwindung dieser Hindernisse als eine Aufgabe vorsehen, die ihr euch selbst gestellt habt. Ob, wie und wann ihr euch dieser Aufgabe stellen wollt oder ob ihr das Hindernis umgeht, ist einmal mehr eurem freien Willen überlassen. Wenn ihr euch der Aufgabe stellt, dann ist das – aus eurer heutigen Sicht – ganz bestimmt nicht mit einem Leben verbunden, das sich an den zeitgemässen Standards orientiert, doch garantieren euch diese Standards Zufriedenheit und Glück?

Frage: Wenn ich den Wortlaut der Gebote in ihrem authentischen Sinn interpretiere, dann widersprechen die Lehren der christlichen Kirchen dem umfassenden Gesetz. Was hat der Begleiter zu dieser Schlussfolgerung zu sagen?

Begleiter: *Der stimmt deiner Schlussfolgerung uneingeschränkt zu, möchte aber klarstellen, dass sich dieser Widerspruch nicht auf die Lehren der christlichen Kirchen beschränkt. Es existiert derzeit keine Religionslehre, die nicht in wesentlichen Teilen dem umfassenden Gesetz widerspricht!*

Frage: Das 8. Gebot, das gemäss unserer Bibel lautet: „Du sollst nicht stehlen“, bekommt durch die Darstellung des Begleiters einen vollkommen anderen, für mich aber logischeren Sinn. Nach meiner

Interpretation widerspricht demnach das kapitalistische Wirtschaftssystem in jeder Beziehung dem 8. Gebot. Ist meine Interpretation richtig?

PdF: Das in dieser Frage angesprochene Gebot lautete gemäss meinem Begleiter wie folgt: *„Die Erde ist geschaffen für alle Menschen zu gleichen Teilen. Wenn du dich der Völlerei hingibst, wird dein Bruder hungern. Wenn du zwei Röcke hast, wird dein Bruder nackt sein. Wenn du zwei Esel hast, wird dein Bruder die Last selber tragen. Wenn du mehr Land hast, als du brauchst, um deine Sippe satt zu machen, wird dein Bruder seine Sippe nicht satt machen können. Deshalb wisse: Wenn du mehr dein Eigen nennst, als du und deine Sippe brauchen, dann ist das gleich dem Diebstahl an deinem Bruder."*

Begleiter: *Deine Interpretation ist richtig, doch beschränkt sich dieser Widerspruch nicht auf euer Wirtschaftssystem; er trifft auf den überwiegenden Teil eures Wertesystems genauso zu. Das erklärte Ziel eures Wirtschaftssystems ist Wohlstand für alle. Im Gegenzug entspricht das Streben des einzelnen nach materiellem Wohlstand vollumfänglich eurem Wertesystem. Dass euer Wirtschaftssystem der Drogenhändler und eure Wertvorstellungen dessen Markt sind, erkennen leider nur wenige von euch, denn mehr oder weniger seid ihr ja alle der Droge namens „Geld" verfallen.*

Ein Wirtschaftssystem, das sich am umfassenden Gesetz orientiert, kann zwar ein Leben in Übereinstimmung mit der menschlichen Natur und seiner Würde für alle ermöglichen, nicht aber Wohlstand für alle. Doch Wohlstand ist nicht ein Bedürfnis, das euch durch eure Natur aufoktroyiert wird. Er ergibt nur innerhalb der Gesetzmässigkeiten, die euch euer Verstand als vermeintliche Realität suggeriert, also innerhalb eines materialistischen Weltbildes überhaupt einen Sinn. Wohlstand ist zudem ein äusserst subjektiver Begriff. Was für euch Armut bedeutet, findet in der Wertung von Menschen, die in der „dritten Welt" leben, ihre Entsprechung im Begriff „Wohlstand", und was für euch Wohlstand bedeutet, findet bei diesen Menschen seine Entsprechung im Begriff „unermesslicher Reichtum". Wenn ihr eure Situation mit der der Reichen in eurer Welt vergleicht, dann fühlt ihr euch arm. Würdet ihr eure

Situation jedoch mit der der Armen dieser Welt vergleichen, dann hättet ihr allen Grund, euch reich zu fühlen.

Die Erde bietet alle Voraussetzungen dafür, dass jeder Mensch ein würdiges Leben führen kann und jeder Mensch hat gemäss dem Gebot Anspruch auf ein würdiges Leben. Wenn auf der einen Seite Menschen verhungern, kein sauberes Trinkwasser, kein Dach über dem Kopf und keinen Zugang zu Bildung haben, dann ausschliesslich deshalb, weil auf der anderen Seite Menschen mehr für sich beanspruchen, als ihnen zusteht. Menschen, denen von Kind an eingetrichtert wurde, dass Geldverdienen ein Lebenszweck sei, dass ein sinnerfülltes Leben darin bestehe, dem Traum vom Reichtum hinterherzujagen. Dass durch Arbeit noch niemals ein Mensch reich geworden ist, ist zwar ein bei euch gängiges und erst noch treffendes Sprichwort, und doch träumen die meisten von euch weiterhin diesen das Leben letztlich sinnentleerenden Traum.

Nun ist ja, wie ich bei anderer Gelegenheit schon ausgeführt habe, nicht das Geldverdienen an und für sich ein Verstoss gegen das Gebot. Der Verstoss liegt darin, dass es in eurem Wertesystem einen Selbstzweck hat und vermeintlich alles rechtfertigt. Ihr sprecht mit Bewunderung von jemandem, der in seinem Leben möglichst viel zusammengerafft und ein entsprechend grosses Erbe hinterlassen hat. Der Betreffende selbst hat zu diesem Zeitpunkt bereits die schmerzhafte Erkenntnis gewonnen, dass sein Leben eine einzige verpasste grosse Chance war und er durch das hinterlassene Vermögen gleichzeitig noch andere Menschen dazu verführt, die ihrer Lebensaufgabe inhärente Chance zu verpassen.

"Reichtum ist nicht unanständig", heisst ein anderes, euer Wertesystem reflektierendes Sprichwort. Reichtum an sich ist wirklich nicht unanständig, denn eure Erde ist reich. Reichtum ist nicht unanständig, solange er allen und nicht nur einigen wenigen Menschen zukommt. Reichtum ist nicht unanständig, reich zu sein aber solange, wie in eurer Welt Menschen zuwenig haben um zu überleben. Reichtum für alle ist und bleibt eine Illusion, denn er widerspricht eurem Existenzzweck und damit dem umfassenden Gesetz. Reichtum des einzelnen ist zwar möglich,

geht aber immer zu Lasten anderer. In eurer Welt werden nur solange Menschen verhungern, wie es Reiche gibt, und Reiche wird es solange geben, wie ein Leben im Widerspruch zum 8. Gebot nicht auch eurem Wertesystem widerspricht. Ein Leben in Würde für alle bedingt Bescheidenheit und Bereitschaft zum Verzicht derjenigen, die mehr haben, als es ein Leben in Würde erfordert. Bescheidenheit und Bereitschaft zum Verzicht sind leider aber nicht die Eigenschaften, die in eurem Wertesystem als erstrebenswert gelten.

Frage: Es stimmt mich traurig, dass ein so wertvolles Buch wie „Im Herzen der Wirklichkeit“ durch die Aussagen des Begleiters zum Gebot „Du sollst nicht ehebrechen!“ viel von seinem Wert verliert. Wie können Sie in einer Zeit, in der sich die Werte aufzulösen scheinen, die einst Familien und Ehen zusammenhielten, Aussagen veröffentlichen, die zum Ehebruch auffordern? Veröffentlichten sie diese deshalb, weil sie ihnen als Mann einen Freipass für Seitensprünge ausstellen?

PdF: Das durch die Fragestellerin angesprochene 7. Gebot lautete gemäss meinem Begleiter ursprünglich wie folgt: *„Der Mensch ist geschaffen in Körper und Geist, sich zu verbinden in Körper und Geist mit seinesgleichen und allem, was der Schöpfer geschaffen hat. So wie die Rinde kein Baum ist, so ist der Körper kein Mensch. Du aber sollst dich verbinden mit deinem Nächsten in Körper und Geist und sollst nicht trennen, was dein Schöpfer als das Eine geschaffen hat.“*

Ich bedaure es jedesmal, wenn ich erfahre, dass sich jemand durch eine Aussage meines Begleiters verletzt fühlt. Selbstverständlich war ich mir der Brisanz dieser Aussagen bewusst, doch versichere ich Ihnen, dass es mit meinem Verständnis von Verantwortungsbewusstsein nicht vereinbar gewesen wäre, die Aussagen zu veröffentlichen, wenn die durch Sie hineininterpretierte Aufforderung tatsächlich darin enthalten wäre. Bei der Auswahl der zu veröffentlichenden Aussagen meines Begleiters spielen persönliche Motive keine Rolle, und für den von Ihnen angesprochenen Freipass besteht bei mir kein Bedarf.

Begleiter: *Nachdem keine Aussage von mir existiert, in der ich euch zum Ehebruch auffordere, kann und konnte mein irdischer Freund auch keine solche Aussage veröffentlichen. Ungeachtet dessen darfst du seinen Entscheid, eine bestimmte Aussage zu veröffentlichen, nicht mit seinem Einverständnis für deren Inhalt gleichsetzen. Wie das ja auch aus dem entsprechenden Buchtext hervorgeht, konnte er manche meiner Aussagen nicht nachvollziehen, und auch heute sind sie immer noch Anlass zu lebhaften „Diskussionen" zwischen uns.*

Wenn du meine Aussagen übrigens auf den Begriff „Freipass für Seitensprünge der Männer" reduzierst, dann ist bereits diese Reduzierung in sich selbst unkorrekt, denn ich habe, wenn du das so interpretieren willst, auch den Frauen einen solchen Freipass erteilt. Doch wenden wir uns nun deiner Frage zu:

Der Begriff „Ehe" steht in eurem Verständnis für die – gemäss Kirchenlehre – einst von Gott gesegnete und heute durch den Staat legitimierte Beziehung zwischen Mann und Frau. Diese Definition reflektiert das 7. biblische Gebot und prägt den Begriff innerhalb eures Wertesystems. Ich habe meinem irdischen Freund – und durch seine Veröffentlichungen nun auch euch – zu erklären versucht, dass das umfassende Gesetz zwar einen Zustand kennt, der die Verbindung von zwei in sich selbst individuellen Teilen der Schöpfung erfordert, dass darunter jedoch nicht ausschliesslich die Verbindung von Mann und Frau im Sinne der Ehe nach eurem Verständnis verstanden werden darf.

„Ehe" im Sinne des umfassenden Gesetzes ist – einmal auf den Menschen beschränkt – jede Verbindung zweier Menschen, die sich ganzheitlich für ihr Gegenüber interessieren. Das kann also ein Liebesbeziehung, aber auch eine gleich- oder gegengeschlechtliche Freundschaft, eine geschäftliche Beziehung, die Beziehung zwischen Arzt und Patient, zwischen Arbeitgeber und Arbeitnehmer, zwischen Bürger und Beamten u. v. m. sein. Der Begriff „Ehe" im Sinne des umfassenden Gesetzes schliesst also eure Definition nicht aus, hingegen schliesst eure Definition den überwiegenden Teil dessen aus, was das umfassende Gesetz darin einschliesst.

Du störst dich offensichtlich daran, dass ich Mehrfachbeziehungen als nicht im Widerspruch zum Gebot stehend bezeichnet habe. Abgesehen davon, dass ich in der entsprechenden Aussage ohnehin nicht explizit sexuelle Beziehungen angesprochen habe, müsstest du dich dann eigentlich auch durch Aussagen verletzt fühlen, welche die Bibel Jesus zuschreibt. Wenn du in meinen Aussagen eine Aufforderung zur ausserehelichen Beziehung zu erkennen glaubst, dann müsste das doch in gleichem Masse für die Aufforderung gelten, wonach du deinen Nächsten lieben sollst wie dich selbst, wobei ich doch davon ausgehe, dass du unter deinem „Nächsten" wenigstens alle deine Mitmenschen verstehst.

Nun soll es ja Menschen geben, die ihrem Partner sagen, dass sie ihn mehr lieben als sich selbst. Tatsächlich dürften diese Menschen jedoch schon etliche Mühe haben, ihren Partner so zu lieben wie sich selbst. Der biblische Jesus beschränkt sich in seiner Aufforderung an euch jedoch nicht auf euren Partner; ihr sollt alle Menschen so lieben wie euch selbst. Auch er sagt euch demnach, dass Mehrfachbeziehungen nicht im Widerspruch zum umfassenden Gesetz stehen, wobei er den möglichen sexuellen Aspekt zwischenmenschlicher Beziehungen – so wie ich das auch getan habe – weder explizit ein- noch explizit ausschliesst.

So wie der Begriff „Ehe" gemäss dem umfassenden Gesetz, einmal auf den Menschen beschränkt, jede ganzheitliche – Körper und Geist einschliessende – Beziehung zwischen zwei Menschen meint, so kann der damit in Verbindung stehende Begriff „Treue" nicht so verstanden werden, wie ihr das gemeinhin tut. Auch dieser Begriff schliesst sexuelle Treue weder explizit ein noch explizit aus. Eine in eurem Sinne „aussereheliche" Beziehung ist im Sinne des Gebotes also dann kein Ehebruch, wenn diese Beziehung sich nicht auf den sexuellen Aspekt beschränkt, sondern auf einem ganzheitlichen Interesse am Gegenüber basiert. Dagegen handelt es sich im Sinne des Gebotes um einen Ehebruch, wenn ihr an einer Beziehung lediglich aus Gewohnheit und Verlustangst festhaltet, obwohl euer ganzheitliches Interesse an eurem Partner längst erloschen ist. Das ist keine Aufforderung zum Seitensprung, sondern die Aufforderung, dogmatische Glaubenssätze über Bord zu werfen und dadurch unnötiges Leiden zu vermeiden.

Frage: Im Zusammenhang mit seinen Erklärungen zum Begriff „Ehe" sagt der Begleiter: „*... Ich bestreite nicht, dass sich der der authentischen Botschaft innewohnende Sinn auch auf die Beziehung zwischen Mann und Frau bezog. Ebenso gemeint ist damit jedoch die Beziehung zwischen Frau und Frau und zwischen Mann und Mann, wobei ich damit nicht gleichgeschlechtliche Partnerschaften anspreche, obwohl diese selbstverständlich mitgemeint sind ...*". Behauptet er damit, Homosexualität sei ein Verhalten, das normaler Sexualität gleichgestellt sei? Legitimiert er damit Homosexualität mit dem Hinweis, dass diese in Übereinstimmung mit dem 7. Gebot sei? Da habe ich wohl einiges missverstanden.

Begleiter: *Sicher, aber nicht meine Aussage! Sexualität ist ein äusserst facettenreicher Aspekt der menschlichen Natur. Ihre Umsetzung ist die einzige Möglichkeit, die ihr habt, euch als materialisierte individuelle Selenaspekte der androgynen Natur eures Gesamtselbst – also eurer Seele – zu erinnern. Sie ist ein eurer wahren Natur inhärentes Bedürfnis wie essen, trinken, Bewegung und Schlaf. Alle diese Bedürfnisse werden durch den einzelnen Menschen in ganz unterschiedlicher Art erfüllt. Bedarf es einer Legitimation, wenn jemand seinem Bedürfnis zu trinken lieber mit Milch als mit Wasser entspricht? Es sind nicht die eurer Natur inhärenten Bedürfnisse, die zu ihrer Umsetzung – wie unterschiedlich diese auch sein mag – einer Legitimation bedürfen. Dieser Legitimation bedürften dagegen viele Aspekte eures Wertesystems.*

Sowenig wie essen, trinken, Bewegung und Schlaf ein „Verhalten" sind, sowenig ist Sexualität ein Verhalten. Homosexualität ist also kein abnormales Verhalten, sondern eine gleichwertige Lebensform unter vielen. Was normal und was abnormal ist, wird durch euer traditionelles Wertesystem, nicht aber durch das umfassende Gesetz bestimmt. Die Gebote sind die Wegweiser, die euch den richtigen Weg zu einem Leben in Übereinstimmung mit dem umfassenden Gesetz weisen. Sie beschränken euch aber nicht – wie das z. B. die katholische Kirche in sie hineininterpretiert – in eurer wahren Natur, sonst würden sie selbst im Widerspruch zum umfassenden Gesetz stehen.

Auch wenn ich damit deinen Wertvorstellungen widerspreche, bleibt mir also nichts anderes als dir zu bestätigen, dass erstens Homosexualität dem deiner Meinung nach „normalen" sexuellen Verhalten gleichgestellt ist, dass zweitens Homosexualität nicht legitimiert zu werden braucht, weil sie einem Aspekt der menschlichen Natur entspricht und diese keiner Legitimation bedarf, und schliesslich, dass drittens Homosexualität nicht im Widerspruch zum Gebot steht.

Frage: Ist Ihr Begleiter dem Zeitgeist erlegen, als er das Gebot „Ehre deinen Vater und deine Mutter", derart grotesk interpretiert hat? Weil niemand mehr die Lebenserfahrung und Weisheit der Eltern respektiert, vereinsamen immer mehr alte Menschen. Unnötig, dass Ihr Begleiter dazu noch die Rechtfertigung liefert.

PdF: Das in der Frage angesprochene Gebot lautete gemäss meinem Begleiter ursprünglich wie folgt: *„Du sollst den Schöpfer, deinen Vater und sein Werk, die Erde, deine Mutter ehren, auf dass es dir wohlergehe."*

Begleiter: *Nachdem dort, wo ich „zu Hause" bin, weder so etwas wie Zeit in eurem Sinne noch Geister existieren, kann ich in meinen Aussagen unmöglich den Versuchungen des „Zeitgeistes" erliegen. Ich habe aber vollstes Verständnis dafür, dass der Wortlaut des biblischen Gebotes deinem Ego als Vater längst erwachsener Kinder mehr schmeichelt als der Wortlaut der authentischen Botschaft.*

Deine Fragestellung lässt mich ausserdem vermuten, dass du dir der Tatsache nicht bewusst bist, dass Begriiffe wie „Ehre" und „Ehrerbietung" Emotionen beschreiben, die ausschliesslich durch eurer Wertesystem überhaupt einen Sinn bekommen. Das umfassende Gesetz kennt die solchen Begriffen inhärenten Emotionen nicht, also handelt es sich dabei um „menschliche Erfindungen". Wenn du bedenkst, dass die überwiegende Mehrheit der „Straftaten", die ihr unter dem Begriff „Beziehungsdelikte" subsumiert, darauf zurückzuführen ist, dass sich ein

Mensch in seiner „Ehre" verletzt fühlt, wird der Begriff „Ehre" dadurch gar nicht so selten zur tödlichen Waffe!

Millionen von Menschenleben werden allein dafür geopfert, dass der Begriff „Ehre" seine Bedeutung behält. Der in sich selbst unsinnige Begriff „Ehre" und die „Verletzung" derselben rechtfertigt in eurem Wertesystem den Tod von Abermillionen Soldaten, Müttern und Kindern. Und trotz des Wissens um diese Tatsachen ist der Begriff „Ehre" in eurem Denken positiv behaftet! Das ist für uns nicht nachvollziehbar und sollte es eigentlich für jeden denkenden Menschen auch nicht sein.

Die Bibel sagt euch zwar, dass ihr euren Nächsten lieben sollt wie euch selbst. Lieben bedeutet aber, den Nächsten alleine deswegen zu respektieren, weil er ein eigenständiges Individuum ist. Sie sagt euch nicht, dass diese Liebe, dieser Respekt an Bedingungen wie Alter, Jugend, Schönheit, Reichtum, gesellschaftlicher Funktion usw. gebunden sein soll. Und doch verlangt sie im Gegenzug von euch, dass ihr eure Eltern allein wegen ihrer Funktion ehren sollt. Da müsstet ihr eigentlich selbst erkennen, dass das ein Widerspruch in sich selbst ist. Da haben die Autoren der Bibel ganz offensichtlich nicht genügend „vernetzt" gedacht!

Ist das Elternsein in sich selbst wirklich schon ehrenswert? Sind es nicht vielmehr Eigenschaften wie Liebe, Verzicht, Bescheidenheit, Hilfsbereitschaft usw., die eine Elternschaft, aber auch jedes andere menschliche Sein erst ehrenswert machen? Wo steht denn in der Bibel, dass diese Ehre nur Eltern zusteht, die diese Voraussetzungen erfüllen? Wo wird von euch verlangt, dass ihr eure Kinder ehren sollt? Steht ihnen diese Ehre deshalb nicht zu, weil diese erst „verdient" werden muss? Wenn ja, weshalb soll dann die Ehrerbietung gegenüber den Eltern nicht an die gleichen Bedingungen geknüpft sein?

Obwohl ihr allen Grund hättet, jenen Menschen dankbar zu sein, die euch Lebenserfahrung und Weisheit ermöglicht haben; verlangt ihr, dass man euch dafür ehrt? Eine wahrlich absurde Forderung! Mit der Lebenserfahrung und der Weisheit ist das übrigens auch nicht ganz so einfach. Alter ist – entgegen eurer Wertung – kein Garant für Lebenserfahrung und schon gar kein Garant für Weisheit. Ich versichere dir, dass ein fünfzehnjähriges Kind, das in den Slums von Kalkutta lebt, über mehr

Lebenserfahrung verfügt als der Neunzigjährige, der sein Leben mehr oder weniger wohlbehütet im sozialen Gefüge einer westlichen Gesellschaft verbracht hat.

Und Weisheit? Der Begriff beschreibt in seiner ursprünglichen Definition nicht jemanden, der möglichst viel an theoretischem Wissensmüll in sich hineingestopft hat, sondern jemanden, der über ein besonderes Mass an Herzensbildung verfügt. Aber hat Herzensbildung etwas mit Alter zu tun? Nennst du jene vielen Alten weise, die frustriert auf ihr Leben zurückblicken, weil sie dieses der Jagd nach materiellem Reichtum geopfert haben? Nennst du jene vielen Alten weise, welche die Jugend kritisieren und dabei ihre eigenen jugendlichen Irrungen vergessen? Nennst du jene vielen Alten weise, die jedem ihre Krankheitsgeschichte erzählen, weil es das einzige ist, was sie mitzuteilen haben? Nennst du die vielen Alten weise, welche über die böse, schlechte Welt schimpfen und nicht erkennen, dass sie lediglich in den Spiegel schauen, der ihnen die Konsequenzen ihres eigenen Wirkens zeigt? Nennst du jene vielen Alten weise, die soziale Kontakte einfordern, als würde es sich um ein Naturrecht handeln? Weisheit bedingt nicht zuletzt Bescheidenheit, die Fähigkeit, über sich selbst zu lachen, und Toleranz in bezug auf Lebensformen – Eigenschaften, die – wie jeder selbst feststellen kann – im Alter keineswegs ausgeprägter sind als in der Jugend.

Ungeachtet dessen, dass die biologischen Eltern explizit aus dem 5. Gebot in seinem authentischen Wortlaut ausgeschlossen sind, solltet ihr diese lieben wie euch selbst, denn sie sind – zwar nicht mehr als jeder andere Mensch in eurem Leben – Teile des umfassenden Ganzen und damit letztlich Teil von euch selbst. Erst aufgrund dieser Tatsache erhält das Bibelwort „Liebe deinen Nächsten, wie dich selbst" seinen Sinn. Doch Anspruch darauf, wegen ihrer Funktion als Eltern geliebt zu werden, haben sie ebensowenig wie Anspruch darauf, wegen dieser Funktion geehrt zu werden. Liebe und Ehrerbietung beruhen auf Gegenseitigkeit; sie können nicht einseitig eingefordert werden.

Zu deiner Bemerkung über die Einsamkeit möchte ich abschliessend meinen irdischen Freund zitieren, der fernab der Zivilisation lebt und in eurem Verständnis allen Grund hätte, sich einsam zu fühlen. Auf die

Frage, ob er sich denn in dieser Abgeschiedenheit nicht einsam fühle, antwortet er stets: „Ich bin nicht einsam, ich bin allein. Einsam fühle ich mich unter Menschen, die sich einsam fühlen, wenn sie alleine sind!"

Frage: Wieso bedarf der Mensch überhaupt Geboten, die ihm Hinweise auf ein Leben in Übereinstimmung mit dem umfassenden Gesetz geben sollen? Wenn ich den Begleiter richtig verstanden habe, dann basiert doch jedes Leben auf einem durch das Individuum vor seiner Inkarnation selbst entworfenen Plan. Zum Zeitpunkt, als dieser Plan verfasst wurde, war sich doch aber dieses Individuum – gemäss den Aussagen des Begleiters – des umfassenden Gesetzes bewusst. Wie kann dann sein Lebensplan diesem Gesetz widersprechen?

Begleiter: *Das kann er nicht und tut es auch nicht! Euer individueller Lebensplan entspricht einer Zielvorgabe. Das Ziel – die Erkenntnisse, die von euch „erwartet" werden – ist durch diesen Plan gewissermassen determiniert. Doch das Ziel bestimmt nicht den Weg; dieser unterliegt ausschliesslich euren Entscheidungen, eurem freien Willen. Das Ziel sind die Erkenntnisse, der Weg dazu sind die Erfahrungen.*

Euer ganz individueller Lebensplan orientiert sich in jedem Fall an den Geboten, die Teil des umfassenden Gesetzes sind. Die Gebote weisen euch also den direktesten Weg zum Ziel und damit zum Sinn eures Lebens. Doch bei diesem Weg handelt es sich nicht um eine Betonpiste – ganz im Gegenteil, er ist übersät von Hindernissen! Wie der Sinn des Wegweisers nicht darin liegt, die Hindernisse auf eurem Weg zu entfernen, so sind auch die Gebote zwar richtungsweisend, sie vermögen aber nicht die Hindernisse auf dem Weg, den sie weisen, zu entfernen.

Der Wegweiser zeigt euch den Weg zum Ziel, aber er sagt nichts über die Beschaffenheit des Weges aus. Er informiert euch lediglich über die Richtung, die ihr auf eurem Weg einhalten solltet. Ob und wie ihr die Hindernisse, denen ihr euch auf diesem Weg gegenüber seht, umgehen, übersteigen oder beiseite räumen wollt, das ist alleine der Entscheidung vorbehalten, die ihr aufgrund eures freien Willens zu treffen befähigt seid. Das Ziel sind die Erkenntnisse, der Weg sind die Erfahrungen, die Hindernisse sind die Umstände, unter denen ihr eure Erfahrungen macht!

Wenn ihr auf eurem Weg mit einem Hindernis konfrontiert werdet, dann könnt ihr euch dafür entscheiden, dieses zu übersteigen oder beiseite zu räumen. Das ist zwar mühsam, aber ihr bleibt auf eurem direkten Weg zum Ziel. Ihr könnt euch aber auch dafür entscheiden, das Hindernis zu umgehen. Das ist in manchen Fällen zwar weniger mühsam, in jedem Fall aber ein Umweg, von dem ihr nie mit Bestimmtheit wisst, wie weit er euch vom direkten Weg wegführt.

In eurer erlebten Realität ist es so, dass der Umweg immer verlockend und immer weniger mühsam als der direkte Weg erscheint, doch auch auf dem Umweg seid ihr irgendwann mit Hindernissen konfrontiert, die ihr umgehen, übersteigen oder beiseite räumen müsst. Nachdem ihr aber einmal den Umweg gewählt habt, ist die Versuchung und die Wahrscheinlichkeit gross, dass ihr euch erneut für einen Umweg entscheidet, der euch dann früher oder später wieder mit Hindernissen konfrontiert ..., und so entfernt ihr euch immer weiter vom direkten Weg, nur das Ziel bleibt dasselbe!

Der direkte Weg wird euch durch die Gebote gewiesen. Die Hindernisse, mit denen ihr auf diesem Weg konfrontiert werdet, sind ebenfalls in den Geboten festgehalten. Sie heissen Überbewertung des Materiellen, Schuldzuweisung, Egozentrik in Wertung und Denken, Stolz, Neid, Hass und Begierden. Ob ihr nun den direkten Weg oder einen Umweg wählt, irgendwann im Verlaufe eures Lebens werdet ihr alle mit diesen Hindernissen konfrontiert. Der Umweg lässt euch im Glauben, dass ihr dadurch, das ihr einem Hindernis ausgewichen seid, schneller an euer Ziel gelangt, was sich früher oder später aber immer als Trugschluss erweist.

Der direkte Weg erfordert von euch Anstrengungen zur Überwindung von Hindernissen, doch dahinter ahnt ihr euch eurem Ziel näher, und der Weg erscheint euch leichter, je mehr Hindernisse ihr überwunden habt. Nach einer letzten Steigung, einer letzten Anstrengung seht ihr einen Weg vor euch, der gesäumt ist von Bäumen, Sträuchern und Blumen, die Namen wie Bescheidenheit, Demut, Toleranz und Liebe tragen.

Wenn das Gesagte für dich einen Sinn ergibt, dann bist du auf dem direkten Weg, wenn nicht, solltest du nicht verzagen, denn es bleiben dir noch viele Umwege zur Auswahl, und auch diese führen dich – irgendwann und irgendwie – letztlich ans Ziel!

⊙ ⊙ ⊙

Fragen zu
Ehe und Sexualität

Frage: Schade eigentlich, dass der Begleiter das Thema Sexualität im Zusammenhang mit seiner vollkommen neuen Definition des Begriffes „Ehe“ nicht vertieft hat. Als selbst Betroffener hätte mich sehr interessiert, was er zum Thema Homosexualität zu sagen hätte. Leider beschränkt er sich diesbezüglich darauf, solche Beziehungen anderen zwischenmenschlichen Beziehungen gleichzustellen. Kann ich möglicherweise auf diesem Wege etwas mehr dazu erfahren? Natürlich weiss ich, dass es sich dabei nicht um eine Krankheit handelt, wie einige Ewiggestrige immer noch glauben. Aber worin ist Homosexualität denn begründet? Wird dadurch Konsequenz geschaffen, die sich nach dem Tod nachteilig auswirkt?

Begleiter: *Die um Homosexualität bestehenden Fragen können nur beantwortet werden, wenn wir Sexualität als Mittel zum Zweck etwas genauer betrachten. Dabei meine ich keinesfalls die vermeintlich im Vordergrund stehende Absicht der Fortpflanzung. Denn Sexualität hat – auch wenn dies der Lehre einer eurer religiösen Institutionen widerspricht – viele gleichwertige Aspekte.*

Die individuelle Gesamtpersönlichkeit und damit die Seele jedes Menschen, deren materialisiertes Bild er ist, ist androgyn. Das heisst, seine Seele verfügt über alle männlichen und weiblichen Aspekte gleichermassen. Auch wenn der Mensch in seinem materiellen Erscheinungsbild nur einen Teil seiner Seele repräsentiert, so verfügt doch auch dieser

Teil über alle Aspekte seiner Gesamtpersönlichkeit oder Seele. Im Gegensatz zum materiellen Erscheinungsbild sind die männlichen und weiblichen Aspekte in der Gesamtpersönlichkeit oder Seele jedoch zu einer Einheit verschmolzen. Auch wenn männliche und weibliche Aspekte in ihr selbst eine Einheit bilden, so bedeutet das aber nicht, dass diese Aspekte in eurem Sinne gleichermassen entwickelt sind.

Die Seele wird aus sich selbst immer Bilder schaffen, die jenen Teil ihrer selbst manifestieren, der weiterer Entwicklung bedarf. Jeder dieser materialisierten Aspekte erfüllt also einerseits eine Aufgabe, die der Gesamtheit aller Seelen dient, gleichzeitig wird die „Gelegenheit" aber dazu genutzt, diesen Aspekt in der körperlichen Form zu manifestieren, die jene Erfahrungen ermöglicht, deren die individuelle Seele bedarf.

Wie gesagt verfügt ihr als individualisierter Teil einer Seele über alle Aspekte dieser Seele. Das bedeutet, dass ihr auch über alle männlichen und weiblichen Aspekte dieser Seele gleichermassen verfügt, in gewissem Sinne also selbst auch androgyn seid. Diese Androgynität ist jedoch nicht offensichtlich, denn ihr identifiziert euch in eurem Selbstbildnis mit eurem materiellen Erscheinungsbild, und dieses zeigt weibliche oder männliche Merkmale. Mannsein bedeutet demnach, dass ihr euch mit den männlichen Aspekten eures Gesamtselbst identifiziert. Der weibliche „Gegenpol" wird dabei gewissermassen in ein Schattendasein verdrängt, ohne deshalb nicht doch als gleichwertiger Aspekt vorhanden zu sein. Frausein heisst dementsprechend, sich mit den weiblichen Aspekten seines Gesamtselbst zu identifizieren, wodurch der männliche „Gegenpol" ins Schattendasein verdrängt wird.

Das Gesamtselbst – also die Seele – ist sich sowohl ihrer weiblichen als auch ihrer männlichen Aspekte bewusst. Nachdem Menschsein nicht zuletzt bedeutet, sich seines Gesamtselbst und dessen „Wissen" zu erinnern, und dies nur über Selbsterkenntnis erreicht werden kann, führt dieser Weg im vorliegenden Fall über die Bewusstwerdung jenes Aspektes, den ihr in eurer „normalen" Wahrnehmung in ein Schattendasein drängt. Das gelingt euch aber nur über einen Umweg – indem ihr jene Aspekte eures Gesamtselbst, die eurem materiellen Erscheinungsbild vermeintlich fehlen, über die Projektion sucht und findet.

Das bedeutet, ihr könnt euch den verdrängten Aspekt eures Gesamtselbst nur dadurch bewusst machen, dass ihr ihn auf einen konkreten gegengeschlechtlichen Partner projiziert.

Damit nun aber ein Mann überhaupt ein „seelisches" Interesse haben kann, seinen weiblichen Gegenpol erfahren und erleben zu können, bedarf es einerseits der Akzeptanz des eigenen Geschlechts und andererseits des sich in diesem Geschlecht Aufgehobenfühlens.

Entspricht nun sein eigenes Selbstwertgefühl jedoch diesen Anforderungen nicht, dann sind zwar trotzdem sowohl der männliche als auch der weibliche Aspekt seines Gesamtselbst in ihm präsent, aber er fühlt sich in keinem von beiden dermassen gefestigt, dass er als jenes materialisierte Seelenbild auftreten kann, das fähig und bereit wäre, die Eigenschaften des eigenen „Schattenselbst" zu leben. Weil jedoch bei solchen Menschen der männliche Seelenpol trotzdem dominant ist und er sich auch in seinem körperlichen Erscheinungsbild als Mann manifestiert, wird er versuchen, diesen Aspekt seines Gesamtselbst zu vervollständigen. Das wird ihm aber wieder nur durch die Projektion auf einen „echten" Mann möglich sein, das heisst, er muss einen Mann vor sich haben, um sich mit seinem eigenen männlichen Aspekt auseinanderzusetzen.

Für Frauen in gleichgeschlechtlichen Beziehungen gilt das Gesagte natürlich sinngemäss ebenfalls. Die Menschheitsgeschichte ist geprägt von Zeitepochen, in denen gesellschaftliche Wertvorstellungen den Mann daran hinderten, zu seinen weiblichen und die Frau zu ihren männlichen Seelenaspekten zu stehen. Und wie das bei Abweichungen von der Norm im Sinne eines Naturgesetzes zwingend ist, folgt darauf immer eine Abweichung in die entgegengesetzte Richtung analog einer Pendelbewegung. Zur Zeit befindet sich die menschliche Gesellschaft bereits in dieser der ursprünglichen Normabweichung entgegengesetzten Bewegung.

Eure Diskussionen um das „richtige Mannsein" oder das „richtige Frausein", die aus eurer Orientierungslosigkeit mangels Selbsterkenntnis resultieren, werden in naher Zukunft zu einer Häufung von Inkarnationen führen, deren prägenden Merkmale ihr unter dem Begriff Homosexualität subsumiert. Das Nichtbereitsein, seine geschlechtliche Identität und die damit unveränderbar verbundene Rolle in der Ganzheit zu akzeptieren, wird zu Masseninkarnationen von Menschen führen, die ihre geschlechtsspezifische Lebensaufgabe in eben dieser Festigung der eigenen geschlechtlichen Identität haben, was nur dadurch erreichbar ist, dass der Partner die gleiche geschlechtliche Identität projiziert.

Das Ziel zukünftiger Partnerschaften wäre dann nicht mehr die Erlangung der Einheit gleichentwickelter männlicher und weiblicher Seelenaspekte, sondern die Einheit von zwei halben gleichgeschlechtlichen Aspekten zu einem männlichen resp. weiblichen Aspekt. Erst danach wird das gleiche Gesamtselbst wieder individualisierte Teile seiner selbst in Menschengestalt materialisieren, die dann die Möglichkeit hätten, durch die Verbindung mit einem seinen gegengeschlechtlichen Seelenaspekt projizierenden Partner die Einheit von männlichem und weiblichem Aspekt in der materiellen Realität zu erarbeiten.

Es zählt heute nachgerade zum guten Ton, die mit der geschlechtlichen Identität untrennbar verbundene Rolle des Individuums in der Gesellschaft in Frage zu stellen. Das dienende Element, das mit der weiblichen Identität unveränderbar verbunden ist, wird in eurer Gesellschaft mittlerweile mit einer Diskriminierung des weiblichen Geschlechts gleichgesetzt. Wie weit ihr euch damit vom umfassenden Gesetz entfernt habt und in welchem Ausmass damit Schaden angerichtet wird, der in seiner Konsequenz auf den weiblichen Teil eurer Gesellschaft selbst zurückfällt, liegt weit jenseits dessen, was ihr verstandesgemäss zu erfassen in der Lage seid.

Ich habe verstanden, dass der Hinweis, wonach das „dienende" Element mit der weiblichen Identität untrennbar verbunden sei, in der weiblichen Leserschaft Assoziationen hervorruft, die dem Sinn meiner Aussage nicht entsprechen. Dienen im Sinne des umfassenden Gesetzes hat nichts mit Unterordnung, Minderwertigkeit oder „Hausmütterchen-Dasein" zu tun. Den Begriff „dienen" möchte ich deshalb im Sinne von Fürsorge – für etwas sorgen – verstanden wissen. Das Wirken eurer individuellen Seele ist durch „Fürsorge" für ihre individuellen Aspekte, also auch für euch, geprägt. Sie „dient" also ihren individuellen Aspekten genauso, wie diese mit ihren Erfahrungen ihr „dienen". Und doch versteht sich eure individuelle Seele nicht als euch untergeordnet oder gegenüber euch minderwertig. Auch „Gottes" Werk ist geprägt von Fürsorge für jedes einzelne Fragment seiner Schöpfung. Auch „Gott" als das umfassende Ganze enthält das dienende Element, das sich in der weiblichen Identität manifestiert. Versteht ihr „Gott" deshalb als euch untergeordnet oder minderwertig?

Doch kehren wir zurück zu unserem Thema: Homosexualität ist in eurem Sinne bestimmt keine Krankheit. Sie steht auch in keinem Widerspruch zum umfassenden oder göttlichen Gesetz. Andererseits ist es aber ebenso falsch, darin einfach eine eigene Variante der menschlichen Sexualität zu sehen resp. sie darauf zu reduzieren. Dem sexuelle Aspekt wird, wie das auch bei euren heterosexuellen Beziehungen geschieht, sowieso ein viel zu hoher Stellenwert beigemessen, wobei diese Überbewertung der Sexualität nicht zuletzt auf die Homosexuellen selbst zutrifft.

Der zu Homosexualität neigende Mensch befindet sich in der Situation, dass er in seiner geschlechtlichen Identität noch zu wenig gefestigt ist. Homosexualität ist demnach die Suche nach dem eigenen Selbst, während die heterosexuelle Beziehung die Suche nach dem eigenen Schattenselbst darstellt. Solange der Mensch dies nicht erkennt oder die entsprechende Erkenntnis nicht wahrhaben will, wird er sich durch Promiskuität ständig auf einer sinnlosen Suche befinden.

Grundsätzlich ist es sogar falsch, strikt zwischen homosexuellen und heterosexuellen Menschen zu unterscheiden. Denn tatsächlich sind nur ganz wenige Menschen in ihrer geschlechtlichen Identität so gefestigt, dass sie nicht Momente oder Gedanken homosexueller Ausrichtung erfahren. Die grosse Mehrheit der Menschen ist bisexuell ausgerichtet, was jedoch keineswegs bedeutet, dass der darin eingelagerte homosexuelle Aspekt stark genug ausgeprägt ist, dass es zu seiner physischen Umsetzung kommt. Die starke Ablehnung und Verfolgung der Homosexualität gründet schliesslich auf der Angst des einzelnen vor den homosexuellen Aspekten der eigenen Person, mit denen der Mensch aufgrund falscher gesellschaftlicher Wertvorstellungen nicht umzugehen versteht.

Ich möchte diese Aussage jedoch ausdrücklich nicht als Plädoyer für die Homosexualität verstanden wissen. Denn die Auseinandersetzung mit der erwähnten bisexuellen Ausrichtung führt häufig dazu, dass Menschen die homosexuellen Aspekte ihrer Persönlichkeit ausleben, obwohl sie eigentlich alle Voraussetzungen zur Auseinandersetzung mit dem eigenen gegengeschlechtlichen Persönlichkeitsaspekt erfüllen würden. Mit zunehmender gesellschaftlicher Akzeptanz der Homosexualität sinkt die Bereitschaft zu der mühsameren Auseinandersetzung mit dem eigenen Schattenselbst bei den genannten Menschen. Dies entspricht dann nicht der Zielsetzung ihrer Inkarnation und verhindert damit die angestrebte Entwicklung. Ihr befindet euch (wieder) am Anfang einer solchen Zeitepoche.

Anschlussfrage PdF: Du sagst, dass wir uns in unseren Beziehungen mit der Projektion unserer eigenen Schattenpersönlichkeit auseinandersetzen. Ist es möglich, dass du mir die Natur und Funktion der genannten Schattenpersönlichkeiten noch etwas genauer erläuterst?

Begleiter: *Sicher! Eure Psychologen sprechen von höheren oder tieferen Schichten des Bewusstseins oder des Unbewussten. Auch wenn damit „Bewusstsein" unzutreffend definiert ist, ist es uns hier behilflich, wenn du dir die erwähnte Schattenpersönlichkeit mehrschichtig vorstellst. Es existieren Aspekte dieser Schattenpersönlichkeit, die zwar Teil ihrer selbst sind, die aber nicht in der gegenwärtigen Inkarnation aufgearbeitet werden sollen. Diese Aspekte weisen wir in unserem bildlichen Vergleich den unteren Schichten dieser Persönlichkeit zu. Andere Aspekte, mit denen sich die das materiell manifestierte Wesen auseinandersetzen soll, ordnen wir den höheren Schichten zu.*

Trifft der Mensch nun auf einen Mitmenschen, der jene Inhalte verkörpert, die in den oberen Schichten dieser Schattenpersönlichkeit auf ihre Umsetzung warten, so übt dieser eine eigenartige Anziehungskraft aus. Manchmal geschieht dann auch das, was ihr unter „sich verlieben" versteht. Verliebtsein in einen Mitmenschen ist nichts anderes als Verliebtsein in einen bewusst gewordenen Teil seines eigenen Schattenselbst.

Das, was der Mensch an einem Mitmenschen liebt, ist letztendlich immer die Projektion dessen, was er sich aus seiner eigenen Schattenpersönlichkeit bewusst machen will. Andererseits empfindet ihr Gefühle der Abneigung oder gar des Hasses, wenn euch euer Gegenüber durch Reflektion mit Aspekten eurer Schattenpersönlichkeit konfrontiert, denen ihr noch nicht begegnen möchtet.

Der Mensch findet – sofern er in seiner geschlechtlichen Identität gesichert ist – das andere Geschlecht attraktiv, weil dieses die Aspekte verkörpert, die ihm selbst vermeintlich fehlen. Die Begegnung mit einem Partner ist also die Begegnung mit den gegengeschlechtlichen Aspekten eures Gesamtselbst. Sexualität ist dabei auch wieder nur eine von vielen euch offenstehenden Erfahrungsmöglichkeiten, um daraus die euer irdisches Sein überdauernden Erkenntnisse zu gewinnen. Wenn ihr Frau- oder Mannsein auf körperliche Merkmale und biologische Funktion beschränkt, dann negiert ihr ihre/seine geschlechtsspezifische Rolle innerhalb des umfassenden Ganzen.

⊙ ⊙ ⊙

Fragen zu

Gesundheit, Medizin und Krankheit

Frage: Gemäss den Aussagen des Begleiters steht das Handeln unserer Schulmedizin weitgehend im Widerspruch zum umfassenden Gesetz, da sie dadurch, wie er es nennt, einerseits Leben erhalten und andererseits Sterben verhindern. Im Leben Erhalten kann ich diesen Widerspruch nicht nachvollziehen; sollte das nicht heissen „Leben und Sterben verhindern"?

Begleiter: *Das klingt zugegebenermassen „logischer" – da nach eurer Wertung Leben erhalten und Sterben verhindern ohnehin dasselbe ist –, doch das umfassende Gesetz orientiert sich eben gerade nicht an menschlicher Logik, sonst wäre es ein menschliches Gesetz.*

Wie ich schon ausgeführt habe, ist Leben – oder das was ihr darunter versteht – etwas Fliessendes, das den Tod mit einschliesst. Leben und Tod sind zwei Aspekte eines einzigen Prozesses. Nun ist es nicht einfach möglich, einen Teil dieses Prozesses zu verhindern oder zu verzögern und den anderen trotzdem zu erhalten. Es wäre ein veränderter Prozess, den das umfassende Gesetz nicht in sich trägt, und deshalb sind alle diesbezüglichen Bemühungen ein Kampf gegen Windmühlen.

Selbstverständlich steht die Verhinderung von Leben im Widerspruch zum umfassenden Gesetz. Doch vor der Verhinderung von Leben stand die Erhaltung von Leben um jeden „Preis" und die Verhinderung von Sterben. Die Verhinderung von Leben ist also nichts anderes als die zwingende Konsequenz der vorangehenden menschlichen Handlungen und Bestrebungen.

In der materiellen Realität scheint euch ein Zusammenhang zwischen gesteigerter Lebenserwartung und Zerstörung von Leben durch Abtreibung absurd. Dabei geht es mir nicht etwa darum, auch nur eine einzige Abtreibung zu rechtfertigen, denn das umfassende Gesetz kennt dafür keine Rechtfertigung. Vielmehr möchte ich darauf aufmerksam machen, dass die individuelle Handlung immer auch in ihrem Zusammenhang zu kollektiven Handlungen und Wertvorstellungen gesehen werden muss.

Nach den in weiten Kreisen eurer Gesellschaft gängigen Wertvorstellungen steht es dem Menschen zu, alle erdenklichen Mittel einzusetzen, um einmal existierendes Leben zu erhalten. Euren Wertvorstellungen entsprechend gilt das selbstverständlich exklusiv für menschliches Leben und diesbezüglich auch nur dann, wenn nicht das genaue Gegenteil – z. B. die Zerstörung von Leben im Krieg – einer als wichtiger eingestuften Wertvorstellung dient.

Wie ich bereits ausführlich dargestellt habe, wählt jeder Mensch den Ort und den Zeitpunkt einer Inkarnation danach aus, wann und wo die Schwingungen für die geplanten Erfahrungen mit den diesen Erfahrungen eigenen Schwingungen bestmöglich übereinstimmt. Diese Rekapitulation ist in diesem Zusammenhang deshalb wichtig, weil im vorliegenden Fall erst unter Einbezug dieser Tatsache eine eurem Verstand zugängliche Erklärung für das umfassende Gesetz möglich wird.

Nachdem eure Medizin sich längst nicht mehr darauf beschränkt, Krankheiten zu beeinflussen, welche lediglich die „Lebensqualität" beeinträchtigen, sondern durch Einsatz modernster Medizinaltechnik Krankheiten und Unfallfolgen behandeln, die ansonsten tödlich verlaufen würden, greifen sie ganz direkt in Gesetzmässigkeiten ein, die vor eurer Inkarnation Grundlage eurer eigenen Lebensplanung waren. Nach eurem Verständnis betreffend den Wert des menschlichen Lebens könnt ihr selbstverständlich nicht erkennen, dass daran etwas falsch sein soll. Doch diese Krankheiten und Unfallfolgen standen euch, als ihr eure Inkarnation geplant habt, als Mittel zur Ablösung von eurer körperlichen Hülle zur Verfügung. Es handelte sich bei solchen

Krankheiten und Unfallfolgen demnach um euch zur Auswahl stehende Formen der Todeserfahrung.

Mit seiner Medizinaltechnik greift der Mensch also direkt in das umfassende Gesetz ein, was – ungeachtet dessen, ob das nun „gut" oder „schlecht" ist -, wie jede menschliche Handlung, nicht ohne rückwirkende Konsequenzen auf ihn selbst bleiben kann. Wenn sein Denken und Handeln seiner Vorstellung von Ethik und Moral entspricht, dann garantiert das noch keineswegs eine Übereinstimmung mit dem umfassenden Gesetz. Ungeachtet der eigenen Wertvorstellungen wird der Mensch deshalb die Konsequenzen seines Verstosses gegen das umfassende Gesetz als Realität erfahren.

Diese sind in Kenntnis des umfassenden Gesetzes vorhersehbar: Zum einen werden Kinder an ihrer Inkarnation gehindert, weil die Schwingung der Zeitepoche nicht der Schwingung der geplanten Erfahrungen entspricht. Zum anderen verweigern sich Frauen in ihrer geplanten Rolle als Mutter, weil auch diese Erfahrung innerhalb eines ganz bestimmten Schwingungsfeldes gemacht werden sollte. Und zum dritten – erst darin werden die Menschen diese Konsequenz möglicherweise erkennen – werden aus dem umfassenden Gesetz heraus neue Mittel zur Ablösung individualisierter Seelenaspekte von ihrer materiellen Hülle erschaffen, was nur in Form neuer, noch nicht behandelbarer Krankheiten geschehen kann.

Neue unbehandelbare Krankheiten stehen also in einem kausalen Zusammenhang mit den Bemühungen eurer Medizin, Leben unter allen Umständen zu erhalten und Sterben zu verhindern. Um diesen Zusammenhang zu erkennen, müssten eure Mediziner natürlich zuerst begreifen, was Krankheit – über ihre eigene, sich an der Oberfläche orientierenden Definition hinaus – eigentlich ist. Sowenig wie ihr selbst erkennen sie die banale Wahrheit, dass Krankheit immer ein selbstgewählter Zustand eines Individuums ist und dass dieser Zustand zu einem bestimmten Zeitpunkt oder in einer bestimmten Lebensphase der einzig mögliche ist, der dem Umfeld und dem Bedürfnis des Betroffenen gerecht wird. Der Widerspruch dieser Aussage zur menschlichen Logik ist mir bewusst.

Eure Mediziner beobachten Symptome und geben ihnen Namen, die sie dann als Krankheiten bezeichnen. Sie kennen einen determinierten Zustand, den sie „Gesundheit" nennen. Sie kennen aber unendlich viele Zustände, die sie „Krankheiten" nennen. Was dabei ihrer Aufmerksamkeit entgeht, ist, dass Gesundheit und Krankheit genau wie Leben und Tod Aspekte eines einzigen Prozesses sind. Sowenig wie Leben ohne Tod möglich ist, sowenig ist Gesundheit ohne Krankheit möglich. Es ist demnach grundsätzlich falsch, wenn ihr von d e r Gesundheit sprecht, denn so vielfältig, wie sich der Aspekt Krankheit durch Symptome äussert, so vielfältig manifestiert sich der Aspekt Gesundheit.

Krebs ist also z. B. nicht primär eine Krankheit, sondern ein Gesundheitszustand. Zur Krankheit wird er fast ausschliesslich erst durch euren Umgang mit ihm. Wenn eure Mediziner „den" Krebs bekämpfen, dann bekämpfen sie nicht in erster Linie eine Krankheit, sondern vor allem einen dem jeweiligen Umfeld und Bedürfnis des Betroffenen angepassten Gesundheitszustand! Das ist insofern verständlich, als echte Ursachenbekämpfung eure Mediziner brotlos machen würde. Deshalb beschränken sie sich darauf, die Ursachen von Krankheiten im Verhalten der Betroffenen aufzuzeigen, obwohl bereits deren Verhalten ein Krankheitssymptom ist, das seine Ursache in ihrem Umfeld hat.

Im Verständnis eurer Mediziner handelt es sich bei Krebs um einen anormalen Zustand, den es mit allen Mitteln zu normalisieren gilt. Das Problem dabei ist nur, dass d e r „normale" Zustand sogar im Verständnis eurer Mediziner eine undefinierbare Grösse ist. Das heisst, was die Definition eines „normalen" Zustandes des menschlichen Körpers betrifft, existiert nicht einmal unter den Medizinern selbst Einigkeit, womit der Willkür in der Interpretation Tür und Tor geöffnet sind.

Wie bei anderer Gelegenheit ausgeführt, kennzeichnen Krankheiten – im Gegensatz zu eurer Interpretation – nicht ein Ungleichgewicht, sondern sind bereits die Symptome eines den Umständen angepassten Gleichgewichtes. Nicht Krebs bringt einen Körper aus seinem Gleichgewicht, sondern die Methoden, die ihr anwendet, um eure Vorstellungen eines „gesunden" Körpers zu realisieren. Auch wenn das eurem „Wissenstand" widersprechen mag, so wird auch eure Medizin meine

Aussage, wonach dem überwiegenden Teil von „Krebsarten" erst durch die Medizinaltechnik, mit der er angegangen wird, zu seiner unberechenbaren, alles zerstörenden Eigendynamik verholfen wird, nicht widerlegen können.

Millionen von Menschen leben unter euch, die während Jahrzehnten unbewusst eine Zellwucherung in sich tragen, die ihr als Krebs bezeichnet. Wird diese dann – z. B. bei einer Routineuntersuchung – entdeckt, dann fängt jenes Leiden an, das nach Interpretation eurer Mediziner deshalb zum Tode führt, weil die Zellwucherung nicht im Rahmen einer „Vorsorgeuntersuchung" bereits früher entdeckt wurde. Wäre dieser Krebs nicht entdeckt worden, so würden die Betroffenen – nicht zuletzt deshalb, weil ihre „psychische Stabilität" nicht durch eine letztlich überflüssige Diagnose geschwächt wird – noch viele Jahre ohne irgendwelche Beschwerden leben. Die Entscheidung, euch mit einer Krebserkrankung in medizinische Behandlung zu begeben oder den Krebs einfach als einen veränderten Gesundheitszustand zu betrachten, bedeutet keineswegs eine Entscheidung über Leben und Tod. Wenn euer Gesamtselbst den Krebs als Umstand eurer Todeserfahrung gewählt hat, dann sind die Mediziner dagegen ohnehin machtlos!

Sicher ist Krebs eine der extremsten Formen, wie sich euer Körper dem jeweiligen Umfeld anpassend in einem Gleichgewicht zu halten versucht. Und doch seid ihr – falls es sich nicht um den Umstand handelt, den euer Gesamtselbst für eure Todeserfahrung gewählt hat – ganz alleine fähig, dieses Umfeld so zu verändern, dass der sich daran anpassende Gesundheitszustand von euch als angenehm empfunden wird. Krebs ist auch dann heilbar, wenn eure Mediziner die Hoffnung auf Besserung bereits aufgegeben haben. Das bedingt aber, dass ihr euer Umfeld genau so extrem verändert, wie der Körper vorher eine extreme Form von Gesundheitszustand wählen musste, um sich diesem Umfeld anzupassen. Wer in dieser Situation nicht bereit oder fähig ist, seine Wertvorstellungen und sein darauf gründendes bisheriges Leben „auf den Kopf zu stellen", der verspielt alles, was er hat – sein Leben.

Entgegen ihrer Selbstdarstellung verlängern eure Mediziner mittels ihrer medizinaltechnischen Eingriffe insbesondere bei Krebs in den allerwenigsten Fällen das Leben der Betroffenen, sie verlängert aber in jedem Fall das damit verbundene Leiden! Irgendwann werdet ihr erkennen, dass die meisten Krebsarten den Betroffenen die gleichen „Überlebenschancen" bieten, ob sie nun durch eure Mediziner behandelt werden oder nicht. Die Lebensqualität ist aber für die Betroffenen im zweiten Fall ungleich grösser.

Krebs zählt in eurer Zeitepoche zu den „geeignetsten" Krankheiten, die eine individuelle Seele für die Todeserfahrung eines ihrer in Menschengestalt materialisierten Aspekte wählen kann. Wenn das der Fall ist, dann wird sie diese Chance ungeachtet dessen nutzen, ob eure Mediziner versuchen, den Krankheitsverlauf zu beeinflussen. Aus einer eurer Wertung übergeordneten Optik ist es deshalb ein Glück, dass die Mediziner sich und ihren Einfluss auf euren Körper masslos überschätzen, auch wenn dieses Glück mit unermesslichem, vermeidbarem Leiden der Betroffenen „erkauft" ist.

Dadurch, dass eure Mediziner jede Krankheit zu bekämpfen versuchen, ohne die grösseren Zusammenhänge zu begreifen, berauben sie euch einerseits der Möglichkeit, euch mit der Krankheit als Ausdrucksmittel der Seele auseinanderzusetzen, und andererseits entziehen sie euch auch mehr und mehr die Mittel im Sinne eines in Übereinstimmung mit dem umfassenden Gesetz stehenden Ablöseprozesses von der materiellen Hülle. Bei diesen Aussagen bin ich mir selbstverständlich immer bewusst, dass sie im Widerspruch zu euren eigenen Wertvorstellungen stehen, während das Handeln eurer Mediziner im wesentlichen in Übereinstimmung mit ihnen steht.

Frage: Der Begleiter geht in seinen bisher veröffentlichten Aussagen zweimal kurz auf die Organtransplantation ein. Er zeigt dabei auf, was das aus der Sicht des Spenders bedeutet und weist darauf hin, dass jede Organtransplantation im Widerspruch zum umfassenden Gesetz steht. Wenn das so ist, dann muss doch auch der Empfänger von diesen Konsequenzen betroffen sein. Was sind das für Konsequenzen?

Begleiter: *Wenn eure Mediziner die Diagnose stellen, dass ein Organ seine Funktion nicht mehr erfüllen kann und dadurch das Leben des Betroffenen gefährdet ist, dann hat dieser aus einer eurer Wertung von Leben übergeordneten Optik seine Lebensaufgabe erfüllt. Das lebensbedrohende Organversagen steht in vollkommener Übereinstimmung mit den Bedürfnissen seines Gesamtselbst, den sich in Menschengestalt manifestierenden Aspekt seiner selbst aus der materiellen Dimension abzuziehen. Das Organversagen entspricht demnach dem Krankheitsbild, den dieses Gesamtselbst als Todeserfahrung für diesen Aspekt – diesen Menschen – gewählt hat.*

Für eure Mediziner ist nun aber dieser Mensch nicht Teil eines grösseren Ganzen, sondern in ihrem Verständnis handelt es sich dabei um ein unabhängiges Individuum – ein in sich selbst geschlossenes System –, dessen Existenz es unter allen Umständen zu erhalten gilt. Nun verändern aber sowohl die Geburt als auch der Tod jedes noch so kleinen Fragmentes die materielle Dimension als Ganzes und damit die Schwingung einer bestimmten Zeitepoche. Diese Schwingung ist aber jene Gesetzmässigkeit, die den Zeitpunkt und den Tod in eurer individuellen Lebensplanung bestimmt. Die eurer Inkarnation zugrunde liegende Aufgabe erfordert Erfahrungen, die zu ihrer Umsetzung einer ganz bestimmten Schwingung bedürfen. Diese wiederum wird durch die Gesamtheit der zu einem bestimmten Zeitpunkt inkarnierten individualisierten Seelenaspekte bestimmt und verändert sich durch jede Geburt und jeden Tod einer dieser Seelenaspekte.

Verhindert ihr nun durch eure Medizinaltechnik Sterben, das in der Planung der Lebensaufgaben vorgesehen war, dann verändert ihr dadurch die Schwingung einer ganzen Zeitepoche in dem Sinne, dass diese einerseits nicht mehr mit der den Lebensplänen der in dieser Zeitepoche inkarnierten Seelenaspekten zugrunde liegenden Schwingung übereinstimmt und andererseits geplante Inkarnationen nicht erfolgen können, weil auch hier die Schwingung nicht mehr mit den geplanten Erfahrungen übereinstimmt.

Das Gesagte verdeutlicht den Zusammenhang zwischen Leben erhalten bzw. Sterben verhindern auf der einen und Leben verhindern auf der anderen Seite. Wir haben auf der einen Seite den Organempfänger, der seine Lebensaufgabe erfüllt hatte und dessen Tod durch sein Gesamtselbst in Kürze geplant war. Auf der anderen Seite haben wir ein Elternpaar, dessen Lebensplanung die Geburt eines Kindes vorsieht, das für seine Inkarnation auf eine ganz bestimmte Schwingung angewiesen ist. Durch das verhinderte – oder besser gesagt aufgeschobene – Sterben des Organempfängers entspricht nun jedoch die Schwingung im Zeitpunkt der geplanten Inkarnation nicht mit der dazu erforderlichen Schwingung überein, was in der Konsequenz bedeutet, dass die geplante Inkarnation nicht erfolgen kann.

Trotz ihres tiefempfundenen Wunsches bleibt den Eltern dann ein Kind versagt – aber auch da verfügt ja mittlerweile die „Reproduktionsmedizin" über Mittel und Wege, in ein komplexes Geschehen einzugreifen, deren Gesetzmässigkeiten ihre Exponenten noch nicht einmal ansatzweise begriffen haben. Dazu solltet ihr einfach wissen, dass das so gezeugte Kind keineswegs mit dem Seelenaspekt identisch ist, der mit diesen Eltern vor deren Leben eine „Vereinbarung" getroffen hat. So gezeugte Kinder ermöglichen individualisierten Seelenaspekten das, was ich bei anderer Gelegenheit als „Komplementärinkarnation" bezeichnet habe. Also die Inkarnation eines Seelenaspektes, dessen Lebensaufgabe darin besteht, die Lebensaufgabe eines anderen Aspektes desselben Gesamtselbst, die dieser nicht oder nicht vollständig erfüllt hat, weil er sein Leben selbst beendet hat, zu vollenden. Ich bitte aber, diese Aussage nicht falsch zu interpretieren: Bei solchen Kindern handelt es sich also nicht um reinkarnierte Selbstmörder, sondern um einen anderen individuellen Aspekt derselben Seele.

Mancher Organempfänger bezeichnet sich einige Zeit nach der Transplantation selbst als „neuer Mensch" und fühlt das auch so. Manche empfinden das so, wie wenn sie mit dem Organ auch einen Teil der Persönlichkeit des Spenders übernommen hätten. Das trifft zwar nicht zu und doch täuschen die Gefühle die Betroffenen nicht. Ihr äusseres Erscheinungsbild hat sich zwar nicht verändert, aber sie entwickeln zum Beispiel völlig neue Interessen, während das, was vor der Transplantation ihr Leben bestimmt hat, vollkommen bedeutungslos geworden ist.

Auch solche Menschen haben unbewusst eine Aufgabe im Sinne einer Komplementärinkarnation übernommen.

Nun bist du möglicherweise der Auffassung, dass ich mit dem Gesagten deine Frage noch nicht beantwortet habe, weil ich nicht explizit auf die (negativen?) Konsequenzen für die Organempfänger eingegangen bin. Du musst dir einfach bewusst sein, dass jede Inkarnation eines individualisierten Seelenaspektes letztlich dazu dient, dass die Gesamtheit aller Seelen Erkenntnisse gewinnt, die nur in einer ganz bestimmten Zeitepoche möglich sind und auch von dem zu Inkarnierenden ganz bestimmte Voraussetzungen verlangt. Wird nun aber diese Inkarnation durch die beschriebenen Umstände verhindert, dann behindert das die Gesamtheit aller Seelen und damit letztlich auch jeden einzelnen Seelenaspekt – also auch den Organempfänger – auf ihrem Weg zurück zum Ursprung von allem, was ist.

Frage: Welches sind die durch den Begleiter angedeuteten Konsequenzen, die sich aus der modernen Medizin und insbesondere der Transplantationsmedizin für die Menschheit ergeben?

Begleiter: *Ich beschränke mich in der Beantwortung deiner Frage auf die Transplantationsmedizin, denn meine Ausführungen dazu sind übertragbar.*

Die Mediziner versuchen, ein sich in seinem Ablöseprozess befindliches (Teil-)Bewusstsein an der Trennung von seiner materiellen Hülle zu hindern, indem sie diese Hülle durch das Einsetzen von (vermeintlich) gesunden Ersatzteilen am Leben erhalten. Nun ist aber das Sterben ihrer materialisierten Aspekte für die Aufgabenstellung der individuellen Seele genauso zwingend erforderlich wie deren Leben. Sie ist deshalb gezwungen, nach neuen Möglichkeiten der Sterbeerfahrung zu suchen.

Für die Menschheit wird sich das so manifestieren, dass sie sich mehr und mehr mit Krankheiten konfrontiert sehen wird, die darin bestehen, dass sich das Bewusstsein von einem organisch gesunden Körper trennen wird. Materiell müssen diese Krankheiten dann einen für den menschlichen

Verstand nachvollziehbaren Bezug zum Bewusstsein darstellen. Da ihr nun aber das Bewusstsein fälschlicherweise mit dem Gehirn in Verbindung bringt, müssen sich auch diese Krankheiten durch einen Zerfall des Gehirns manifestieren. Ich vermute, der Groschen ist gefallen!

Frage: Kommt die Medizin durch die Gentechnologie einem Verstehen des umfassenden Gesetzes näher?

Begleiter: *Nein, die Gentechnologie ermöglicht es ihnen lediglich, ihr eigenes Menschenbild zu vertiefen und zu untermauern. Nachdem sich dieses Bild an der Oberfläche orientiert, sie den Menschen also auch weiterhin als komplexe Maschine verstehen, über deren Konstruktionsplan sie nun vermeintlich verfügen, sind sie weiter denn je davon entfernt, die wahre Natur des Menschen und seine Einbindung in das umfassende Ganze zu erfassen.*

Eines Tages werden sie überrascht feststellen, dass das Genom des Menschen mehr ist als sein Konstruktionsplan, denn dermassen determiniert, wie sie das heute zu wissen glauben, ist dieses bestimmt nicht! Was aber ist das für ein Konstruktionsplan, der im Verlaufe des Lebens dieser „Maschine" Veränderungen unterworfen ist?

Frage: Der Begleiter behauptet: „*... Viren, Bakterien, vermeintliche genetische Defekte oder vermeintliches Fehlverhalten im Sinne eurer Mediziner sind ausserstande, Ursachen für eine Krankheit zu sein. Es ist ausschliesslich eure Denkhaltung, welche die Voraussetzungen dafür schafft, dass diese Faktoren imstande sind, eine Krankheit auszulösen. Es existiert entgegen eurer Überzeugung nicht Materielles – absolut nichts – das aus sich selbst heraus imstande wäre, Einfluss auf eure Gesundheit auszuüben. Auch das stärkste Gift verfügt nicht aus sich heraus über die ihm zugeschriebenen Fähigkeiten ...*". Das widerspricht doch nun wirklich vollumfänglich allen diesbezüglichen menschlichen Erkenntnissen. Das würde ja bedeuten, dass mich jemand nur deshalb vergiften kann, weil ich an die Wirkung der verwendeten Substanz glaube. In der Praxis weiss aber das Opfer doch gar nichts von den Absichten des Täters, wie also kann das Gift dann trotzdem wirken?

Begleiter: *Die Antwort auf deine Frage findest du – auch wenn du dazu möglicherweise etwas zwischen den Zeilen lesen musst im gleichen Kapitel. Es ist richtig, dass auch das stärkste Gift und die tödlichsten Viren lediglich als Transformatoren für eure Erwartungen und Vorstellungen dienen. Und doch habe ich meinem irdischen Freund von einem Selbstversuch abgeraten, weil er – und das gilt in verstärkten Masse für euch – schon oder noch zu sehr mit dem Virus namens Wissenschaftsgläubigkeit infiziert sei.*

Ich möchte dir die Wirkung von dem, was ihr unter „Gift" versteht, anhand eines Beispiels erklären: Irgendwann in grauer Vorzeit haben Menschen beobachtet, wie einer der ihren nach dem Genuss einer bestimmten Pflanze gestorben ist. Der erste „Giftmörder" ging in Gestalt einer Pflanze in die menschlichen Erkenntnisse ein. Die Pflanze bekam einen Namen, der die ihr u n t e r s t e l l t e n Eigenschaften betonen sollte. Nennen wir sie in unserem Beispiel „Würger", weil die Menschen beobachtet hatten, dass das Opfer erstickt ist. In der „Würgerpflanze" wohnte – so die Schlussfolgerung der Menschen – ein böser Geist, der den Menschen, der ihm zu nahe kommt, erstickt.

Jahrtausende später befassten sich andere Menschen – Wissenschaftler –, die durch Überlieferung von der Giftigkeit der Pflanze „wussten", genauer mit ihr und isolierten die „giftige" Substanz. Selbstverständlich bekam nun auch diese Substanz einen ihren ihr unterstellten Eigenschaften angepassten Namen: „Würgegift"! In der Folge wurde die Giftigkeit der Substanz durch Tierversuche und durch Untersuchungen an Menschen, die mit ihr in Kontakt gekommen waren, wissenschaftlich „bewiesen". Das „Wissen" um die Giftigkeit der Substanz wurde zum „Allgemeinwissen" der Menschen.

Dass es sich bei der „Giftigkeit" der Substanz um eine durch Menschen selbst geschaffene Realität handelt, widerspricht ihren eigenen trügerischen Beobachtungen so vollkommen, dass alleine die Erwähnung für euch in höchstem Masse absurd erscheint. Doch kehren wir zurück zum Entstehungsort dieser „Giftigkeit": Die durch die Menschen beobachteten Tatsachen sind, dass erstens ein Mensch erstickt ist und zweitens der Erstickungstod nach dem Genuss einer bestimmten Pflanze erfolgte. Hätten die Menschen damals nicht der später durch die Wissenschaft als „Irrglauben entlarvten" tiefen Überzeugung angehangen, dass auch der tote menschliche Körper „heilig" ist, hätten sie möglicherweise eine „Obduktion" des Verstorbenen vorgenommen. Dabei hätten sie die wahre Todesursache entdeckt: Eine im Hals steckengebliebene Fischgräte, deren Gefährlichkeit damals bereits zum „Allgemeinwissen" der Menschen zählte! Die Pflanze, die er vor dem Fisch verspeist hatte, war an seinem Tod überhaupt nicht beteiligt.

Das tatsächliche Geschehen hätte die „giftige" Pflanze also rehabilitiert, und sie wäre heute möglicherweise Teil eurer Nahrung, ohne dass ihr befürchten müsstet, durch sie vergiftet zu werden. Der Mensch hält nun aber einmal an seiner eigenen Schöpfung fest und versteht diese als alleinige Realität. Die an und für sich vollkommen neutrale Substanz wurde durch die Menschen mit der Botschaft „Gift!" versehen und transformiert seither ihrer Bestimmung gemäss diese Botschaft in durch Menschen geschaffene Realität. Wie ein mit klassischer Musik bespieltes Tonband keine Volksmusik zu spielen in der Lage ist, ist die Pflanze als Informationsträger nicht in der Lage, eine andere als die ihr durch den Menschen aufgegebene Information zu verbreiten.

Es reicht also vollkommen, dass eine materielle Substanz irgendwann mit der giftigen Information versehen wurde, um in euch jene Wirkung zu entwickeln, die sie gemäss dieser Information zu entwickeln hat. Das bedeutete nun aber keineswegs, dass diese Information unabänderlich wäre. Grundsätzlich wäre jeder Mensch, der die Gesetzmässigkeiten verstanden hat, denen sowohl er selbst als auch jede andere Form von Materie unterliegt, befähigt, giftige Substanzen mit einer neutralen oder gar heilenden Information zu versehen. Dass Pflanzen zu Heilpflanzen werden, hat genausowenig mit den ihr inhärenten Substanzen zu tun, wie irgendeine Substanz aus sich selbst heraus eine Pflanze zur Giftpflanze macht. Damit diese Substanzen zu heilenden oder giftigen Wirkstoffen werden, bedarf es der entsprechenden Information durch den Menschen, der sie sich nutzbar machen will. Es existieren weder giftige noch heilende Wirkstoffe, sondern ausschliesslich neutrale Substanzen, die befähigt sind, eure Glaubensüberzeugungen in erlebbare Realität zu transformieren!

Frage: Dass ein Zusammenhang zwischen dem Rauchen und den dadurch verursachten Krankheiten besteht, ist nun wirklich ausreichend und unbestreitbar belegt. Es muss ja wirklich niemand zuerst an Krebs erkranken, um selbst zu spüren, dass sich das Rauchen negativ auf sein Befinden auswirkt. Dass Warnhinweise auf den Zigarettenpackungen bei den Rauchern wenig bewirken, ist bekannt, möglicherweise vermögen die geplanten abschreckenden Bilder von den durch das Rauchen verursachten Körperschäden abschreckender wirken. Der Verdacht liegt nahe, dass der Begleiter selbst zu weit von der Realität entfernt ist, um diese noch als solche zu erkennen. Würde mich interessieren, was er dazu zu sagen hat.

Begleiter: *Ich stimme dir insofern zu, als ich in meinem Erleben wirklich sehr weit von der durch dich angesprochenen Realität entfernt bin, und zwar so weit, dass ich mich nicht mehr durch sie blenden lasse. Dass ein Zusammenhang zwischen Rauchen und den Krankheiten besteht, die ihr damit in Verbindung bringt, habe ich entgegen deiner Interpretation nicht bestritten. Nur geht halt auch in diesem Fall die Gefahr weniger vom Rauchen selbst aus, als vielmehr von den krankmachenden Informationen, mit denen ihr das Rauchen verseht. Der Glaube daran, dass Rauchen bestimmte Krankheiten verursacht, verursacht tatsächlich ein Vielfaches mehr dieser Krankheiten als das Rauchen selbst.*

Frage: Die Aussagen Ihres Begleiters zur Präventivmedizin widerspricht in jeder Beziehung dem medizinischen Wissensstand und menschlicher Erfahrung. Wie kann er nur Frauen den Ratschlag erteilen, nicht mehr zur Vorsorgeuntersuchung zwecks Früherkennung von Brustkrebs zu gehen? Wenn Sie, wie Sie betonen, die Aussagen Ihres Begleiters ohnehin nur auszugsweise veröffentlichen, scheint es mir verantwortungslos von Ihnen, eine solche Aussage auszuwählen. Das ist besonders schade, weil Ihre Bücher viel Wertvolles und Hilfreiches an Informationen enthalten. Was will Ihr Begleiter eigentlich mit solchen Aussagen, die der erlebten Realität aller Menschen widersprechen, erreichen?

Begleiter: *Nun, erreichen möchte ich damit ausschliesslich euch Menschen; weitergehende Absichten verfolge ich damit nicht. Dabei ist es kaum vorstellbar, wie unterschiedlich meine Aussagen interpretiert werden, doch das ist ein „Risiko", das ich bewusst in Kauf nehme. Schwieriger ist es für mich zu akzeptieren, wenn mir Aussagen unterstellt werden, die ich so weder gemacht habe, noch diese in den Büchern meines irdischen Freundes zu finden sind. Wie um Himmels Willen kommst du dazu, mir zu unterstellen, ich hätte den Ratschlag gegeben, nicht zur Vorsorgeuntersuchung zu gehen?*

Es ist richtig – und ich halte ohne jede Einschränkung an der Aussage fest -, dass ich gesagt habe: „... Was ihr unter Aufklärung und Vorsorge versteht, hat mehr Krankheiten verursacht, als eure Mediziner jemals in der Lage sein werden zu heilen. Jede Fernsehsendung, jeder Zeitungsartikel über Gesundheitsvorsorge bewirkt hundertfach das Gegenteil dessen, was sie vorgeben zu bezwecken. Ihr werdet erst dann zu potentiellen Opfern einer Krankheit, wenn ihr dieser in eurem Denken Macht über eure Gesundheit zugesteht. Ihr bekämpft Gewaltdarstellungen in den Medien, unternehmt aber nichts gegen die tatsächlich krankmachenden Informationen ...".

Diese Aussage könntest du nun selbstverständlich im Sinne eines Ratschlages interpretieren, nicht mehr zur Vorsorgeuntersuchung zu gehen. Das ist aber dann nicht mehr möglich, wenn du meine Aussagen zu diesem Thema zu Ende gelesen hast. Zumindest kann ich mir nicht vorstellen, dass folgende Aussagen, die ich im Zusammenhang gemacht habe, als den durch dich in sie hineininterpretierten Ratschlag verstanden werden können:

"... Wenn du nun aber die Gewaltdarstellungen mit den medizinischen Informationen durch dieselben Medien vergleichst, dann wirst du feststellen, dass die Botschaft, die diese Informationen in sich tragen, in höchstem Masse destruktiv ist. ... Der Zustand, in den euch die Medien durch die vermittelten Informationen versetzen, ist einer Massenhypnose gleichzusetzen ... Aus der Massenhypnose zu erwachen, ist dem Individuum, das sich nicht ganz bewusst von den Wertvorstellungen eurer wissenschaftsgläubigen Gesellschaft distanziert, kaum möglich. Ebensowenig wird es einer „aufgeklärten" Frau möglich sein, sich nicht als potentielles Brustkrebsopfer zu verstehen (nachdem sie über die wissenschaftlichen „Tatsachen" informiert ist) ... Erforderlich wäre dazu eine umfassende Änderung des Denkverhaltens, und dazu braucht es bedeutend mehr Mut und Selbstbewusstsein, als es das ängstliche Abtasten des eigenen Körpers nach verdächtigen Knoten erfordert. Diese umfassende Änderung des Denkverhaltens kann nur unter der Voraussetzung gelingen, dass sich das Individuum bewusst jeglicher gesellschaftlicher Beeinflussung entzieht, indem es der Wissenschaft allgemein und der Medizin im besonderen lediglich noch den Stellenwert von Religionen – was sie umfassend betrachtet sind – zugesteht ...".

Nachdem deine Fragestellung nicht darauf schliessen lässt, dass du der Wissenschaft allgemein und der Medizin im besonderen in deinem Denkverhalten lediglich noch den Stellenwert von Religionen zugestehst, gilt für dich mein Hinweis, dass es dir nicht möglich ist, aus der Massenhypnose zu erwachen. Die aus der krankmachenden Information der Medien resultierenden Ängste setzen – nachdem du sie als wissenschaftliche „Tatsache" akzeptierst – ihr destruktives Werk fort, und so bleibt dir tatsächlich nichts anderes übrig, als die Information in allen ihren Konsequenzen in dein Leben zu integrieren. Das bedeutet selbstverständlich auch, dass du weiterhin zu den empfohlenen Vorsorgeuntersuchungen gehen solltest.

Frage: Wenn Ihr „Begleiter" der Präventivmedizin ihren Sinn abspricht, dann ist das eine Sache. Etwas ganz anderes ist es, wenn er als Beispiel dann die Mammographie nennt. Diesbezüglich liegen nun wirklich ausreichende, nicht widerlegbare Forschungsergebnisse vor, die deren lebensrettenden Sinn beweisen. Wenn er sagt: „... *So nehmt ihr einfach nicht zur Kenntnis, dass sich der prozentuale Anteil der tatsächlich an Brustkrebs erkrankten Frauen seit der ersten Aufforderung zur Selbstuntersuchung mehr als verdoppelt hat ...*", dann stimmt das schlichtweg nicht. Tatsache ist, dass – wie eine kürzlich veröffentlichte schwedische Studie beweist – die Brustkrebssterblichkeit seither um 25 % gesunken ist. Wenn einzelne Aussagen Ihres Begleiters erwiesenermassen falsch sind, ist es dann noch vertretbar, wenn wir seine Aussagen unkritisch glauben?

Begleiter: *Das ist mit Sicherheit nicht vertretbar, und zwar völlig unabhängig davon, ob ihr einzelne Aussagen aufgrund euch vorliegender wissenschaftlicher „Tatsachen" vermeintlich als nicht zutreffend wertet. Mein irdischer Freund und ich vermitteln euch keine neue Heilslehre, also erheben wir bei euch auch nicht den Anspruch, an uns und unsere Veröffentlichungen zu glauben. Ihr sollt meinen Aussagen mit einem gesunden Mass an kritischer Einstellung begegnen, sie zwar zur Kenntnis nehmen, aber letztlich nur das in euer Bild der Realität integrieren, was ihr intuitiv oder aufgrund eurer eigenen Erfahrungen als Wahrheit akzeptieren könnt.*

Bei den durch dich angezweifelten Aussagen geht es darum, dass ich euch aufzuzeigen versuche, wie ihr sogenannte „wissenschaftliche Erkenntnisse" in euer Bild der Realität integriert und welche Auswirkungen das auf euer Erleben hat. Das habe ich dadurch getan, dass ich euch die Mechanismen der Entstehung von Krankheiten anhand zweier Beispiele aufgezeigt habe. Nun verwendest du aber in deiner Fragestellung Begriffe, die in meinen diesbezüglichen Aussagen nicht erscheinen. Ich spreche von „Aufforderung zur Selbstuntersuchung", und in deiner Interpretation wird daraus „Präventivmedizin" und „Mammographie". Zwar kannst du die „Selbstuntersuchung" der Präventivmedizin zurechnen, doch gehst du mit mir sicherlich einig, dass den Begriffen „Mammographie" und „Selbstuntersuchung" ein völlig unterschiedlicher Sinn innewohnt, wir also keinesfalls vom gleichen sprechen.

In dem durch dich angeführten Beispiel sage ich: „... Eure Wissenschaft brandmarkt – aufgrund vermeintlich unumstösslicher Beweise – ein bestimmtes Verhalten als ursächlich für eine Krankheit. In der Folge werden immer mehr Menschen, die diesem Verhalten anhängen, genau die von der Wissenschaft prognostizierten Krankheitsbilder entwickeln. Vermeintlich werden dadurch die wissenschaftlichen Erkenntnisse bestätigt. ... Das zweite Beispiel betrifft eine typische Frauenkrankheit eurer Zeitepoche. Eure Wissenschaft beweist vermeintlich, dass ein bestimmter Prozentsatz der Frauen an Brustkrebs erkrankt. Hier wird nicht mehr ein bestimmtes Verhalten als Ursache für die Krankheit gebrandmarkt, sondern rund die Hälfte der Menschheit wird als potentielles Opfer dargestellt. In der Folge werden die Frauen aufgefordert, durch Selbstuntersuchung nach Anzeichen der Krankheit zu forschen. Millionen von Frauen leben in ständiger Angst, quasi in Erwartung der Krankheit. Und bei Millionen von Frauen wird die Krankheit dann auch tatsächlich früher oder später diagnostiziert. Wiederum werden scheinbar wissenschaftliche Erkenntnisse bestätigt ... Jede Krankheit, mag sie aus der Sicht eurer Wissenschaft noch so konkrete (materielle) Ursachen haben, setzt die Bereitschaft voraus, sich mit ihr als persönliche Möglichkeit zu befassen. Wo diese Voraussetzungen fehlen, wird die Krankheit nicht zur erlebten Realität. ... Ihr werdet erst dann zu potentiellen Opfern einer Krankheit, wenn ihr dieser in eurem Denken Macht über eure Gesundheit zugesteht ...“.

Es ging in meinen Ausführungen also darum, euch die konstruktive und destruktive Macht eurer eigenen Gedanken sowie den Einfluss, den wissenschaftliche „Beweise“ darauf haben, aufzuzeigen. Den Sinn der „Mammographie“ habe ich dabei weder erwähnt noch hinterfragt und schon gar nicht bewertet. Da du nun aber das Thema angesprochen hast und dabei mit vermeintlichen Beweisen operierst, würde es meinem Ansinnen widersprechen, wenn diese unkommentiert bleiben würden.

Zuerst einmal sei festgehalten, dass die erwähnte Studie meine Aussage, wonach sich seit der ersten Aufforderung zur Selbstuntersuchung der prozentuale Anteil der tatsächlich an Brustkrebs erkrankten Frauen mehr als verdoppelt hat, nicht zu widerlegen vermag, da sie sich nicht mit Ursachenforschung der Brustkrebserkrankungen befasst. Nicht meine diesbezügliche Aussage, sondern deine Beurteilung derselben ist demnach „erwiesenermassen falsch“! Das Aufzeigen der weiteren Fehler, die deine Argumentation relativieren, überlasse ich meinem irdischen Freund, denn das ist eher sein „Fachgebiet“.

PdF: Die in Ihrer Fragestellung angesprochene schwedische Studie ist mir bekannt. Ihre Behauptung, dass durch die Mammographie die Brustkrebssterblichkeit um 25% gesenkt werden konnte oder kann, deckt sich mit der Interpretation dieser Studie durch die Medien. Ich gehe deshalb davon aus, dass Sie Ihr „Wissen“ auf solche Quellen stützen. Die erwähnte Studie kommt zum Schluss, dass von 1000 Frauen zwischen 40 und 74, die keine Mammographie machen lassen, innerhalb von zehn Jahren vier aufgrund eines Brustkrebses sterben, wogegen es bei 1000 Frauen, die sich jährlich einer Mammographie unterzogen haben, in der gleichen Alterskategorie und derselben Zeitspanne zu drei Todesfällen aufgrund einer Brustkrebserkrankung gekommen ist. Statt vier also drei Todesfälle auf 1000 in die Studie einbezogene Frauen in zehn Jahren.

Anders ausgedrückt heißt das: Pro Jahr 0,1 Brustkrebs-Todesfall weniger auf 1000 Frauen bzw. ein Brustkrebs-Todesfall weniger auf 10.000 Frauen, und sogar das wird durch neueste Forschungsergebnisse bereits widerlegt! Sie können selbstverständlich argumentieren, dass sich die Mammographie auch dann rechtfertigen lasse, wenn dadurch auch nur ein einziger Todesfall verhindert werden könne. Wer so argumentiert, der darf aber nicht unterschlagen, dass dieser eine verhinderte Todesfall mit dem unnötigen Leiden von unzähligen Frauen erkauft wurde. Wenn trotz jährlicher Mammographie von 1000 Frauen nur – wenn überhaupt – ein Todesfall verhindert werden kann, dann bedeutet das, dass sich 99,9 %, also 999 dieser 1000 Frauen, ohne jeden Nutzen zehnmal einer Mammographie unterzogen haben. Das bedeutet – gemäss dieser Studie – auch, dass 250 dieser 1000 Frauen innerhalb von zehn Jahren die Diagnose „Krebsverdacht“ erhalten, die sich dann bei Nachuntersuchungen als Fehldiagnose erweist. Das bedeutet demnach, dass 25 % aller Frauen, die sich einer Mammographie unterziehen, innerhalb von zehn Jahren mindestens ein Mal unnötigerweise in Angst und Schrecken versetzt werden!

Das sind die Fakten, welche in den durch sie erwähnten „nicht widerlegbaren Forschungsergebnissen“ enthalten sind und danach als „25 % weniger Todesfälle durch Brustkrebs dank Mammographie!“ verkauft und dadurch zum Bestandteil des „Allgemeinwissen“ der wissenschaftsgläubigen Menschen werden. Die Frage, inwieweit die Medizin durch die vorsorgliche Mammographie lediglich selbst verursachten Schaden zu begrenzen versucht, in dem Sinne, dass die dadurch frühzeitig erkannten Brustkrebserkrankungen erst durch die Dauerberieselung aller Frauen mit der Aufforderung zur Selbstuntersuchung überhaupt entstanden sind, lässt die Studie verständlicherweise unbeantwortet. Bei aller erforderlichen kritischen Distanz zu den Aussagen meines Begleiters kann ich Ihnen versichern, dass seine Ausführungen zum Thema mindestens so „unwiderlegbar“ sind wie das, was uns unter dem Begriff „wissenschaftliche Erkenntnisse“ als „Wahrheit“ vermittelt wird.

⊙ ⊙ ⊙

Fragen zu
Natur und Bestimmung der Tiere

Frage: Der Begleiter verurteilt die Haltung von Haustieren wie Hunde und Katzen als nicht deren Natur entsprechend. Besteht für mich, die ich versuche, in Übereinstimmung mit dem umfassenden Gesetz zu leben, die Lösung demnach darin, dass ich keine Haustiere mehr halte?

Begleiter: *Ich verurteile weder die Haltung von Haustieren noch sonst ein menschliches Verhalten oder eine menschliche Handlung. Das steht mir nicht zu und ist auch nicht Teil meiner Aufgabe, die mich mit meinem irdischen Freund verbindet.*

Als Halterin von Haustieren, die – in deinem Empfinden – dein Leben bereichern, hat dich offensichtlich gestört, dass ich in meinen Ausführungen zu den Formen, in denen sich individuelle Seelenaspekte in der Materie manifestieren, darauf hingewiesen habe, dass eure geliebten Haustiere wie Hunde und Katzen nicht Manifestationen einzelner individueller Seelen, sondern Schöpfungen von Seelengruppen sind. Dabei habe ich festgehalten, dass sich diese Haustieren deshalb nicht für materielle Erfahrungen einzelner individueller Seelenaspekte eignen, weil es Haustiere durch ihre Nähe zum Menschen praktisch nicht mehr möglich ist, das Sein ihrer ursprünglichen Bestimmung entsprechend zu leben, sie also in ihren Erfahrungen weitgehend beschränkt sind.

Ob nun aber eure Haustiere Manifestationen einzelner individueller Seelenaspekte oder solche von Seelengruppen darstellen, schmälert ihren

„Wert“ höchstens in eurem Verständnis. Sie sind, wie ihr auch, Teil des umfassenden Ganzen und euch damit in ihrem „Wert“ ohne jede Einschränkung gleichgestellt. Gerade weil sie ihrem ihrer Natur gemässen Sein weitgehend entfremdet sind, sind sie heute auf eure Liebe und Fürsorge mehr angewiesen, als sie es einst, ihrer wahren Natur entsprechend waren. Wenn du also weiterhin Haustiere hältst, dann steht das weder im Widerspruch zum umfassenden Gesetz noch im Widerspruch zu ihrer Natur. Du solltest dabei einfach versuchen, die Tiere sich selbst sein zu lassen und ihnen nicht menschliche Fähigkeiten und Empfindungen andichten oder abverlangen.

Frage: Ich bin aus Überzeugung Halter von mehreren Haustieren – Hunden, Katzen, Wellensittichen, Hamstern. Der berühmte Philosoph, der gesagt hat, dass er „die Tiere liebt, seit er die Menschen kennt“, spricht mir aus dem Herzen. Ich bin sicher, dass viele Menschen, die Haustiere halten, aus eigener Erfahrung so denken. Was meint der Begleiter zu dieser Einstellung?

Begleiter: *Wenn du nicht nur diese, sondern auch die Aussagen dieses „berühmten Philosophen“ zur Natur der Frau kennen würdest, dann würdest du selbst unschwer zu der Erkenntnis gelangen, das er weniger ein Problem mit den Menschen allgemein als vielmehr ein solches mit sich selbst hatte. Ich stimme dir zu, dass heute viele Haustierhalter wie du der besagten „Weisheit“ zustimmen, was aber nicht bedeutet, dass diese deshalb richtig wäre, sondern lediglich, dass sie das gleiche Problem mit sich selbst haben, wie dieser Philosoph.*

Ein Tier ist ein Tier und sollte das – ungeachtet menschlicher Interessen – seiner wahren Natur entsprechend sein dürfen. Wenn ein Haustier – wie das heute millionenfach geschieht – als Ersatz fehlender zwischenmenschlicher Kontakte gehalten wird, dann ist es in seinem naturgemässen Erleben eingeschränkt. Es ist dann nicht mehr ein eigenständiges, von euch und euren Interessen vollkommen unberührtes Wesen, sondern es wird zur Projektionsfläche für eure eigenen Hoffnungen und Erwartungen degradiert.

Ein Haustier, dem als Ersatz fehlender Sozialkontakte die Funktion von Mitmenschen aufgebürdet und abverlangt wird, ist ein missbrauchtes Tier! Der von dir zitierte Philosoph hat sich geirrt!! Richtigerweise müsste seine „Weisheit" nämlich lauten: „Seit ich mich kenne, liebe ich die Tiere".

Eure Mitmenschen können nie mehr sein als Projektionsfläche eures eigenen, häufig unbewussten Wesens. Wenn ihr euch über eure Mitmenschen äusserst, so ist das deshalb immer ein Selbstbeschrieb! Wenn ihr eure Mitmenschen nicht „ausstehen" könnt, wie sie sind, dann deshalb, weil ihr euch in eurem tiefsten Innern selbst nicht so akzeptiert, wie ihr wirklich seid. Kein einziger Mensch in eurem Umfeld verfügt über Wesenszüge, die nicht latent auch eure eigenen sind, denn wenn es so wäre, wären sie nicht Teil eurer erlebten Realität! Das Medikament gegen Schwierigkeiten mit euren Mitmenschen und – daraus resultierend – gegen Einsamkeit heisst demnach nicht „Bello" oder „Minou" sondern „Selbsterkenntnis" und „Arbeit am eigenen Selbst"!

Frage: Wenn ich mitbekomme, unter welchen Umständen unsere sogenannten Nutztiere ihr Dasein fristen müssen, dann frage ich mich oft, wann wir Menschen dafür die Rechnung präsentiert bekommen. Wann schlägt die Natur endlich zurück?

Begleiter: *Die ersten Treffer hat sie doch bereits gelandet! Ich vermute, dass deine Frage durch deine erlebte Realität mittlerweile beantwortet ist.*

Frage: Meine von mir über alles geliebte Katze ist kürzlich gestorben. Sie hat mich während fünfzehn Jahren begleitet und war oft mein einziger Trost in einem nicht immer einfachen Leben. Die Aussagen Ihres Begleiters zu den subjektiven Jenseitrealitäten habe ich zwar noch nicht ganz begriffen, doch glaube ich verstanden zu haben, dass wir uns die nach dem Tod erfahrene Realität weitgehend durch unsere Überzeugungen und Vorstellungen selbst erschaffen. Ich wünsche mir nichts so sehr wie ein Wiedersehen mit meiner Katze. Darf ich demnach hoffen, dass sich mein Wunsch nach meinem Tod erfüllt?

Begleiter: *Er wird sich erfüllen! Deine Katze wird dich in der gewohnten Art – schnurrend und sich an dich schmiegend – begrüssen. Vergiss aber ob der freudigen Erwartung nicht, dein Leben zu leben, denn das wäre weder in deinem noch im Interesse deiner Katze. Sie war Teil deines Lebens, aber sie war nicht dieses Leben selbst!*

Frage: Der Begleiter hat die Existenz von Tieren so beschrieben, dass diese zwar – wie wir Menschen auch – „Instrumente" sind, die es der Gesamtheit aller Seelen ermöglichen, in der materiellen Dimension Erfahrungen zu sammeln, dass sie aber nicht verkörperte Seelenaspekte sind. Soweit ich das verstanden habe, ist die Individualität des Menschen durch den Tod nicht tangiert, das heisst, er exisitiert vor und nach seinem irdischen Leben als sich selbst bewusster, individueller Seelenaspekt. Wenn ich das nun auf die Tiere beziehe, bedeutet das, dass sie immer Tiere bleiben?

Begleiter: *Sowenig wie ihr in eurer wahren, über eure irdische Existenz hinausreichenden Natur Menschen seid, sowenig sind Tiere in ihrer über die materielle Dimension hinausreichenden Natur Tiere. Du solltest nicht von der materiellen Erscheinungsform auf das „Wesen" selbst schliessen. Wesen setze ich dabei in Anführungszeichen, weil ihr ausschliesssslich in der materiellen Dimension und in den darauf gründenden subjektiven Jenseitsrealitäten das seid, was ihr unter einem Wesen versteht. Alles, was sich darin als in sich geschlossene Form manifestiert, sind Bewusstseinkonzentrationen, sind Energieeinheiten, die ausschliesslich in diesen Seinsrealitäten an bestimmte Formen gebunden sind.*

Wenn ich dir nun sage, dass jede materielle Erscheinungsform Bewusstsein von gleicher Art ist, sich also zum Beispiel das in euch gebundene Bewusstsein nicht von dem der Tiere und Pflanzen unterscheidet, dann widerspricht das vermeintlich dem, was du gelernt und selbst beobachtet hast. Das Problem liegt jedoch weniger in meiner Aussage, als vielmehr darin begründet, dass ihr in eurem Sprachgebrauch fälschlicherweise „Bewusstsein" und „Wahrnehmungsfähigkeit" als Begriffe mit gleichem Sinn verwendet. Ihr unterscheidet euch von Tieren und Pflanzen also nicht durch das Bewusstsein – denn über dieses verfügt ihr sowenig wie sie, ihr s e i d wie jede materielle Erscheinungsform in euch selbst Bewusstsein –, sondern ihr unterscheidet euch in eurer Wahrnehmungsfähigkeit. Es existiert also nicht menschliches, tierisches oder pflanzliches Bewusstsein. Diese Rekapitulation dient dem leichteren Verständnis meiner folgenden Ausführungen.

Menschen sind individualisierte, sich ihrer selbst bewusste Energieeinheiten. Ihr Ursprung ist ein grösseres Ganzes, euer Gesamtselbst, eine individuelle Seele, die sich aus vielen solchen individualisierten Energieeinheiten zusammensetzt. Das grössere Ganze ist „formlos" – eure individuellen Seelen sind also keine „Wesen". Dagegen manifestieren sich ihre individualisierten Aspekte – eben diese individualisierten Energieeinheiten – in unterschiedlichsten Erscheinungsformen, wenn ihre Aufgabe sie im Dienste ihres Gesamtselbst in eine Erfahrungsdimension führt, wo das Sein formgebunden ist. Ist diese Aufgabe oder Funktion erfüllt, dann ergibt die Aufrechterhaltung dieser Erscheinungsform keinerlei Sinn mehr. Sie löst sich auf, ohne dass die darin gebundene Energieeinheit dadurch ihre Individualität und ihr Sich-ihrer-selbst-bewusst-sein verlieren würde.

Jeder Mensch ist also ein individualisierter Seelenaspekt, der sich in entsprechender Form in der Materie manifestiert. Das Tier dagegen ist sich zwar ebenfalls seiner selbst bewusst – denn es ist ja wie alles, was ist, Bewusstsein –, es verfügt aber nicht wie ihr über Unabhängigkeit von seinem Ursprung. Sein Ursprung ist – in aller Regel – auch nicht eine individuelle Seele, sondern seine Gattung verdankt ihre Existenz der Schöpferkraft einer ganzen Seelengruppe, die sich zur Erfüllung einer gemeinsamen Aufgabe zusammengeschlossen hat. Ist diese Aufgabe erfüllt, dann ziehen diese Seelen die in ihren Manifestationen gebundene Energie aus der entsprechenden Erfahrungsdimension ab. Die sich als Tiere – aber auch als Pflanzen – manifestierende Energie hatte nie eure Individualität erreicht und kann demnach auch nicht als individualisierte Energieeinheit weiterexistieren.

Jenseits eurer materiellen Wirklichkeit und den darauf gründenden subjektiven Jenseitsrealitäten existieren also weder Menschen, Tiere noch sonstige „Wesen". Zur Erinnerung: Auch Engel und andere „höhere Wesen" sind keine über eure dereinstige subjektive Jenseitsrealität hinaus erfahrbare Wirklichkeiten.

Das Gesagte mag bei euch den Eindruck erwecken, dass es sich bei diesen Dimensionen um äusserst trostlose Realitäten handeln muss. Das mag daran liegen, weil ihr es gewohnt seid, eure erlebte Realität nach der Oberfläche der Dinge zu werten. Wo sich das Sein aber nicht mehr mittels Formen, sondern im Sein selbst manifestiert, fehlen euch in eurer derzeitigen Wahrnehmung die Orientierungspunkte, und ihr interpretiert deshalb meine Aussagen, wie wenn ich von einem leeren, kahlen, unwirtlichen „Raum" sprechen würde. Das werdet ihr dannzumal aber ganz anders erfahren. Bedenkt stets, dass ihr dannzumal nicht in eine fremde Realität „eintretet". Jeder von euch hat vor seiner irdischen Existenz in dieser Realität bereits Erfahrungen gesammelt. Es wird für euch ein Wiedersehen, ein Heimkehren sein. Eure Religionen haben ihre einzige Ursache in eurer Sehnsucht nach dieser Heimat.

Erst dann werdet ihr meine Aussage verstehen, dass euch im umfassenden Ganzen kein höherer Stellenwert zukommt als einer Ameise. Ihr werdet erkennen, dass alles, was ist, Manifestation eines einzigen grossen Ganzen ist. Ihr werdet euch selbst als „Mosaiksteinchen" dieses allem übergeordneten Ganzen erkennen, werdet euch darin aufgehoben fühlen und dies so empfinden, wie wenn ihr in einem einzigen grossen Ozean der Liebe schwimmen würdet. Ihr werdet erkennen, dass die banalen Äusserlichkeiten, nach denen ihr materielle Erscheinungsformen wertet, ausschliesslich Versuchungen darstellen, deren Überwindung Teil eurer Lebensaufgabe war. Wie weit ihr von der Erfüllung dieser Aufgabe entfernt seid, zeigt eure dem Schönheits- und Jugendwahn verfallene Gesellschaft und euer überheblicher Umgang mit den anderen Teilen des umfassenden Ganzen.

⊙ ⊙ ⊙

Fragen zu bevorstehenden Ereignissen

Im Zusammenhang mit dem Thema „authentische Botschaften" hat mein Begleiter unter anderem folgende Aussage gemacht:

„Bestätigen kann ich, dass von unserer Seite derzeit verstärkt Bemühungen im Gange sind, mit eurer Dimension in Kontakt zu treten. Solche Phasen verstärkter Kontaktbemühungen gab es in der Menschheitsgeschichte immer wieder. Den Grund für unsere derzeitigen Bemühungen möchte ich so umschreiben, dass viele Wertvorstellungen der Menschheit mittlerweile dermassen im Widerspruch zum umfassenden Gesetz stehen, dass die Auswirkungen des daraus resultierenden Denkens und Handelns weit über eure materielle Realität hinausreichen.

Ich habe dir gesagt, dass unsere Dimensionen in gewissem Sinne ineinander verflochten sind. Die Wirkung der aus euren Wertvorstellungen resultierenden Handlungen bleibt deshalb auch nicht auf eure materielle Dimension beschränkt. Wir versuchen, euch mittels der genannten Kontakte Denkanstösse zu geben, um zu verhindern, dass ihr weiter vom umfassenden Plan abweicht. Leider werden solche Kontakte von den Autoritäten, auf die sich euer Urteil über Traum und Wirklichkeit stützt, also euren Wissenschaftlern, nicht als Realität akzeptiert. Nichtsdestotrotz werdet ihr nicht um grundlegende Korrekturen eurer Wertvorstellungen herumkommen. Ansonsten wird euch in Kürze mit unmissverständlicher Deutlichkeit euer Platz in der Schöpfung zugewiesen. Eine solche, vom umfassenden Gesetz diktierte Korrektur wäre mit Vorgängen verbunden, die euer Vorstellungsvermögen weit übersteigen. Nach dieser Korrektur wäre eure Zivilisation in die Reihen vergangener Zivilisationen einzuordnen."

Unzählige Zuschriften aus der Leserschaft, mit der Bitte, dies zu präzisieren, bezogen sich in der Folge auf diese Aussage. Ich habe mich deshalb entgegen meiner ursprünglichen Absicht dazu entschlossen, an dieser Stelle einen Auszug aus einer „Lektion" zu veröffentlichen, die diesem Thema gewidmet war.

PdF: Wenn du den Begriff „Wertvorstellungen" verwendest, dann sprichst du damit in aller Regel eine bestimmte Denkhaltung an. Welches ist denn die dem umfassenden Gesetz widersprechende Denkhaltung, aus der jene Handlungen resultieren, die in ihrer Konsequenz zu einer Vernichtung unserer Zivilisation führen?

Begleiter: *Führen könnten, muss das korrekterweise heissen. Bei der angesprochenen, vom umfassenden Gesetz ausgehenden Korrektur handelt es sich zwar um eine Wahrscheinlichkeit, was aber noch nicht bedeutet, dass es für ein Umdenken, welches diese Korrektur überflüssig machen würde, zu spät wäre.*

Tatsächlich stehen der Menschheit aber apokalyptische Zeiten bevor, wenn ihr nicht begreift, dass die Schöpfung als Ganzes ein lebendiger, in sich selbst vollkommener Organismus ist und Eingriffe auf Teile dieses Organismus unabsehbare Konsequenzen haben. Da auch der Mensch ein Teil dieses Organismus, mit eigener Aufgabenstellung im Rahmen eines die gesamte Schöpfung umfassenden Prozesses ist, muss sich seine Überheblichkeit gegenüber den anderen gleichwertigen Teilen der Schöpfung letztlich zwingend gegen ihn selbst richten.

Was der Mensch gerne übersieht, ist die Tatsache, dass er das schwächste Fragment des Organismus Schöpfung ist. Er ist auf die anderen Teile der Schöpfung angewiesen, diese aber nicht auf ihn! Im umfassenden Ganzen kann der Mensch bildlich am treffendsten mit einer Bakterie verglichen werden, die bestimmter Bedingungen bedarf, um zu überleben. Diese Bedingungen bietet ihm das umfassende Ganze nur solange, wie er diesem nicht gefährlich wird. Eine an sich harmlose Bakterie kann durch Mutation gefährlich werden, und dieses Stadium hat die Menschheit mittlerweile erreicht. Wie jeder gesunde Organismus verfügt aber auch das umfassende Ganze über ein „Immunsystem", das Gefahren für sich selbst zu eliminieren versteht. Der gegenwärtige Zustand eurer Umwelt entspricht einer Infektion durch die Bakterie Mensch: Für das umfassende Ganze besteht jedoch kein Grund zur Besorgnis, denn ihr Immunsystem wird den Eindringling in seine Schranken weisen.

Es gab – ebenfalls entgegen geltender wissenschaftlicher Erkenntnisse – vor eurer Zeit verschiedene Zivilisationen, die euch in vielerlei Hinsicht überlegen waren. Sie verfügten zum Beispiel in bezug auf Energie- und Antriebstechnik über Erkenntnisse, die sie völlig unabhängig von materiellen Energieträgern machten. Doch auch in diesen Zivilisationen war es die Wissenschaft, die sich selber keinerlei Grenzen setzte und setzen liess, bis sie schliesslich – durch Eingriffe in die Schöpfung selbst – die Grenzen des umfassenden Gesetzes dermassen verletzte, dass dadurch die Vernichtung dieser Zivilisationen, in für euch unvorstellbar kurzer Zeit, erfolgte. Wie viele Wissenschaftler in eurer Zeitepoche vertraten auch sie die Meinung, dass sich die gesellschaftlichen Wertvorstellungen bezüglich Ethik und Moral an der Wissenschaft zu orientieren haben und nicht umgekehrt.

Kein Mensch, der in Übereinstimmung mit dem umfassenden Gesetz lebt, wird die Entwicklung von Wissenschaft und Technik, wie sie in den vergangenen fünfzig Jahren bei euch stattgefunden hat, als etwas Positives werten. Denn erst durch diese Entwicklung wurde der Krieg gegen die Schöpfung – der in eurem Sprachgebrauch zur wirtschaftlichen Entwicklung beschönigt wird – möglich. Aus materialistischer Sicht mag dieser Entwicklung auch Positives abgerungen werden. Tatsächlich steht nicht das Wirtschaften und Geldverdienen sowie das Anstreben eines Fortschrittes im Widerspruch zum umfassenden Gesetz. Im Widerspruch zum umfassenden Gesetz steht jedoch die Tatsache, dass der Materialismus zur Rechtfertigungsideologie für dieses Bestreben geworden ist.

Das zeigt sich darin, dass eure technischen Fortschritte mehrheitlich auf einem Raubbau an der Schöpfung basieren.

Eine Technik kann jedoch immer nur in dem Umfang gegen die Schöpfung gerichtet sein, wie eine Entsprechung im Denken des Erfinders selbst vorhanden ist. Diese Entsprechung findet ihr aber tatsächlich im Denken der überwiegenden Mehrheit der Wissenschaftler.

PdF: Ich bin einverstanden mit dem was du sagst, aber was kann denn der einzelne Mensch gegen diese Entwicklung schon ausrichten?

Begleiter: *Gegen die Entwicklung kann er als einzelner wenig ausrichten, aber er kann sich von vermeintlichen Zwängen befreien und für sich selbst sagen: „Stop, bis hierher und nicht weiter!" Wenn ich sage, dass eure Zivilisation am Vorabend ihrer Vernichtung steht, dann weisst du, wohin der Weg führt. Du kannst diesen Weg mitgehen oder eben gegen den Strom schwimmen. Das heisst, dass die Zukunft nicht dort zu finden ist, wo die Gesellschaft sie sucht. Suche deinen eigenen Weg, aber gehe nicht davon aus, dass dir andere folgen werden. Du kannst Menschen, die dir nahestehen, nur anbieten, dich zu begleiten, letztendlich wirst du aber trotzdem viele von ihnen zurücklassen müssen, weil dein Weg nicht auch ihr Weg sein muss. Und bedenke auf deinem Weg stets, dass es keinen Ort gibt, der Zukunft heisst!*

PdF: Wenn du von der Vernichtung unserer Zivilisation sprichst, was muss ich mir darunter vorstellen, wie soll das vor sich gehen, und wann soll das geschehen?

Begleiter: *In den euch vorliegenden Endzeitprognosen ist sehr viel von Naturgewalten die Rede. Auch gibt es solche, die euch einen globalen Vernichtungskrieg voraussagen. Ich möchte diese Möglichkeiten auch nicht a priori ausschliessen, zumal zumindest die Naturgewalten an der von mir angesprochenen Wahrscheinlichkeit des kommenden Geschehens beteiligt sein werden. Eure Endzeitprognosen basieren jedoch häufig auf religiösen Texten, und was davon zu halten ist, habe* *ich bei anderer Gelegenheit bereits ausführlich erörtert. Das, was daran ernst zu nehmen ist, ist die definierte Ursache der bevorstehenden Ereignisse.*

Ob wir es einen Verstoss gegen die göttliche Ordnung oder einen Verstoss gegen das umfassende Gesetz nennen, ist letztendlich nicht von Bedeutung. Wesentlich ist aber, dass die bevorstehenden Ereignisse ihre Ursache im Denken und Verhalten der Menschen selbst haben, auch wenn eure Wissenschaftler dannzumal bestimmt wieder eine Erklärung im Rahmen ihres materialistischen Weltbildes anbieten werden.

Die Ereignisse werden mit einem totalen Zusammenbruch eurer wirtschaftlichen und – als Folge davon – der sozialen Strukturen beginnen. Zwar sind bereits heute Anzeichen von Instabilität erkennbar, nur könnt ihr diese bisher noch einem „natürlichen" Zyklus zuschreiben. Es dürfte jedoch für die überwiegende Mehrheit der Menschen heute nicht vorstellbar sein, dass dieses gesamte System innerhalb weniger Wochen vollständig in sich zusammenbricht.

Begleitet wird dieser Zusammenbruch von explosionsartig ausbrechenden sozialen Unruhen, die in ein fürchterliches Gemetzel jeder gegen jeden münden werden. Der Mob wird dabei seine grausamsten Phantasien realisieren.

Wer sich heute zu den Mächtigen zählt, wird dannzumal Verfolgter sein. Der Mob wird sich nicht durch „Bannmeilen" von seinem zerstörerischen Werk abhalten lassen. Drei der Mächtigsten eurer Welt werden durch den Mob umgebracht.

Die um ihren Traum vom Paradies auf Erden beraubten Massen werden keine institutionelle Autorität mehr anerkennen und in blindwütigem Hass alles zerstören, was sich ihnen in den Weg stellt. Die in eine sinnentleerte Welt geborene Jugend wird den Anfang machen.

Armeen und Sicherheitskräfte werden den Gehorsam verweigern und sich mit den aufgebrachten Massen solidarisieren. Die Friedfertigen werden aufs Land flüchten und die Städte dem Mob überlassen.

Radio- und Fernsehstationen werden als Vermittler und Überbringer der schlechten Nachrichten zerstört, und ihre Exponenten werden – wie einst bei den alten Griechen – durch den Mob „als Manipulatoren der öffentlichen Meinung eliminiert", wie dieser dannzumal sein Schlachten nennen wird.

Durch den Zusammenbruch des Wirtschaftssystems wird die Produktion von und die Versorgung mit Nahrungsmitteln und Gütern des täglichen Bedarfs vollständig zum Erliegen kommen. Hungersnöte von nicht vorstellbarem Ausmass werden auch die Industrienationen heimsuchen. Geld wird keinerlei Wert mehr besitzen. Der Reiche wird – sofern er nicht als „Mitschuldiger" durch den Mob umgebracht wird – genauso hungern wie der Ärmste.

Völlig entgegen den Erwartungen werden die Menschen durch die Ereignisse nicht in die Kirchen zurückströmen. Diese werden – inklusive Vatikan – wie alles, was nur im Entferntesten an Autorität erinnert, zerstört. Tausende von kirchlichen Würdenträgern werden durch den Mob ermordet. Der letzte Papst jedoch kann flüchten, doch wird er nicht mehr nach Rom zurückkehren. Die bekannten kirchlichen Institutionen werden zerschlagen und aufhören zu existieren. Übrigbleiben werden kleine, zerstreute Glaubensgemeinschaften der unterschiedlichsten Konfessionen.

Es werden neue unbekannte Seuchen auftreten, die ihre Ursache nicht zuletzt in der unkontrollierbaren Freisetzung von Erregern bei der Zerstörung von chemischen und biologischen Forschungslabors haben. Hilfe wird nicht möglich sein, da im Zuge des Zusammenbruchs der Wirtschaft auch das längst zu einem wesentlichen Wirtschaftsfaktor mutierte Gesundheitswesen zusammenbrechen wird.

Schliesslich werden die durch die Verfehlungen der Vergangenheit aus dem Gleichgewicht geratenen Kräfte der Natur zu Katastrophen führen, die euer Vorstellungsvermögen heute noch übersteigen. Diejenigen unter euch, die am wenigsten durch „wissenschaftliche Erkenntnisse" verblendet sind, werden dann möglicherweise erkennen, dass ihr selbst die Schöpfer von Wetter und „Umweltkatastrophen" seid.

Stürme mit Windgeschwindigkeiten von über 500 Km/h werden weite Gebiete der Industrienationen entvölkern. Erdbeben, welche die Limiten von „Richterskala" und Vorstellungskraft eurer Wissenschaftler – das war bewusst unpräzise! – um ein Vielfaches übersteigen, werden dazu führen, dass riesige Landmassen einfach von der Erdoberfläche verschwinden und in den Ozeanen versinken.

Diese Erdbeben werden „sicherheitsrelevante Industriekomplexe" wie Atomkraftwerke – entgegen den Erwartungen der Befürworter dieser Art der Energiegewinnung – und Anlagen, wo chemische oder biologische „Ausgangsprodukte" hergestellt werden, wie Kartenhäuser in sich zusammenfallen lassen. Landstriche von der Grösse Westeuropas werden dadurch unbewohnbar. Sowohl die wirklich als auch die vermeintlich Verantwortlichen – Politiker, Wirtschaftsführer und „Reiche" – werden durch den Mob gejagt und „zur Strecke gebracht" wie Wild. Das ist dann im allgemeinen Sprachgebrauch nicht mehr Mord, sondern „gerechte Strafe". Die dabei manifestierte Grausamkeit der Beteiligten übersteigt die Vorstellungskraft eines „normalen" Menschen!

Wenn ihr heute von einer Katastrophe hört, bei der mehrere tausend Menschen umgekommen sind, dann seid ihr zumindest einen Moment lang nachdenklich. Bei dem, einer Wahrscheinlichkeit entsprechend, bevorstehenden Geschehen werden jedoch Millionen von Menschen bei den einzelnen Ereignissen umkommen. Das sind Grössenordnungen, die als nackte Zahlen bereits schrecklich sind, als erlebte Realität übersteigen sie schlicht euer Vorstellungsvermögen.

Millionen von Menschen werden jedoch nicht durch Hunger oder Seuchen ihr Leben verlieren, sondern ihrem Leben durch eigene Hand ein Ende bereiten, weil sie dadurch, dass sie sich ihres Lebenssinnes beraubt fühlen, den sie in Genuss und Anhäufung materiellen Wohlstandes gesehen haben, wahnsinnig werden. Nicht Hunderte, sondern Millionen werden es sein!

Kein Mensch auf Erden wird von diesen Ereignissen verschont bleiben. Am Ende werden nicht einmal 5 % der Erdbevölkerung überleben. Die meisten davon werden aber die Toten beneiden, weil sie in ihren Wertvorstellungen dem Materiellen verhaftet sind, und darin lässt sich nach den Ereignissen keine Befriedigung mehr erlangen!

Daneben wird es Überlebende geben, welche mehrheitlich schon vorher ihre materielle Existenz auf ein gleichwertiges Miteinander mit den anderen Teilen der Schöpfung ausgerichtet haben und nicht zuletzt deshalb die bevorstehenden Ereignisse überleben werden. Sie werden zu den physischen und psychischen Stammeltern einer neuen Menschheit, die ihr Leben in Übereinstimmung mit dem umfassenden Gesetz gestalten wird.

Die daraus entstehende Zivilisation wird die bestehende in jeder Beziehung in den Schatten stellen. Sie ist aufgebaut auf Gesetzmässigkeiten, die ein gleichwertiges Miteinander aller Lebensformen der Schöpfung zu Grundlage hat. Sie wird Gesellschaftsformen hervorbringen, die ihr heute als unrealisierbar bezeichnen würdet: Keine funktionsbedingte Autorität, kein auf Wachstum ausgerichtetes und angewiesenes Wirtschaftssystem, keine Ausbeutung und Vergewaltigung der Mitwelt, Energie- und Antriebstechniken, die völlig unabhängig von materiellen Energieträgern sind, Schulen und Universitäten, in denen den Menschen nicht mehr Anleitungen gegeben werden was, sondern wie sie denken sollten, ein Miteinander, in dem das Sein alles, das Haben nichts zählt usw. Kurz gesagt, eine Zivilisation und Gesellschaftsform, die dem Begriff „Paradies auf Erden" näher kommt als alles, was die bestehenden Zivilisations- und Gesellschaftsformen aufgrund des Wertesystems, auf dem sie aufgebaut sind, jemals erreichen könnten.

PdF: Wann werden die genannten Ereignisse eintreffen?

Begleiter: *Die Ereignisse haben bereits begonnen. Die folgenden Ereignisse sind im Sinne von Wahrscheinlichkeiten zu verstehen. Das heisst, wenn nicht im letzten Moment doch noch ein gravierender Wandel im Denken, Streben und Handeln der Menschen eintritt, was kaum wahrscheinlich ist, dann werden die Ereignisse eintreffen, wie ich sie geschildert habe.*

Der Zeitpunkt ist insofern in eurem Sinne nicht genau zu bestimmen, als es sich auch dabei um Wahrscheinlichkeiten handelt, deren Realisierung von vielen Faktoren abhängig ist, deren Erläuterung uns aber nicht weiterbringt. Ausgehend von der Annahme, dass der Mensch in seinem materialistischen Fortschrittswahn verharren wird, was in sich selbst eben auch nur eine Wahrscheinlichkeit darstellt, werden die

präsentiert sich jedoch genau
sein Gesamtselbst an den Urs
beteiligt war und ist. Die Zu
Jahrzehnten hat viel tieferlie
weisheit lehrt!

An den Ursachen für die ko
als in dieser Zeitepoche inka
fern mitbeteiligt, als ihr zumi
in eurer Macht stand und steh
ihrer Interessen zu hindern. J
ganz degeneriert ist, muss er
– ungeachtet der Konsequenz
materiellen Erfolg programm
lerlei Hinsicht widerspricht.
Element der Eigenliebe. Da
umfassenden Gesetz steht, dü
stem gleich zu Beginn der ko
brechen wird.

Jedem Menschen ist das Wi
Glaube nicht den psychologis
der Mensch erst im Verlaufe s
böse zu unterscheiden. Das ih
wird im Verlaufe der Erziehung
standet ihr dem umfassenden
seiner bewusster als heute.

PdF: Ich bin der Meinung,
sellschaft ein Umdenken stattg
des Umweltschutzes Bestrebu
gangenheit zu korrigieren und
denken zu spät?

Begleiter: *Es käme keine*
denken tatsächlich einsetzen

en Massnahmen ist doch nicht
ass ihr eure Mitwelt nun plötz-
pfung eurem Schutz unterstellt.
d eure Nachkommen auf eure
r Selbsterhaltungstrieb, purer
sich zudem keineswegs an den
n wirtschaftlichen Interessen.
et ihr eure Mitwelt schlimmer

angekündigten Ereignisse über-

ausersehen hat, ist auch nicht
st nicht gestern, sondern heute,
heute, jetzt in seinem Denken
haffen, die kommenden Ereig-
e totale Abkehr von eurem ge-
ürde, entspricht das Überleben
chkeit. Es werden im Gegenteil
richtigen Weg sind, im Verlau-
ng nehmen.

Einwand nicht übel: Mich stört
n Ausnahmen abgesehen, doch
gnosen religiöser Sekten erin-
Ende ein kleines Häufchen von
r auf eine Jahrhundert-, sondern
“ erfolgte am 23.5.1997, PdF).
en Zeiten zur Jahrhundertwende
s dürfte mir schwer fallen, auch
on zu überzeugen, dass es sich
ein „Wendephänomen“ handelt.

Begleiter: *Du hast keinerlei Veranlassung, irgend jemanden von der Richtigkeit meiner Aussagen zu überzeugen. Ich zeige dir lediglich auf, wohin der eingeschlagene Weg die Menschheit führt, wenn sie diesen – was anzunehmen ist – trotz der bereits allgegenwärtigen Zeichen daraus resultierender Konsequenzen unbeirrt weitergeht. Mit dem Zeitenwandel stehen meine Aussagen in keinem Zusammenhang, sie gründen auf den Gesetzmässigkeiten des umfassenden Ganzen, und darin ist Zeit kein gültiger Aspekt. Du solltest nicht vergessen, dass der Kalender, der euch die Besonderheit der bevorstehenden Zeitenwende suggeriert, sich nicht an übergeordneten Gesetzmässigkeiten orientiert, sondern rein willkürlich entstanden ist, zumal bei seiner Einführung der Zeitpunkt Null – also Christi Geburt – gleich um mehrere Jahre verfehlt wurde.*

Ich nehme es dir keineswegs übel, wenn du meinen Aussagen kritisch gegenüberstehst, denn das ist das Mindeste, was ich von dir erwarte. Ich verspreche den Zurückgebliebenen kein Paradies, weder auf Erden noch im Himmel. Wie gesagt werden viele der Überlebenden die Toten beneiden! Die Auserwählten im Sinne von Glaubenslehren, jene Unglücklichen, die sich als Belohnung für ihren gottgefälligen Lebenswandel bis in alle Ewigkeit von Engelein und dem alten Mann mit dem weissen Bart bewacht im Paradies langweilen dürfen, findest du in meinen Aussagen nicht.

Im übrigen sei an dieser Stelle erwähnt, dass sich diese von dir genannten Sekten bei ihren Endzeitprognosen an den Texten der Bibel orientieren, welche sie zwar jeweils so interpretieren, dass ihre Anhänger jene Auserwählten sind, welche die angekündigte Apokalypse überleben. Sie tun aber nichts anderes, als es auch die nicht als Sekten bezeichneten Glaubensgemeinschaften tun. Sie orientieren sich an Texten, die nicht den Sinn der ihnen zugrunde liegenden authentischen Botschaften wiedergeben.

Ich kann mich nur wiederholen: Weder die Realität des einzelnen Menschen noch die Realität der Menschheit als Ganzes wird von aussen, von einem imaginären Gott beeinflusst. Die bevorstehenden Ereignisse sind deshalb keineswegs ein „Gottesgericht" im Sinne eurer religiösen Texte. Sie haben ihren Ursprung in euch selbst und sind, dem umfassenden Gesetz folgend, Konsequenzen eures eigenen Denkens und Handelns, ohne dass ein imaginärer Gott als Richter einzugreifen braucht.

Soweit die Aussagen meines Begleiters. Ich habe diese wie gewohnt authentisch weitergegeben, ohne sie mit einer persönlichen Wertung zu versehen. Auch wenn ich keine Veranlassung habe, an der Zuverlässigkeit seiner Aussagen zu zweifeln, zumal erste deutliche Anzeichen für bevorstehende Veränderungen erkennbar sind, so hoffe ich doch für uns alle, dass er für einmal nicht Recht behält. Die Chancen, das beschriebene Szenario dadurch abzuwenden, dass das erforderliche Umdenken in breiten Schichten unserer Gesellschaft doch noch stattfindet, sind ja nach seinen Aussagen noch nicht völlig vertan. Also beginnen wir damit doch bei uns selbst – jeder für sich!

Damit ist für mich dieses Thema abgeschlossen. Ich habe dazu das veröffentlicht, was ich vor mir selbst verantworten kann. Weitere Aussagen meines Begleiters, die damit in einem Zusammenhang stehen, werde ich nicht veröffentlichen. Auch bitte ich um Verständnis dafür, dass Fragen aus der Leserschaft zu diesem Thema unbeantwortet bleiben.

⊙ ⊙ ⊙

Fragen zu verschiedenen Themen

Frage: Wäre es möglich, dass mir der Begleiter die von ihm verwendeten Begriffe „Bewusstsein“, „Urenergie“, „das umfassende Ganze“, „das umfassende Gesetz“ und „göttlicher Funke“ in ihrer Beziehung zueinander erläutert? Ich ahne zwar diese Beziehung, aber wirklich verstanden habe ich ihn noch nicht. Ich bin überzeugt, dass dadurch der tiefere Sinn seiner Aussagen vielen Menschen einfacher zugänglich wäre.

Begleiter: *Auf Ahnungen kannst du dich immer verlassen, es sind „Einflüsterungen“ deines Gesamtselbst. Nachfolgend also die gewünschten Relationen:*

Bewusstsein ist die Urenergie. Eine Energie, die sich ihrer selbst „bewusst“ ist. Aus ihr ist alles, was ist, hervorgegangen. Sie ist das, was ihr unter „Gott“ versteht. Das sich in dir selbst manifestierende Bewusstsein ist demnach der „göttliche Funke“ in dir. Nachdem nun aber alles, was ist, Manifestation von Bewusstsein der gleichen Art ist, verfügt auch alles – also auch jedes Tier und jede Pflanze – über diesen „göttlichen Funken“.

Bewusstsein ist die Urenergie. Sie ist das umfassende Ganze. Die Gesetzmässigkeit, in die dieses umfassende Ganze in seinem Werden und Sein eingebunden ist, ist das umfassende Gesetz, das „göttliche Gesetz“, das kosmische Gesetz.

Frage: Wie erklärt der Begleiter die Tatsache, dass wir Menschen über unterschiedliche Talente verfügen? Wer oder was stattet uns damit aus, woher kommen sie?

Begleiter: *Wie bei anderer Gelegenheit ausführlich erläutert, habt ihr alle vor eurer Inkarnation bereits Erfahrungen in den unterschiedlichsten Seinsdimensionen gemacht. Diese Erfahrungen sind es, die euch letztlich für eure Aufgabe in der materiellen Dimension prädestiniert haben. Dabei hat sich jeder von euch ganz individueller Ausdrucksmittel bedient und sich damit Fertigkeiten angeeignet, die in der materiellen Dimension ihre Entsprechung zum Beispiel im Malen, Komponieren, Musizieren und Singen oder in dichterischen und schriftstellerischen, aber auch in handwerklichen Tätigkeiten finden. Diese ganz individuelle Art, sich bestimmter Ausdrucksformen zu bedienen, um sich mitzuteilen, ist genauso Teil eurer multidimensionalen Persönlichkeit, wie es zum Beispiel eure unterschiedlichen Temperamente sind.*

Ihr solltet das Gesagte natürlich nicht so interpretieren, dass ihr euch vor eurer irdischen Existenz in anderen Seinsrealitäten bereits Erfahrungen als Maler, Komponist, Musiker, Sänger, Poet usw. angeeignet habt. Der Maler hat in diesen Seinsrealitäten seinen Gefühlen und Gedanken selbstverständlich nicht dadurch Ausdruck verschafft, dass er Bilder gemalt hätte, sondern seine Gemälde waren für jeden erfahrbare geistige Realitäten, geistige Schöpfungen, geistige Landschaften. Ob Maler, Komponist, Musiker oder Poet, sie allle haben sich die Fertigkeit angeeignet, Energien in bestimmte Schwingungen zu versetzen.

Auch wenn sich diese Fertigkeit in der materiellen Dimension dann in Malen, Komponieren, Musizieren, Dichten usw. manifestiert, so gründet doch auch das darauf, dass Energien in ganz bestimmte Schwingungen versetzt werden.

Farben sind Energien, die sich entsprechend ihrer Eigenschwingung in ihren Schattierungen verändern, in eurer Wahrnehmung also andere „Farbtöne“ aufweisen. Töne sind Energien, die sich entsprechend ihrer Eigenschwingung verändern, in eurer Wahrnehmung also höher oder tiefer ausfallen. Worte sind Energien, die sich entsprechend ihrer Eigenschwingung verändern, eine andere Wirkung, in eurer Wahrnehmung also einen anderen Sinn bekommen. Es existieren – oder sind im Bereich des Realisierbaren – Farb- Ton- und Wortkombinationen, denen ein für euch (noch) nicht vorstellbares Veränderungspotential innewohnt.

Talente beruhen also auf der Fähigkeit, Energien in gewünschte Schwingungen zu versetzen, wobei das selbstverständlich nicht auf einer in eurem Sinne bewussten Handlung beruht. Den ganz grossen Würfen kulturellen Schaffens ist gemeinsam, dass sie auf Intuition beruhen. Was ihr unter Intuition versteht, beschreibt ein erhöhtes Mass an Zugang zum „Erfahrungsschatz" eures Gesamtselbst. Sie stützt sich auf das, was ich bei anderer Gelegenheit als „Standleitung" zwischen euch als verkörpertem Seelenaspekt und eurem Gesamtselbst, also dieser individuellen Seele, bezeichnet habe. Sie ist Manifestation der ununterbrochenen Interaktion zwischen euch und eurem Gesamtselbst. Manchmal sind das auch nur ganz kurze „Schaltungen", nur Augenblicke, in denen diese „Leitung" steht, und doch sind das Augenblicke, die dem Talentierten jene Inspiration zuteil werden lassen, die ihm das Schaffen von Weltbewegendem ermöglichen.

Zusammenfassend können wir festhalten, dass Talente auf Fähigkeiten beruhen, die ihr euch vor eurer Inkarnation angeeignet habt, die euch aber nur in dem Masse zugänglich sind, wie ihr eure Wahrnehmung über die irdische Realität hinaus zu erweitern und damit in Verbindung zu eurem Gesamtselbst zu treten in der Lage seid. Jeder Mensch verfügt über solche Talente, doch gelingt es nur wenigen, diesen überdurchschnittlich Ausdruck zu verschaffen, indem sie – meistens unbewusst – den „Kanal" zu ihrem Gesamtselbst erspüren und dessen Erfahrungsschatz zu nutzen verstehen. Solche überdurchschnittliche Talentierung auf verschiedenen Gebieten enthält nicht zuletzt Hinweise auf die Lebensaufgabe der betreffenden Menschen, die ganz oder teilweise darin bestehen kann, ihre Fähigkeiten in bestimmten Ausdrucksformen in einer Art zu vertiefen, die so nur unter den Gesetzmässigkeiten der materiellen Dimension möglich ist. Diese Menschen verspüren dann häufig ein Vakuum, eine gewisse Sinnleere in ihrem Dasein, wenn sie durch vermeintliche oder auch tatsächliche Sachzwänge darin gehindert werden, ihrer Intuition nachzuleben.

Frage: Es bedrückt mich, dass wir in einer Zeit leben, in der ein Autor so wertvolle Botschaften nur noch unter Pseudonym veröffentlichen kann, weil er sonst mit Verfolgung zu rechnen hat. Ist zu befürchten, dass ihre Bücher sogar verboten werden?

PdF: Es tut mir leid, wenn Sie meinen Entscheid, nicht persönlich in Erscheinung zu treten, sondern die Aussagen meines Begleiters unter Pseudonym zu veröffentlichen, so interpretiert haben. Sie können aber ganz beruhigt sein; ich befürchte weder Verfolgung noch ein Verbot meiner Bücher, sondern möchte ganz einfach nicht zur „öffentlichen" Person werden. Die Botschaften, die ich vermitteln kann, sind in den Aussagen meines Begleiters enthalten. Wer, was und wo ich bin, ist dabei nicht von Bedeutung; es würde in einer Zeit, in der viele Menschen auf der Suche nach dem vermeintlichen „Retter" sind, höchsten von den Botschaften selbst ablenken.

Frage: Ich bin überrascht, dass Sie Ihrem Antwortbrief das Geld wieder beigelegt haben, das ich Ihnen mit meinen Fragen zukommen liess. So ausführlich, wie Sie und Ihr Begleiter auf meine Fragen eingegangen sind, haben sie doch bestimmt mehrere Stunden dafür aufgewendet. Mein freiwilliger Zuschuss wäre also nicht einmal kostendeckend gewesen, und von irgend etwas müssen Sie doch auch leben. Finden Sie es unanständig, sich dafür bezahlen zu lassen?

PdF: Anstand ist diesem Zusammenhang wohl nicht der treffende Begriff. Nachdem mir die Frage so oder ähnlich aber immer wieder gestellt wird, habe ich verstanden, dass ich mit meiner Einstellung wohl nicht ganz zeitgemäss bin. Vermutlich ist es schon so, dass es in Zeiten, wo ein boomender Esoterikmarkt verspricht, dass für Geld selbst eine Freifahrkarte ins Paradies zu haben sei, es einer Erklärung bedarf, wenn jemand in diesem Bereich unentgeldlich tätig ist.

Letztlich muss die Frage natürlich jeder für sich selbst beantworten. Ich fühle mich verpflichtet und finde es richtig, die durch die Veröffentlichung der Aussagen meines Begleiters bei meiner Leserschaft entstandenen Fragen zu beantworten. Ich finde es aber nicht richtig, dafür Geld anzunehmen – also tue ich es nicht.

Frage: Gemäss den Aussagen des Begleiters macht jeder Mensch während des Schlafes ausserkörperliche Reisen, auch wenn er sich im Wachzustand nicht daran erinnern kann. Ein Channelmedium hat mir in einer Durchsage bestätigt, dass ich nachts solche Reisen mache, deshalb sollte ich mich nicht wundern, wenn ich trotz ausreichendem Schlaf ständig müde sei. Ist das wirklich eine Erklärung für meine Müdigkeit?

Begleiter: *Vermutlich war die obskure Quelle, aus der dein „Medium" sein Wissen schöpft, oder das „Medium" selbst etwas übermüdet, als die beiden „channelten". Dass du wegen deiner nächtlichen ausserkörperlichen Ausflüge tagsüber müde sein sollst, ist natürlich vollkommener Unsinn. Da müsste mein irdischer Freund längst an Übermüdung gestorben sein!*

Müdigkeit ist ein biologisch bedingter Zustand und beschränkt sich somit auf deine physische Hülle. Diese ist aber durch deine nächtlichen Ausflüge nicht tangiert, sondern liegt in vollkommener Entspannung, wie sie nur in ganz tiefer Trance erreicht wird, in deinem Bett. Da der „Geistkörper", der dir bei deinen nächtlichen Exkursionen als Vehikel dient, weder biologischen Rhythmen noch biologischen Gesetzmässigkeiten unterworfen ist, kann er auch nicht in eurem Sinne ermüden. Wenn du tagsüber müde bist, dann musst du die Gründe dafür also auf der materiellen Ebene suchen.

Frage: Die Aussagen Ihres Begleiters widersprechen in vielerlei Hinsicht den allgemein bekannten und akzeptierten Folgerungen, die sich aus den etablierten esoterischen Schriften ableiten lassen. Das erfordert vom Leser die Bereitschaft und Fähigkeit, gewohnte Denkstrukturen zu hinterfragen und zu überwinden. Dieser Prozess ist unangenehm und manchmal auch schmerzhaft. Nachdem ich das in allen seinen Facetten durchlebt habe, kann ich sagen, dass, auch wenn ich das nicht logisch begründen kann, die Aussagen Ihres Begleiters für mich irgendwie überzeugender klingen als vergleichbare Botschaften. Doch an was soll ich mich nun orientieren? Finde ich in den Aussagen Ihres Begleiters die einzige Wahrheit?

Begleiter: *Was ist Wahrheit, und vor allem, was verstehst du darunter? Ist das, was euch eure Wissenschaftler vermitteln, Wahrheit? Ich gehe einmal davon aus, dass du wissenschaftliche Erkenntnisse als das verstehst. In dem Sinne findest du in meinen Aussagen zwar nicht zwingend die einzige Wahrheit, aber ihnen wohnt zumindest der gleiche Wahrheitsgehalt inne, den du wissenschaftlichen Erkenntnissen zugestehst! Das kann – ohne dass das als Eigenlob verstanden werden sollte – nicht von vielen Botschaften behauptet werden, die euch von jenseits der materiellen Dimension erreichen.*

Um dich nun aber nicht in eine Sackgasse zu führen, muss ich dich gleich darauf hinweisen, dass eine einzige Wahrheit zwar möglicherweise Ziel eurer Suche ist, dass dieser Suche aber kein Erfolg beschieden sein kann. Ich verwende in meinen Aussagen zwar den Begriff „umfassende Wahrheit" und weise damit darauf hin, dass so etwas wie eine „einzige Wahrheit" existiert. Diese ist euch aber – aufgrund der Beschränktheit eurer physischen Sinne, auf die ihr euch in eurer Wahrnehmung vorwiegend stützt – während eurer Einbindung in die physische Wirklichkeit in aller Regel nicht zugänglich.

Wahrheit in eurem Sinne ist immer von relativer Gültigkeit, auch wenn ihr das verständlicherweise nicht wahrhaben wollt, oder vielleicht sollte ich sagen nicht wahrhaben könnt. Ein grosser Teil jener wissenschaftlichen Erkenntnisse, die bei euch noch vor wenigen Jahrzehnten als Wahrheit galten, wurden in der Zwischenzeit durch neue Erkenntnisse widerlegt. Wer heute trotzdem daran festhalten würde, der würde dafür genau so belächelt und angefeindet wie derjenige, der diese Erkenntnisse zu „ihrer" Zeit – wie ihr heute wisst, zu Recht – als Unsinn bezeichnet hätte. Auch eure „zeitgemässe" Wahrheit auf vielen Gebieten wird – früher, als ihr euch das heute vorstellen könnt – dereinst belächelt werden.

Nein, ich vermittle euch keine allgemeingültige Wahrheit, denn das ist – aufgrund der Beschränktheit des menschlichen Verstandes – weder mir noch einer anderen Quelle überhaupt möglich. Ich orientiere mich bei meinen Aussagen ausschliesslich an der ganz individuellen Art der Wahrnehmung meines irdischen Freundes. Dieser Tatsache solltet ihr euch bei der Lektüre meiner Aussagen stets bewusst sein. Das schliesst das Wissen mit ein, dass sich seine Art der Wahrnehmung durch die Umstände unserer Kontakte ganz wesentlich von eurer Art der Wahrnehmung unterscheidet. Und doch ist seine Art der Wahrnehmung meine einzige Orientierungshilfe, um das dem menschlichen Verstand grundsätzlich nicht Zugängliche in Worte zu fassen.

Seine Wahrnehmung ermöglicht es mir erst, euch die umfassende Wahrheit in einer eurer Zeitepoche angemessenen Form näherzubringen. Für die – im Sinne der institutionalisierten Religionen – Gläubigen unter euch mag es zum Beispiel ein Nachteil sein, doch die Tatsache, dass seine Wahrnehmung nicht durch – im weitesten Sinne – verfälschende Glaubensüberzeugungen beschränkt ist, ermöglicht es mir, euch die umfassende Wahrheit in einer Art zu vermitteln, die einer zeitgemässen, „aufgeklärten" Sicht der Realität entspricht. Wäre seine Wahrnehmung durch dogmatische Glaubensüberzeugungen beschränkt, dann würde es in meinen Aussagen von Göttern, Heiligen, Engeln und anderen „höheren" Wesen nur so wimmeln.

Ich orientiere mich bei meinen Aussagen an der umfassenden – oder wenn ihr so wollt, an der göttlichen – Wahrheit. Weil diese aber dem menschlichen Verstand nicht zugänglich ist, muss ich mir oft mit Analogien behelfen. Die viel geforderte, letzte, umfassende Wahrheit werdet ihr in meinen Aussagen also genausowenig finden, wie ihr diese z. B. in der Bibel, im Koran, in den Veden, oder sonst einer Botschaft finden werdet, die ihren Ursprung in einer jenseits eurer materiellen Realität angesiedelten Quelle hat. Alle diese Botschaften sind Versuche, das Unerklärliche in einer Art auszudrücken, die der Wahrnehmung eines „Durchschnittsmenschen" der jeweiligen Zeitepoche angepasst ist.

Obwohl ich selbst über Zugang zu umfassendem Wissen verfüge, bin ich bei meinen Aussagen also darauf angewiesen, in meinem irdischen

Freund – und bei deren Veröffentlichung auch in euch – Vorstellungen zu kreieren, die in eurem jeweiligen Bild der Realität einen Sinn ergeben. Ich kann lediglich Perspektiven bieten, die euch einem Verständnis der umfassenden Realität näherbringen können. Solche Botschaften sind aber letztlich zwingend Parabeln, die ihr – das müssen wir in Kauf nehmen – entsprechend eurer ganz individuellen Art der Wahrnehmung unterschiedlich interpretiert.

Frage: Den Ausagen ihres Begleiters ist zu entnehmen, dass nur das wenigste von dem, was uns über Medien aus den jenseitigen Realitäten erreicht, seine Quelle in einer objektiven Realität hat. Wie kann ich nun aber erkennen, ob die Quellen der vielfältigen, veröffentlichten Botschaften uns „Unwissenden" wirklich etwas vermitteln können, das für unsere spirituelle Entwicklung von Bedeutung ist, oder ob es sich einfach um persönliche Meinungsäusserungen von Wesen handelt, die selbst noch nicht den Grad des „umfassenden Wissens" erreicht haben?

Begleiter: *Ob solche Botschaften dir überhaupt in deiner spirituellen Entwicklung behilflich sein können, lasse ich einmal dahingestellt. Zumindest solltest du dir aber bewusst sein, dass dich jede dieser Botschaften nur dann erreichen kann, wenn du in deiner spirituellen Entwicklung bereits einen gewissen Level erreicht hast. Grundsätzlich kann euch aber natürlich jede dieser Quellen etwas vermitteln, und sei es auch nur die Bestätigung, dass eure Existenz nicht auf die Dauer eurer Einbindung in einen physischen Körper beschränkt ist. Tatsächlich ist aber keine dieser Quelle so bescheiden, sich auf diese Information zu beschränken, und so ist es für euch nicht ganz einfach zu erkennen, ob es sich bei der Quelle der Botschaften um ein Wesen handelt, das selbst noch in seiner subjektiven Jenseitsrealität gefangen ist, oder ob sie selbst bereits Zugang zu umfassendem Wissen hat.*

Ohne deine Frage damit abschliessend beantworten zu können, möchte ich dir einige Hinweise geben, die dir zumindest eine „Grobselektion" ermöglichen:

- *Wenn sich die Quelle solcher Botschaften in ihren Aussagen über euch stellt, sich also z. B. als Geistführer, Engel oder gar als göttliches Wesen – bis hin zu Gott selbst – bezeichnet, dann kannst du davon ausgehen, dass diese Quelle selbst in einer subjektiven Realität zentriert ist. Alles, was ist, ist gleichen Ursprungs und damit von gleicher Natur. Ihr unterscheidet euch in eurer wahren Natur von keinem existierenden Wesen, das nicht – oder nicht mehr – in der Materie zentriert ist. Die umfassende Realität kennt keine Hierarchie des Seins. Jede Theorie oder Lehre, die euch das Sein – und dabei insbesondere das Sein im Jenseits – als hierarchisch gegliederte Realität nahezubringen versucht, beschreibt keine erlebbare objektive Realität. Gott steht nicht über der individuellen Seele, dem Menschen, dem Vogel, dem Baum oder dem Stein – „Er" i s t die individuelle Seele, der Mensch, der Vogel, der Baum und der Stein. „Er" ist alles, was ist, aber nichts, was ist, ist „Er". Und weil „Er" alles ist, was ist, kann er auch nicht im hierarchischen Sinne über einem einzigen Fragment der Schöpfung stehen, sonst müsste „Er" über sich selbst stehen. Genauso verhält es sich mit deiner Seele: Sie i s t jeder ihrer individualisierten Aspekte,aber keiner dieser Aspekte ist „eine" Seele. Auch sie kann über keinem dieser Aspekte stehen, denn das würde bedingen, dass sie über sich selbst steht. Schon der Begriff „höheres Selbst" – den auch ich verwende – wird deshalb bei der Mehrheit von euch zu falschen Schlussfolgerungen führen. Vergiss auch jede Theorie, die von einer Hierarchie im energetischen Sinne ausgeht; auch eine solche Hierarchie entspricht nicht einer objektiven Realität!*

- *Wenn eine Quelle euch zu verstehen gibt, dass sie selbst nicht über umfassendes Wissen verfüge, weil dieses nur „höherstehenden" Wesen zugänglich sei, dann sind ihre Botschaften in jedem Fall von relativem Wert. In der Regel handelt es sich bei solchen Quellen um Wesen, die sich selbst noch sehr stark mit euer materiellen Dimension verbunden fühlen und ihrer Neigung entsprechen können, wenn sie euch als vermeintlich Wissende Botschaften übermitteln.*

- *Wenn eine Quelle in ihren Botschaften darauf besteht, dass es nur einen einzigen „richtigen" spirituellen Weg gebe, dann ist entweder die Quelle in einer subjektiven Realität zentriert, oder das übermittelnde Medium verfälscht die Botschaften durch seine eigenen Wertvorstellungen. Solche Botschaften sind in aller Regel stark religiös geprägt. Bedenkt dabei stets, dass es weder eine richtige noch eine falsche Religion gibt. Jede Religion ist ein Fluss, der auf mehr oder weniger direktem Weg zum Ozean der umfassenden Wahrheit führt. Sowenig wie es richtige oder falsche Flüsse gibt, sowenig gibt es richtige oder falsche Religionen. Und genauso, wie der Fluss nur ein Weg ist, der euch zum Ozean führt, ist auch Religion nur einer von vielen euch offenstehenden spirituellen Wegen, die euch zurück zu eurem Ursprung führen. Welcher Weg für euch persönlich der richtige ist, wird euch aber mit Sicherheit keine Quelle vorgeben, die Zugang zu umfassendem Wissen hat.*

- *Wenn eine Quelle von „Schattenbereichen" des Jenseits spricht, dann ist auch das ein untrüglicher Beweis dafür, dass sie selbst noch in ihrer subjektiven Jenseitsrealität gefangen ist, denn solche „Schattenbereiche" sind ausschliesslich Teil subjektiver Jenseitsrealitäten. Sie haben ihren Ursprung in eurer Wahrnehmung und gründen auf eurem Verständnis von Polarität. Polarität existiert aber als Gesetzmässigkeit ausschliesslich in der materiellen Dimension und in den auf ihr gründenden subjektiven Jenseitsrealitäten. Es gibt jenseits der materiellen Realität keine objektive Dunkelheit – auch nicht im übertragenen Sinn – und demzufolge auch keine „Schattenbereiche".*

- *Wenn die Botschaften einer Quelle von ausgeprägt religiösem Inhalt in eurem Sinne sind, dann besagt das grundsätzlich nichts über die Quelle selbst. Ihr könnt aber davon ausgehen, dass sie ihre Botschaften in Bildern übermittelt, die durch das empfangende Medium aufgrund seiner Glaubensüberzeugungen in einen religiösen Zusammenhang gestellt werden, wodurch die Botschaft selbst häufig vollkommen verfälscht wird.*

Frage: Ist meine Vermutung richtig, dass der tiefere Sinn vieler Aussagen Ihres Begleiters eher zwischen den Zeilen zu finden ist als im geschriebenen Text?

Begleiter: *Der Text als solches ergibt – so hoffe ich wenigstens – immer einen Sinn. Häufig übersteigt aber das, was ich durch meine Aussagen zu vermitteln versuche, sowohl den Sinn als auch die Kapazität der Sprache. Und doch ist das Wort die einzige Möglichkeit, in euch jene Bilder zum Leben zu erwecken, die in jedem von euch seit seiner Geburt darauf warten, sich in seiner ganz individuellen Art der Wahrnehmung zu manifestieren. Jedes Wort hat eine ganz eigene energetische Struktur, deshalb bestehe ich gegenüber meinem irdischen Freund bei der Überarbeitung von Manuskripten eindringlich auf bestimmten Formulierungen. Meine Aussagen sind so aufgebaut, dass sie durch ihre Wortwahl Bilder in euch erzeugen, die über die angestrebte energetische Struktur verfügen. Die Sprache, in der euch meine Aussagen zugänglich gemacht werden, ist dabei ohne Belang. Die Wörter „âme" und „soul" verfügen über die gleiche energetische Struktur wie das Wort „Seele"; sie erzeugen deshalb in Menschen, die meine Aussagen in französisch oder englisch lesen, genau die gleichen Bilder wie in euch.*

Wer meine Aussagen also einfach liest, ohne sich dabei jenem Zustand der Entspannung auszuliefern, der euch die Verbindung mit eurem inneren Selbst ermöglicht – das sich euch meistens über Bilder mitteilt -, der wird die eigentliche Botschaft, die ich euch zu vermitteln versuche, überlesen. Dass du den tieferen Sinn solcher Aussagen zwischen den Zeilen zu finden glaubst, zeigt, dass es mir zumindest bei dir gelungen ist, jene Bilder in dir wachzurufen, die dir Zugang zum verschütteten Wissen deiner Seele ermöglichen.

Die Bilder, die ich durch meine Aussagen in eure bewusste Wahrnehmung aufsteigen lassen kann, müssen dabei keineswegs bei jedem von euch identisch sein – sie unterscheiden sich in dem Masse voneinander, wie sich eure individuelle Art der Wahrnehmung voneinander unterscheidet. Und doch enthalten alle diese Bilder – so unterschiedlich sie auch sein mögen – meine Botschaften; ihr werdet sie aus euch selbst heraus verstehen.

Frage: Mich würde interessieren, was Ihr Begleiter eigentlich ist. Ihre Seele ist er ja wohl nicht, wie man den Büchern entnehmen kann. Ich will auf folgendes hinaus: Ihr Begleiter sagt ja selbst, dass jedes jenseitige Wesen einem diesseitigen nur soviel Wissen vermitteln kann, wie es selbst hat. Und alles weiss Ihr Begleiter ja sicherlich auch nicht. Unter einer Seele kann sich jeder Leser etwas vorstellen; wenn die Seele das „Wesen" ist, das uns geschaffen hat, so muss sie zumindest mehr wissen als wir selbst. Aber bei Ihrem Begleiter erfährt der Leser überhaupt nicht, was er ist bzw. woher er das weiss, was er vermittelt. Es wäre mit Sicherheit für jeden Leser eine grosse Bereicherung, mehr über Ihren Begleiter zu erfahren, darüber, woher seine Erkenntnisse stammen und wo deren Grenzen liegen.

Begleiter: *Als mich mein irdischer Freund bei seiner zweiten bewussten ausserkörperlichen Exkursion fragte, was ich sei, habe ich ihm geantwortet: „Ich bin eine Energiepersönlichkeit und habe die Urform jeglicher Art von Energie – die Form von Licht – angenommen. Du nimmst diese Energie als ein Gefühl der Güte oder Liebe wahr. Nun kannst du dir jedoch weder unter einer Energiepersönlichkeit etwas vorstellen, noch haben Licht und Liebe gemäss deiner gewohnten Wahrnehmung eine Form, also ergibt meine Antwort – auch wenn es die einzig mögliche ist – für dich schlicht keinen Sinn."*

Seither sind nach euren Zeitbegriffen beinahe dreissig Jahre vergangen, Jahre, in denen wir uns viele Tausend Male jenseits der materiellen Dimension getroffen haben. Dadurch war es ihm möglich, seine Wahrnehmung so zu erweitern, dass er sowohl seine als auch meine wahre Natur, die grundsätzlich identisch sind, zu erfassen vermochte. Und obwohl er gewohnt ist, Gedankenbilder in Worte zu fassen, ist ihm das nur sehr bedingt möglich, wenn er dem Aussenstehenden erklären möchte, was ich – sein Begleiter – denn nun bin.

Ich bin mit der individuellen Seele, der mein irdischer Freund seine Existenz verdankt, genausowenig identisch, wie ich mit deinem Ursprung identisch bin, und trotzdem bilden wir in einem übergeordneten Sinn eine Einheit. Diese Einheit schliesst aber auch dich, jedes andere menschliche

Wesen und jede andere existierende Bewusstseinsform wie Pflanzen und Tiere mit ein. Ich stehe weder über meinem irdischen Freund noch über dir oder einem anderen Menschen. Ich stehe nicht einmal über dem Regenwurm, der sich auf dem Asphalt krümmt und darauf angewiesen ist, dass er durch eine barmherzige Menschenhand in die angrenzende Wiese getragen wird. Mein irdischer Freund, du, jeder andere Mensch und der Regenwurm sind Teil von mir und ich bin Teil von ihnen. Ich bin genauso ein individualisierter Aspekt einer Seele wie mein irdischer Freund, du, jeder andere Mensch und der Regenwurm.

Die Frage, was mein höheres Selbst in seiner Summe ist, beschäftigt mich im Gegensatz zu euch überhaupt nicht. Ich fühle mich nicht getrennt von ihm, denn ich weiss, ich bin selbst dieses höhere Selbst, so wie du – in deiner über deine materielle Form hinausreichenden Natur – dein eigenes höheres Selbst bist. Im Gegensatz zu euch Menschen leite ich also mein Selbstverständnis nicht (mehr) von einer bestimmten Form ab. Ich weiss, dass ich bin, und das genügt mir; ich muss mich weder sehen, hören noch fühlen, um mir meiner selbst bewusst zu sein. Als sich seiner selbst bewusster Teil des allem übergeordneten Ganzen fühle ich mich trotzdem eingebunden in den Plan, dem alles Sein folgt. Ich erfülle darin meine Aufgaben, wie jeder individualisierte Seelenaspekt seine Aufgaben im Dienste des übergeordneten Ganzen erfüllt. Meine derzeitige Aufgabe verbindet mich mit meinem irdischen Freund nicht weniger, als uns Aufgaben miteinander verbunden haben, die wir – nach euren Zeitbegriffen – früher in anderen Erfahrungsrealitäten gemeinsam erfüllt haben.

Ich spreche absichtlich nicht davon, dass ich ein „Wesen" sei, denn nach den Assoziationen, die ihr mit diesem Begriff verbindet, bin ich das nicht. Wesen in eurem Sinne existieren ausschliesslich in vergänglicher Form und daher auch ausschliesslich in der materiellen Dimension und den darauf gründenden subjektiven Jenseitsrealitäten. Auch wenn sich jedes Fragment der Schöpfung für alle Zeiten seiner selbst bewusst ist, so ist dieses Selbstbewusstsein doch sonst nirgends an eine bestimmte Form gebunden und manifestiert sich auch sonst nirgends in einer Form.

Deine Schlussfolgerung übrigens, wonach die Seele – weil sie euch als individualisierte Aspekte ihrer selbst erschaffen hat – zwingend über mehr Wissen verfügt als ihr, mag ja unter dem Gesichtspunkt menschlicher Logik zutreffen, was aber keineswegs heisst, dass damit eine objektive Wahrheit beschrieben wird. Das „Wissen" der Seele gründet auf der Summe der Erfahrungen – respektive der daraus resultierenden Erkenntnisse – seiner eigenen und derjenigen der individualisierten Teilaspekte aller anderen existierenden Seelen.

Ihr seid individualisierter Teil eines grösseren Ganzen, das selbst auch wieder in ein grösseres Ganzes eingebunden ist. Aus eurer beschränkten Sicht der Realität macht ihr zwar individuelle Erfahrungen, doch das aus diesen Erfahrungen abgeleitete Wissen wird in eurem Sinne „zeitgleich" zum Kollektivwissen aller existierenden Seelen und damit auch zum Kollektivwissen aller ihrer individualisierten Teilaspekte. Jedem einzelnen von euch wäre deshalb grundsätzlich bereits heute das ganze „angesammelte" Wissen aller individuellen Seelen zugänglich – in aller Regel beschränkt ihr euch diesen Zugang aber durch eure Art der Wahrnehmung und eure Wertung der Realität selbst.

Jenes in der esoterischen Literatur häufig beschriebene kosmische Gedächtnis – die sogenannte „Akasha-Chronik" – ist das durch euch bisher nicht verstandene „Gedächtnis" der Gesamtheit aller Seelen, das durch die bestehende Verbundenheit dieser Seelen gleichzeitig das „Gedächtnis" jeder individuellen Seele ist. Zugang zu eurem Gesamtselbst ist also immer auch gleichbedeutend mit Zugang zum „Gedächtnis" der Gesamtheit aller Seelen, oder, wenn euch das besser gefällt, zur „Akasha-Chronik".

Wenn du in deiner Fragestellung festhälst, das jedes jenseitige Wesen nur jenes Wissen einem Diesseitigen vermitteln kann, über das es selbst verfügt, und ich ja sicherlich nicht alles wisse, dann ist der erste Teil dieser Feststellung insofern richtig, dass sich die Art der Wahrnehmung des Individuums durch den Übertritt aus der materiellen in die nichtmateriellen Dimensionen nicht plötzlich grundlegend verändert und somit Beschränkungen unterliegt, die ihre Ursache in jedem Wesen selbst haben.

Der zweite Teil deiner Feststellung dagegen gründet auf dem falschen Bild, das du dir von mir machst. Wie ausgeführt existiert das, was ihr mit dem Begriff „Wesen" verbindet, ausschliesslich in der materiellen

Dimension und den subjektiven Jenseitsrealitäten. Es existiert also grundsätzlich kein „Wesen", dem umfassendes Wissen zugänglich wäre. Solange der individualisierte Seelenaspekt „Wesen" ist, unterliegt auch seine individuelle Wahrnehmung der Realität ihm selbst entstammender Beschränkungen. Genauso wie euch ein Mensch – und mag er in eurer Wertung noch so erleuchtet sein – aus sich selbst heraus immer nur subjektive Wahrheiten als Wissen vermitteln kann, kann das auch jedes Wesen, das noch in seiner subjektiven Jenseitsrealität gefangen ist.

Um das Gesagte zu begreifen, solltest du versuchen, die räumliche Vorstellung, die ihr mit dem „Jenseits" verbindet, zu überwinden. Der Übergang von den subjektiven Jenseitsrealitäten in die objektive Realität des Jenseits ist nicht als Übergang in eine andere räumliche Dimension zu verstehen. Es handelt sich bei diesem Prozess um eine Erweiterung der Wahrnehmung. Diese geht einher mit einer Auflösung der Grenzen, die das Selbstbildnis an eine bestimmte Form koppeln. Im gleichen Umfang, wie sich diese Grenzen verflüchtigen, erhält der individualisierte Seelenaspekt Zugang zu umfassendem Wissen. Nachdem ich diese Erfahrung längst hinter mir habe, ist mir auch innerhalb der Aufgabe, die mich mit meinem irdischen Freund verbindet, tatsächlich umfassendes Wissen zugänglich.

Das bedeutet nun aber noch keineswegs, dass ich ihm – oder bei persönlichen Anfragen auch euch – dieses umfassende Wissen so einfach zugänglich machen könnte. Denn, wie ausgeführt, sind mir dabei durch eure individuelle Art der Wahrnehmung, die mehr oder weniger stark beschränkt ist, Grenzen gesetzt. Wenn meine Aussagen bei euch auf innere Widerstände stossen, dann solltet ihr sie für euch nicht als Wahrheit akzeptieren, denn dann ist es mir nicht gelungen, jene Bilder in euch zu kreieren, die ihre Entsprechung in eurer ganz individuellen inneren Bilderwelt haben. Wenn ihr die gleichen Aussagen einige Zeit später wieder lest, dann bewirken sie möglicherweise jenes „Aha-Erlebnis", das es euch ermöglicht, sie als eure ganz individuelle Wahrheit zu akzeptieren.

Mehr kann ich dir zu deiner Frage, was ich denn sei, nicht sagen. Vermutlich weisst du jetzt weniger als vorher, weil ich mit meinen Ausführungen auch gleich noch deine bisherigen Vorstellungen von mir als nicht zutreffend entlarvt habe. Der menschliche Verstand kann sich kein zutreffendes Bild dessen machen, was er als „Gott" bezeichnet, und ebensowenig kann er sich ein Bild dessen machen, was er als „Seele" bezeichnet. Das ist nicht eine Frage des Wollens – die Kapazität des menschlichen Verstandes reicht dazu schlicht nicht aus. Sowohl „Gott" als auch die „Seele" sind Realitäten, und doch sind diese Realitäten von einer Erfassung durch euren Verstand genauso weit entfernt, wie es das ist, was ihr als „Leben" bezeichnet. Ich wähle diesen Vergleich deshalb, weil ich damit zu verstehen geben will, dass – auch wenn eure Wissenschaftler gerade in dieser Zeitepoche andere Erwartungen und Hoffnungen in euch schüren – euer Verstand nicht ausreicht, komplexe Realitäten wie „Leben", „Seele" oder „Gott" so zu definieren, dass das Resultat auch nur annähernd deren wahren Natur gerecht würde. Der menschliche Verstand reicht also nicht einmal aus, das zu begreifen, dem er seine Existenz verdankt – dem individualisierten Seelenaspekt, der sich in Menschengestalt manifestiert. Noch viel weniger ist ihm deshalb die wahre Natur jener individuellen Seele zugänglich, dem dieser Aspekt seine Existenz verdankt. Ich kann deine Frage also nur so beantworten: „Ich bin, der ich bin!"

Frage: Ist es möglich, sich mit persönlichen Fragen an Ihren Begleiter zu wenden, also von ihm eine Antwort zu erhalten, die Sie authentisch an mich weiterleiten?

PdF: Wenn Ihrer Anfrage zu entnehmen ist, dass diese an meinen Begleiter gerichtet ist, dann wird sie auch von ihm beantwortet. Ich fungiere in diesem Fall gewissermassen als sein Sekretär und schreibe das, was er mir „diktiert". Grundsätzlich beantworte ich Anfragen aus der Leserschaft aber ohnehin nur dann selbst, wenn mir das aufgrund meines im Rahmen meiner spirituellen Erfahrungen erworbenen Wissens möglich ist. Alle anderen Fragen übergebe ich zur Beantwortung meinem Begleiter. Seine Ausagen werden durch mich dann authentisch zu Papier gebracht.

Frage: Ist Ihr Begleiter das, was in der esoterischen Literatur als „aufgestiegener Meister" bezeichnet wird?

Begleiter: *Nein, ich bin kein „aufgestiegener Meister"! Ich kann das schon deshalb nicht sein, weil ich ganz offensichtlich eine – wenn auch für euch nicht fassbare – Realität darstelle, während die „aufgestiegenen Meister" ausschliesslich in eurer esoterischen Literatur existieren. Weil der Begriff in eurer esoterischen Literatur immer wieder erscheint, ist es für mich aber verständlich, dass diesen mysteriösen Wesen durch viele von euch eine objektive Existenz zugeschrieben wird.*

Die Theorie von den „aufgestiegenen Meistern" ergibt aber einmal mehr nur unter der Voraussetzung einen Sinn, dass jenseits der materiellen Realität eine Ordnung herrscht oder ein System besteht, das euren Vorstellungen von Hierarchie entspricht. Da sind die Erzengel, die den Engeln vorstehen, die hohen Seelen, die den niederen Seelen Weisungen erteilen oder Hilfestellung bieten usw. Solche „Gleichnisse" hatten zu einer bestimmten Zeit alle ihre Berechtigung. Aber es handelt sich eben um Gleichnisse, und die sollten unter keinen Umständen als Wort gewordene Wahrheit verstanden werden. Es existieren denn auch weder Erzengel noch Engel in eurem Sinn, es existieren auch weder vollkommene noch unvollkommene Seelen; das sind Bilder und Wertungen, die in eurer auf die materielle Realität fokussierten Wahrnehmung einen Sinn ergeben; ihr solltet euch aber bewusst sein, dass ihr euch mit solchen Vorstellungen und Glaubensüberzeugungen eure nachtodlichen Erfahrungen unnötig erschwert und kompliziert.

Jenseits eurer materiellen Realität existiert – ich kann es nicht oft genug wiederholen – nichts, das auch nur im entferntesten an das erinnert, was ihr euch unter Hierarchie vorstellt. Jede hierarchische Struktur eines Systems existiert ausschliesslich in den Wertmassstäben, die der menschliche Verstand dem Sein auferlegt. Die „aufgestiegenen Meister" entsprechen also bestenfalls aufgestiegenen Wertvorstellungen der Menschen.

Anschlussfrage: Ich hatte bisher die Vorstellung, dass wir uns alle auf unterschiedlicher Entwicklungsebene befinden – nicht im Sinne von höher, besser, einer hierarchischen Entwicklungsleiter –, sondern im energetischen Sinne, dass je feiner unser Energiesystem schwingt, desto leichter, freudvoller, kraftvoller usw. unsere Gedanken, Gefühle und Handlungen sind. In diesem Sinne sind wir Menschen und Ihr Begleiter bestimmt auf unterschiedlichen Ebenen oder Entwicklungsstufen. Sogenannte aufgestiegene Meister oder Lichtwesen haben in meiner Vorstellung auf einer bestimmten Ebene einfach einen umfassenderen Überblick oder auch einfach mehr Wissen, das sie – falls erwünscht – weitergeben können. Du selbst verfügst doch über weitaus mehr Wissen als dein irdischer Freund. Es spielt doch keine Rolle, ob du dich „Begleiter“ oder auch „Meister“ (deines Freundes) nennst, vorausgesetzt er gibt weder seinen freien Willen noch seine Macht an dich ab.

Begleiter: *Wenn ich davon spreche, dass nirgends ein Wesen existiere, das „entwicklungsmässig“ über euch stehe, dann ist mit euch das gemeint, was ihr eurer wahren – über eure materielle Erscheinungsform hinausreichende – Natur gemäß tatsächlich seid. Ich spreche also von euch als individualisierten Aspekten einer Seele. Euer gegenwärtiges Selbstbildnis ist aber dermassen durch eure materielle Erscheinungsform bestimmt, dass es euch zwingend zu falschen Schlussfolgerungen bezüglich des tatsächlichen Wissens- und Entwicklungsstandes dieses individualisierten Seelenaspektes führt. Euer wahres Selbst erkennt ihr – von ganz seltenen Ausnahmen einmal abgesehen – erst dann, wenn ihr dereinst eure ganz individuelle, subjektive Jenseitsrealität hinter euch gelassen habt. Dannzumal seid ihr, wie ich das bin, nicht mehr auf einen Körper angewiesen. Ihr seid dann wieder – wie ihr das auch vor eurem Entscheid für eure Inkarnation in der Materie gewesen seid – eine „Energiegestalt“. Soviel vorerst zu eurem „Werdegang“.*

Nun muss ich aber präzisieren, dass ihr auch während eurer Inkarnation grundsätzlich diese „Energiegestalt“ seid. Mein irdischer Freund ist der Beweis dafür, dass ihr frei zwischen verschiedenen Seinszuständen wählen könnt, wenn ihr in der Lage seid, eure Wahrnehmung über die materielle Realität hinaus auszudehnen. Wie du den durch meinen irdischen Freund veröffentlichten Aussagen entnehmen kannst, handelt es sich bei den unterschiedlichen Dimensionen oder Seinszustän[den ei]gentlich um nichts anderes als um unterschiedliche Schwingungszu[stände] (was etwas ganz anderes ist als ein „schwingendes Energiesyste[m“).

Eure materielle Realität nimmt also den gleichen Raum ein, befindet sich am gleichen „Ort“, wie das „Jenseits“. Ebenso befinden sich die subjektiven Jenseitsrealitäten, in denen ihr euch dereinst wiederfinden werdet, am gleichen „Ort“ wie das objektive Jenseits. Ihr könnt also das „Jenseits“ nicht deshalb nicht wahrnehmen, weil dieses irgendwo weit entfernt von der materiellen Realität existieren würde, sondern weil eure gewohnte Art der Wahrnehmung nicht auf den Schwingungszustand jenseitiger Dimensionen ausgerichtet ist.

Ihr könnt euren eigenen Schwingungszustand ausschliesslich dadurch verändern, dass ihr eure Wahrnehmung – oder wie ihr das fälschlicherweise meistens nennt, euer Bewusstsein – erweitert. Die euch dadurch zugänglichen Dimensionen weisen immer den gleichen Schwingungszustand auf wie ihr selbst. Ausserkörperliche Erfahrungen, wie sie mein irdischer Freund macht, sind euch nicht deshalb verwehrt, weil ihr „an die Materie gebunden“ wärt, sondern deshalb, weil ihr euch in eurer Wahrnehmung (willentlich!) auf den Schwingungszustand der Materie beschränkt. Ihr habt gewissermassen einfach vergessen, wie man „richtig“ schaut, hört und fühlt. Jeder neugeborene Mensch verfügt über die gleichen „Fähigkeiten“, wie sie mein irdischer Freund beibehalten hat, und jedes Tier verfügt Zeit seines Lebens über diese Fähigkeit des „Reisens zwischen den Dimensionen“. Es ist keineswegs so, wie du glaubst, dass wir „Geistwesen“ und ihr auf unterschiedlichen Ebenen oder Entwicklungsstufen wären; wir haben lediglich Wissen und Fähigkeiten beibehalten oder wiedererlangt, die ihr (vorübergehend!) vergessen habt.

Unsere Wahrnehmung ist gegenüber der euren also erweitert. Wir verfügen aber nicht über Wissen, das euch zwingend vorenthalten ist. Es spricht grundsätzlich nichts dagegen, dass ihr während eurer Einbindung in einen materiellen Körper genauso über umfassendes Wissen verfügt wie wir, denn bei eurer Geburt verfügtet ihr ja bereits darüber. In eurer Bibel findet ihr den tiefgründigen Satz: „Wenn ihr nicht werdet wie die Kinder, werdet ihr nicht ins Himmelreich einziehen!“ Dass die kirchlichen Institutionen das aus durchsichtigen Motiven so interpretieren, dass ihr alles glauben sollt wie die Kinder, ist bedauerlich – richtig ist, dass ihr wieder sehen, hören und fühlen lernen müsst, wie ihr das einst, als ihr noch nicht durch eure Vorstellungen, Überzeugungen und wissenschaftliche sowie religiöse Glaubenssätze verblendet wart, getan habt.

Wie du feststellen kannst, setze ich all mein argumentatives Geschick ein, um dich von der Vorstellung abzubringen, wir würden uns durch irgend etwas voneinander unterscheiden. Wir unterscheiden uns auch nicht im energetischen Sinne, wie du das verstehst und dargestellt hast. In deinem Sinne unterscheidet sich zum Beispiel mein irdischer Freund von euch in bedeutend stärkerem Masse als jene Wesen, die sich euch über ihr Medium als „Geistführer" oder als „Meister" vorstellen, obwohl er sich selber als völlig „normaler" Mensch versteht.

Du liegst auch mit deiner Überzeugung vollkommen falsch, wonach es keine Rolle spiele, ob ich mich als Begleiter oder als „Meister" meines irdischen Freundes bezeichne, solange er weder seinen freien Willen noch seine Macht an mich abtrete. Wie ich bei anderer Gelegenheit ausführlich dargestellt habe, solltet ihr in der Wertung von Informationen, die euch durch sogenannte „Channelingmedien" erreichen, sehr vorsichtig sein. Ihr solltet euch einfach bewusst sein, dass einmal geöffnete Kommunikationskanäle zwischen dem „Jenseits" und eurer Dimension grundsätzlich jedem Wesen offenstehen, das nicht mehr in der Materie zentriert ist. In aller Regel werden diese Kanäle denn auch eher von den „Mitteilungsbedürftigen" genutzt, was – wie du in deiner erlebten Alltagsrealität unschwer selbst feststellen kannst – nicht unbedingt mit Wissen gleichgesetzt werden darf.

Wenn sich ein solches Wesen selbst als „Geistführer", „Meister", „Engel XY", „Botschafter Gottes" und dergleichen zu erkennen gibt, dann könnt ihr davon ausgehen, dass es sich bei ihm um ein Wesen handelt, das selbst noch in seiner subjektiven Jenseitsrealität gefangen ist. Kein Wesen, das diese „Sphäre" überwunden hat, würde sich euch gegenüber so bezeichnen! Mein irdischer Freund ist zwar bei seinen ausserkörperlichen Erfahrungen solchen Begriffen auch begegnet, doch wurden diese ausschliesslich in den subjektiven Jenseitsrealitäten von „Neuankömmlingen" verwendet, die ihre Helfer als das verstanden. Ihr würdet euch selbst den grössten Dienst erweisen, wenn ihr solche Wesen als das verstehen würdet, was sie tatsächlich sind – sie sind Suchende wie ihr auch!

Damit du mich nun aber nicht falsch verstehst, möchte ich betonen, dass selbstverständlich nicht zwingend ausserkörperliche Erfahrungen erforderlich sind, um mit „Wesen" in Kontakt zu kommen, die Zugang zu umfassendem Wissen haben. Problematisch ist bei solchen Kontakten aber in jedem Fall, dass die übermittelten Botschaften immer gewissermassen aus dritter Hand stammen, denn die Quelle kann unmöglich die Glaubensüberzeugungen und Wertvorstellungen des Mediums umgehen. Selbstverständlich wird die Kommunikation bei der Art der Beziehung, wie ich sie zu meinem irdischen Freund unterhalte, erleichtert, und Missverständnisse in der Interpretation von Aussagen können dabei vermieden werden, aber grundsätzlich steht mir auch der Weg des „Channeling" offen, um mit ihm zu kommunizieren, wobei wir von dieser Möglichkeit fast ausschliesslich bei der Überarbeitung seiner Manuskripte Gebrauch machen.

Wenn ich vorhin darauf hingewiesen habe, dass sich mein irdischer Freund von euch in stärkerem Masse unterscheidet als jene Wesen, die sich euch gegenüber als „Geistführer" und dergleichen zu erkennen geben, dann deshalb, weil er, im Gegensatz zu diesen, die subjektiven Jenseitsrealitäten nur als Beobachter – also von aussen – kennt, während diese Wesen selbst aktive Teilnehmer dieser subjektiven Realitäten sind, ohne sich dessen bewusst zu sein. Auch wenn seiner Wahrnehmung die umfassende Realität erst gewissermassen durch einen Schleier zugänglich ist, so ist ihm – in eurem Sinne – doch bedeutend umfangreicheres Wissen zugänglich als diesen Wesen.

Zusammenfassend möchte ich festhalten, dass das bei euch geläufige Sprichwort: „Es ist noch kein Meister vom Himmel gefallen!" aus unserer Optik sogar zutreffender ist, nur lautet es dann: „Es ist noch kein Meister von der Erde in den Himmel aufgestiegen!"

Frage: Die Aussagen ihres Begleiters zu den UFO's vermögen weder mich noch sonst einen Menschen, der sich bereits ernsthaft mit diesem Phänomen auseinandergesetzt hat, zu befriedigen. Der Fall „Roswell" ist bestimmt nicht einzigartig, doch ist er bisher der einzige, der als Beweis sowohl für die Existenz von UFO's als auch für die Existenz ausserirdischer Lebewesen allgemein anerkannt ist. Dieser Fall beweist auch, dass die Aussage ihres Begleiters, wonach kein ausserirdisches Leben existiert, nicht zutreffend ist. Unzählige andere glaubhafte Berichte widerlegen zudem seine Aussage, dass noch kein Kontakt zwischen Ausserirdischen und Menschen stattgefunden hat. Ob er dieses „Versehen" wohl erklären kann?

Begleiter: *Es existiert grundsätzlich kein Versehen, das ich nicht zu erklären vermag. Nachdem ein solches aber meinerseits nicht vorliegt, beschränke ich mich im Folgenden darauf, deines zu erklären:*

Ich bin – entgegen deiner Interpretation einer meiner Aussagen – überhaupt nicht der Auffassung, dass Menschen bisher keinen Kontakt zu jenen Wesen hatten, die ihr als „Ausserirdische" bezeichnet. Ich habe nur klargestellt, dass es sich dabei eben nicht um „Ausserirdische" in eurem Sinn handelt, sondern dass ihr bei solchen Begegnungen mit dem Gesetz der Gleichzeitigkeit allen Geschehens konfrontiert werdet und euren eigenen fernen Nachkommen begegnet.

Wenn du von „allgemein" anerkannten Beweisen sprichst, dann bedarf das der Ergänzung, dass sich diese „Allgemeinheit" auf die kleine Gemeinde der „UFO-Gläubigen" beschränkt, was die vermeintlichen Beweise zumindest stark relativiert. In Abänderung eines dir sicher geläufigen Sprichwortes möchte ich dazu festhalten, dass gegen Glauben kein Kraut gewachsen ist. So wurde zum Beispiel die „Roswell-Legende" längst als geschickt inszenierter Medienbetrug eines gerissenen Geschäftemachers entlarvt. Das sollte eigentlich auch den fanatischsten UFO-Gläubigen bekannt sein, doch diese wittern hinter dieser Entlarvung bereits wieder eine Verschleierungstaktik böser Mächte.

Wer an die Existenz von UFO's und Ausserirdischen im Sinne der einschlägigen Literatur glauben will, der wird selbstverständlich überall und jederzeit vermeintliche Beweise für seine Glaubensüberzeugungen finden. Du wirst es mir sicher (nicht) verzeihen, dass ich nicht näher auf die entsprechenden Thesen eingehe, sondern mich darauf beschränke, deine Interpretation meiner Aussagen richtigzustellen.

Ich sage nicht, dass ihr Menschen innerhalb eures materiellen Universums die einzige – in eurem Sinne – intelligente Lebensform darstellt. Ich mache euch lediglich auf die Tatsache aufmerksam, dass ihr diese „Wesen", würden sie euch tatsächlich besuchen, nach euren Kriterien gar nicht als Lebewesen und schon gar nicht als intelligente Lebensformen erkennen könntet. Und doch sind solche „Wesen" Teil eurer Realität und umgekehrt. Sie besuchen euch (von jeher) und umgekehrt, nur finden diese Kontakte auf der Ebene des Bewusstseins statt.

UFO-Sichtungen sind, soweit es sich nicht um Konfrontationen mit der Gleichzeitigkeit allen Geschehens und damit – im vorliegenden Fall – um ein Zusammentreffen mit der Zukunft der Menschheit handelt, subjektive Realität gewordene „Ahnungen" dieser Kontakte, was nicht ausschliesst, dass solche „Sichtungen" von vielen Menschen gleichzeitig gemacht werden. Würdet ihr erkennen, wie eng ihr in eurer Wahrnehmung miteinander verbunden seid, dann würdet ihr verstehen, dass ein grosser Teil der durch euch erlebten Realität lediglich das Resultat von Massen(selbst)suggestion ist.

Frage: Ist Sai Baba wirklich Gott oder Avatar, also die göttliche Inkarnation, wie seine Anhänger glauben?

Begleiter: *So wie du und die meisten Menschen in westlichen Kulturen die Begriffe „Gott" und „göttliche Inkarnation" verstehen, ist Sai Baba weder das eine noch das andere. Er ist ein Mensch, in Ursprung und Sein, wie jeder andere Mensch auch! Würde deine Frage lauten: „Ist Sai Baba* ein *Gott, also* ein *Avatar?", dann ergäbe sie im westlichen, monotheistischen Glaubensbild der Realität schlicht keinen Sinn, während sie im indischen, polytheistischen Glaubensbild bejaht werden könnte, ohne ihn deshalb als mit „Gott" auf einer Stufe stehend zu bezeichnen.*

Oder einfacher ausgedrückt, weil das Denken in westlichen Kulturen von einem einzigen Gott ausgeht, der sich nie selbst inkarniert, ist die Frage müssig, ob ein Mensch Gott sei. Im indischen Denken – ich beschränke mich auf sein Geburtsland – kann Sai Baba problemlos als Avatar, als göttliche Inkarnation verstanden werden, denn darin wimmelt es nur so von „Göttern".

Bekanntlich ist Sai Baba ja auch nur einer von vielen Avataren und Avatarinnen. Dass unter diesen vielen göttlichen Inkarnationen eine die „göttlichste" sein muss, ergibt bestenfalls im indischen Kastendenken einen Sinn. Kein Inder würde – wie ihr das im Westen mit indischen „Göttern" tut – einen Menschen mit dem Gott der Christen, Juden oder Moslems gleichsetzen. Dass das durch die vielen Avatare und Avatarinnen zu kommerziellen Zwecken missbraucht wird, spricht zwar nicht gerade für deren „Göttlichkeit", andererseits verdient derart offensichtliche Leichtgläubigkeit der westlichen Suchenden auch keinen besonderen Schutz.

Grundsätzlich ist selbstverständlich jeder Mensch die Inkarnation eines göttlichen Aspektes. Das gilt aber für jedes Tier und jede Pflanze genauso. In jedem Aspekt des umfassenden Ganzen steckt ein „göttlicher Funke". In Sai Baba ist demnach nicht mehr von Gott verkörpert als in einer Ameise! Sogar wenn ihr euch das Unmögliche – die Inkarnation Gottes in Menschengestalt – als theoretische Realität vorstellt, dann müsstet ihr deshalb eigentlich selbst erkennen, dass ein in Indien inkarnierter Gott sich wohl primär der Abschaffung des Kastenwesens widmen würde, das eben einzelne „göttliche Inkarnationen" über andere stellt und damit Teilen Gottes Minderwertigkeit attestiert. Egomanische Selbstvermarktung, wie sie die Avatare und Avatarinnen unter Missachtung von Not und Elend ihrer eigenen Landleute betreiben, verdient auch bei grosszügiger Interpretation des Begriffes „Gott" kaum das Prädikat „göttlich".

Frage: An Ihrem Begleiter gefällt mir nicht zuletzt sein feinsinniger Humor. Bei den Empfehlungen für einen schnecken- und unkrautfreien Garten bin ich mir aber selbst nicht ganz sicher, ob diese nun ernstgemeint sind. Nach erfolglosen „Umsiedlungsversuchen" haben ich und meine ebenso erfolglosen Gartennachbarn jedenfalls die Jagd nach diesen nutzlosen, schleimigen Gesellen wieder aufgenommen. Als Mörder fühle ich mich dabei keineswegs. Ganz im Gegenteil, ich fühle mich dabei absolut gut und im Recht, denn ich verteidige lediglich mein Eigentum, und wenn das nur dadurch möglich ist, dass ich die verdammten Biester ersäufe, dann ist das deren eigenes Problem, ich habe sie nicht zu mir eingeladen. Gehe ich recht in der Annahme, dass Sie und Ihr Begleiter sich mit diesen Empfehlungen einen kleinen Scherz auf Kosten der Leser/innen geleistet haben?

Begleiter: *Nein, du gehst nicht recht in deiner Annahme! Der Grund für deinen Misserfolg liegt nicht daran, dass meine Empfehlungen nicht erfolgreich umgesetzt werden könnten, sondern daran, dass deine Einstellung, mit der du diesen „nutzlosen, schleimigen Gesellen und verdammten Biestern" begegnest, einen Erfolg a priori ausschliesst. Trösten mag dich möglicherweise das Wissen, dass sich deine Einstellung mit der der überwiegenden Mehrheit der Leserschaft deckt und ihr entsprechend auch in eurer Erfolglosigkeit bei der Umsetzung meiner Empfehlungen vereint seid.*

Dein Gefühl ist ein äusserst unzuverlässiger Massstab dafür, ob du mit deinen Handlungen gegen das umfassende Gesetz verstösst oder nicht. Denn wie bei anderer Gelegenheit ausgeführt, wird euer Gefühlsleben, das euch eigentlich den Zugang und Dialog mit eurem Gesamtselbst – also eurer individuellen Seele – eröffnen würde, heute bei den meisten Menschen durch den Verstand dominiert. Dieser wiederum ist weitgehend durch die euch anerzogenen Wertvorstellungen programmiert und vermittelt euch ein entsprechend verzerrtes Bild der Realität. Bedenklich an dem Bild, das dir dein Verstand von der Realität des Seins vermittelt, ist aber, dass du dich – wie du sagst – „gut und im Recht" fühlst, wenn du ein anderes Lebewesen tötest. Das zeugt von einer Rohheit und Abgestumpftheit, die – wenn auch von dir nicht wahrgenommen – mit Sicherheit auch auf deinen Umgang mit deinen Mitmenschen abfärbt.

Dein Grund und Boden, den du bebaust, mag zwar nach menschlicher Wertung dein Besitz sein, im Sinne des umfassenden Gesetzes – das uneingeschränkt über der menschlichen Rechtsprechung und ihrem Moral- und Ethikverständnis steht – lässt sich daraus jedoch kein Alleinverfügungsanspruch gegenüber anderen Lebewesen ableiten. Die Schnecken und vermeintlichen „Unkräuter" in deinem Garten haben genauso Anspruch, ihr Sein auf „deinem" Land ihrer Natur entsprechend zu leben, wie du. Du verfügst zwar über die Macht, ihnen dieses Recht streitig zu machen, aber in Übereinstimmung mit dem umfassenden Gesetz ist dein Handeln nur dann, wenn es auf einer „Vereinbarung" mit den Betroffenen basiert. Diese werden zwar, sofern du über das erforderliche „Verhandlungsgeschick" verfügst, einer „Umsiedlung" aber bestimmt nicht ihrer Vernichtung zustimmen.

Sammelst du nun aber die Schnecken in deinem Garten ein, um sie andernorts wieder auszusetzen, dann zeugt deine Einstellung: „Ihr nutzlosen, schleimigen Gesellen, ihr verdammte Biester, euch werde ich jetzt aus meinem Garten entfernen!", weder von einer mit ihnen getroffenen Vereinbarung noch von der Akzeptanz ihrer Existenzberechtigung. Wenn du Erfolg haben möchtest, dann erfordert das Demut, doch Demut gegenüber den Schwächeren der Schöpfung verstehst du in deiner Wertung des Seins bestenfalls als Widerspruch in sich selbst. Du solltest deshalb den Grund für die Erfolglosigkeit bei der Umsetzung meiner Empfehlungen nicht in diesen, sondern in deiner inneren Einstellung zu ihnen suchen.

Wenn du meine Antwort auf deine Frage liest, dann wirst du auf ein „Gartenjahr" zurückblicken, das dir die Grenzen deiner Macht über andere, gleichberechtigte Teile des umfassenden Ganzen aufgezeigt hat. Aller Ärger, mit dem du konfrontiert warst, ist dabei lediglich Konsequenz und Spiegelbild deiner Einstellung. Die Schnecken freuen sich bereits auf ein neues Spiel mit dir – es sei denn, du einigst dich mit ihnen!

⊙ ⊙ ⊙

Zu guter Letzt

Wenn ich Rezensionen zu meinen Büchern lese, stelle ich immer wieder fest, dass ich als Autor über die Aussagen meines Begleiters definiert werde. Manchmal wird mir dann auch Überheblichkeit oder ein oberlehrerhafter Ausdruck unterstellt. Als Autor bin ich es gewohnt, auch mit weniger schmeichelhaften Rezensionen meiner Bücher zu leben. Weil Rezensenten aber auch nur Menschen sind, die zudem in vielen Fällen sogar über weniger Vorkenntnisse in bestimmten Sachbereichen verfügen als die durch die Bücher angesprochene Leserschaft, betrachte ich auch solche Kritiken als konstruktiv im weitesten Sinne. Jedenfalls zeigen sie mir auf, wie man meine Bücher eben auch interpretieren kann.

Meiner Leserschaft gegenüber fühle ich mich deshalb veranlasst, folgendes klarzustellen:

Mein Entscheid, eine bestimmte Aussage meines Begleiters zu veröffentlichen, bedeutet nicht zwingend, dass ich inhaltlich mit dieser einverstanden bin. Auch ich bin nach wie vor ein Suchender und habe längst nicht alles begriffen, was mein Begleiter zu vermitteln versucht. Es bleibt der Leserschaft überlassen, die veröffentlichten Aussagen zu werten. Das gilt insbesondere dann, wenn Aussagen lebenspraktische Ratschläge enthalten. Mein Begleiter versteht seine Aufgabe als die (m)eines Lehrers. Wer Belehrungen – zudem gutgemeinte – als Angriff auf sein Ego versteht, der wird – da stimme ich den genannten Rezensenten zu – manche Aussage als überheblich empfinden.

Dem könnte ich zwar entgegenwirken, denn selbstverständlich würde ich als Autor über die Freiheit verfügen, die sprachliche Ausgestaltung der zu veröffentlichenden Aussagen zu bestimmen. Nachdem ich mich aber dazu verpflichtet habe, die Aussagen meines Begleiters authentisch wiederzugeben, wäre ein solcher Eingriff für mich gleichbedeutend mit Betrug an der Leserschaft. Ich bitte deshalb um Verständnis dafür, dass ich die Auswahl der zu veröffentlichenden Aussagen allein aufgrund der darin enthaltenen Botschaft treffe. Wenn sich einzelne Menschen dadurch verletzt, erniedrigt oder angegriffen fühlen, dann widerspricht das der Absicht, die mein Begleiter verfolgt. Wie er, so wünsche auch ich mir, dass die Leserschaft die uneigennützige Absicht in seinen Aussagen erkennt. In diesem Sinne verbleibe ich in Gedanken bei Ihnen.

Ihr Pierre de Forêt

ISBN 3-931652-67-X
272 Seiten · gebunden
DM 29,90 · Euro 14,90

Pierre de Forêt

Die Geburt der Seele

Ihr Werden und ihr schöpferisches Potential

Ein Buch, das grundlegende Fragen des Menschen aus der Perspektive der »geistigen Welt« beleuchtet und darauf Antworten gibt, die überzeugen und tief beeindrucken. Das Eingebundensein des Menschen in das umfassende Ganze wird deutlich und vermittelt der Leserschaft ein völlig neues Selbstbildnis.

ISBN 3-931652-41-6
240 Seiten · gebunden
DM 29,80 · Euro 14,90

Pierre de Forêt

Im Herzen der Wirklichkeit

Über Seelengeheimnisse und psychische Welten

Ein äußerst wichtiges Buch an der Schwelle des neuen Jahrtausends mit zum Teil völlig neuen Botschaften einer für viele Menschen heutzutage immer noch fremden, unvorstellbaren Wirklichkeit - liebevoll und überzeugend übermittelt durch den geistigen Begleiter des Autors.

Edith Zeile

Im Herzen SAI BABAS

Die Wissenschaftlerin einer deutschen Universität gerät in den Bann dieses Mystikers, der ihr auf allen ihren Besuchen immer näher kommt, bis sie ihm schließlich gegenübersteht. Zu Hause erlebt sie eine spektakuläre Materialisation von vier Textseiten als Antwort auf einen Bittbrief an Sai Baba, in dem es um ihre todkranke Tochter geht.
Die Autorin lässt den Leser ihre Reisen zu Sai Baba, ihre Enttäuschungen und freudigen Überraschungen miterleben, sodass ihm nicht nur vom Meister, sondern auch von seinen Anhängern ein realistisches Bild vermittelt wird.

ISBN 3-931652-53-X
168 Seiten · broschiert
mit Bildern
DM 24,90 · Euro 12,90

Albert Bodde

Karma & Reinkarnation

Auf der Suche nach Liebe und Logik in der Schöpfung

Albert Bodde erläutert, welche Hilfe die „Gesetze“ von Karma und Wiedergeburt für alle diejenigen leisten, die ihrem Schicksal gegenüber ratlos fragen: „Warum passiert das gerade mir?“ oder „Gibt es überhaupt eine höhere Gerechtigkeit?“ und: „Was kann das Leben denn für einen Sinn haben?“ Der Autor widerlegt einleuchtend und mit stichhaltigen Argumenten die Behauptung, das Gesetz von Karma und Wiedergeburt lasse keinen Raum für die Liebe und die Gnade.

Das Gegenteil ist der Fall!

ISBN 3-931652-79-3
160 Seiten · broschiert
DM 24,90 · Euro 12,50

Phyllis Virtue-Carmel

Planet der Wandlung

Offenbarung des Rates der Neun

In diesem Buch geht es um die besondere Rolle, die der Planet Erde in unserem Universum spielt. Aus höchster Quelle erfahren wir, was wir tun können, um unser eigenes Leben und das anderer Menschen zu bereichern. In medialem Zustand trat Phyllis Virtue-Carmel in Kontakt mit dem Rat der Neun, einer Gruppe von Wesen aus dem Kosmos, die uns im Bewusstsein unendlich überlegen sind.

ISBN 3-923 781-92-X
370 Seiten · gebunden
DM 39,00 · Euro 19,90

Jean-Marie Paffenhoff

Die Engel Deines Lebens

Wie Du mit ihnen Kontakt aufnimmst

Ein Buch über unsere drei unterschiedlichen Schutzengel und darüber, wie wir mit ihnen in Verbindung treten können.
Es werden die Zusammenhänge der Schutzengel mit der Bibel, der Kabbala und dem hebräischen Alphabet erläutert.
Der Autor gibt außerdem eine Einführung in das System der Kabbala mit Meditationstechniken.

ISBN 3-931 652-17-3
304 Seiten · gebunden
DM 33,00 · Euro 16,90